DIETMAR GICK

Gewerbsmäßige Arbeitnehmerüberlassung zwischen Verbot und Neugestaltung

Schriften zum Sozial- und Arbeitsrecht

Band 71

Gewerbsmäßige Arbeitnehmerüberlassung zwischen Verbot und Neugestaltung

Von

Dr. Dietmar Gick

DUNCKER & HUMBLOT / BERLIN

Gedruckt mit Hilfe der Ernst-Reuter-Gesellschaft
der Förderer und Freunde der Freien Universität Berlin e. V.

CIP-Kurztitelaufnahme der Deutschen Bibliothek

Gick, Dietmar:
Gewerbsmässige Arbeitnehmerüberlassung zwischen
Verbot und Neugestaltung / von Dietmar Gick. —
Berlin: Duncker und Humblot, 1984.
(Schriften zum Sozial- und Arbeitsrecht; Bd. 71)
ISBN 3-428-05520-9
NE: GT

Gedruckt 1984 bei Buchdruckerei A. Sayffaerth - E. L. Krohn, Berlin 61
Printed in Germany

ISBN 3-428-05520-9

Vorwort

Die Arbeit hat im Sommersemester 1983 dem Fachbereich Rechtswissenschaft der Freien Universität Berlin als Dissertation vorgelegen. Rechtsprechung und Literatur sind bis September 1983 berücksichtigt worden.

Die Anregung zu dieser Untersuchung erhielt ich von Herrn Professor Dr. Dieter Heckelmann, dem ich für wertvolle Ratschläge und verständnisvolle Betreuung herzlich danke.

Ebenso danke ich vielmals Herrn Ministerialrat a. D. Professor Dr. J. Broermann für die Aufnahme der Arbeit in die Schriftenreihe zum Sozial- und Arbeitsrecht.

Besonderen Dank schulde ich auch der Ernst-Reuter-Gesellschaft der Förderer und Freunde der Freien Universität Berlin für die Gewährung eines Druckkostenzuschusses.

Berlin, im September 1983

Dietmar Gick

Inhaltsverzeichnis

1. Kapitel

Einführung 17

§ 1 Realbefund ... 17

§ 2 Problemaufriß ... 21

A. Die Grundkonzeption des AÜG ... 21

B. Kritik ... 23

I. Schutz des Arbeitsmarkts? ... 24

II. Schutz der Leiharbeitnehmer? ... 26

III. Kontrolle des Arbeitnehmerüberlassungsgewerbes? ... 30

§ 3 Gang, Methode und Ziel der Untersuchung ... 31

2. Kapitel

Verfassungsrechtliche Gewährleistungsgrenzen der gewerbsmäßigen Arbeitnehmerüberlassung 34

§ 4 Verbot der gewerbsmäßigen Arbeitnehmerüberlassung? ... 34

A. Bindung des Gesetzgebers an die Entscheidung des Bundesverfassungsgerichts zur Arbeitnehmerüberlassung vom 4. 4. 1967? ... 34

I. Bindungswirkungen bundesverfassungsgerichtlicher Entscheidungen ... 34

II. Grenzen der Bindungswirkungen ... 35

1. Inhaltliche Grenzen ... 35

2. Zeitliche Grenzen ... 36

III. Zwischenergebnis ... 38

B. Verbot der Arbeitnehmerüberlassung und das Grundrecht der Berufsfreiheit (Art. 12 Abs. 1 GG) ... 39

I. Generelles Verbot der Arbeitnehmerüberlassung? ... 39

1. Freiheitsbereich und Einschränkbarkeit des Art. 12 Abs. 1 S. 1 GG ... 39

2. Der Grundsatz der Verhältnismäßigkeit als Grenze der Einschränkbarkeit ... 40

a) Schutz überragend wichtiger Gemeinschaftsgüter als Zweck des Verbots ... 40
b) Zwecktauglichkeit des Verbots ... 42
c) Erforderlichkeit des Verbots? ... 44
3. Rechtfertigung des Verbots durch Art. 12 Abs. 1 GG in seiner objektiv-rechtlichen Dimension? ... 46
4. Zwischenergebnis ... 47
II. Verbot der Arbeitnehmerüberlassung in der Bauwirtschaft (§ 12 a AFG) ... 47
1. Zwecktauglichkeit des Verbots ... 48
2. Erforderlichkeit des Verbots? ... 49
C. Bedeutung des Übereinkommens Nr. 96 der Internationalen Arbeitsorganisation für die Verbotsfrage? ... 50

§ 5 Reichweite der verfassungsrechtlichen Gewährleistung des Arbeitnehmerüberlassungsgewerbes ... 51

§ 6 Ergebnis ... 52

3. Kapitel

Gewährleistung eines funktionsfähigen Arbeitsmarkts 53

§ 7 Schutz des staatlichen Arbeitsvermittlungsmonopols ... 53

A. Gesetzliche Ausgangslage ... 53

B. Problemsicht im Schrifttum ... 54

I. Fehlende Abgrenzbarkeit der Arbeitnehmerüberlassung von der Arbeitsvermittlung? ... 54

II. Kritik an der Behandlung der Abgrenzungsproblematik im AÜG ... 55

1. Fixierung des arbeitsrechtlichen Schwerpunkts im Verhältnis zwischen Verleiher und Leiharbeitnehmer ... 55

2. Kritik an der Vermutungsregelung des Art. 1 § 1 Abs. 2, § 3 Abs. 1 AÜG ... 57

C. Stellungnahme ... 59

I. Grenzziehung zwischen Arbeitnehmerüberlassung und Arbeitsvermittlung anhand der Rechtsbeziehungen zwischen Überlassendem, Arbeitnehmer und Drittem ... 59

1. Zuweisung der Arbeitgeberstellung an den Verleiher nach Art. 1 § 1 AÜG ... 59
a) Art. 1 § 1 Abs. 1 AÜG ... 59
b) Art. 1 § 1 Abs. 2, § 3 Abs. 1 AÜG ... 60

aa) Ausgestaltung des Art. 1 § 1 Abs. 2 AÜG als widerlegbare Vermutung 60
bb) Bezugnahme des Art. 1 § 1 Abs. 2 AÜG auf die Erlaubnisversagungstatbestände des Art. 1 § 3 Abs. 1 Nrn. 1 bis 5 AÜG 63
(1) Fehlende Zuverlässigkeit des Überlassenden (Art. 1 § 3 Abs. 1 Nr. 1 AÜG) 63
(2) Mangelhafte Gestaltung der Betriebsorganisation (Art. 1 § 3 Abs. 1 Nr. 2 AÜG) 64
(3) Unzulässige Befristung des Leiharbeitsvertrages (Art. 1 § 3 Abs. 1 Nr. 3 AÜG) 65
(4) Kündigung des Arbeitsvertrages durch den Überlassenden und erneute Einstellung innerhalb von drei Monaten (Art. 1 § 3 Abs. 1 Nr. 4 AÜG) 66
(5) Unzulässige zeitliche Synchronisierung zwischen Arbeitsvertrag und erstmaliger Überlassung (Art. 1 § 3 Abs. 1 Nr. 5 AÜG) 67

2. Erforderlichkeit des arbeitsrechtlichen Schwerpunkts im Verhältnis zwischen Verleiher und Leiharbeitnehmer? 68
a) Wortlaut des § 13 Abs. 1 AFG 69
b) Sinn und Zweck des Arbeitsvermittlungsmonopols 70

3. Begrenzte Eignung der Rechtsbeziehungen zur Klärung des Verhältnisses zwischen Arbeitnehmerüberlassung und Arbeitsvermittlung 72

II. Sicherung der Funktion der staatlichen Arbeitsvermittlung 73

1. Erlaubnis- und Kontrollmonopol der Bundesanstalt für Arbeit für die Arbeitnehmerüberlassung? 73

2. Gewährleistung des Ausnahmecharakters der gewerbsmäßigen Arbeitnehmerüberlassung 74
a) Beschränkung der Einsatzzwecke für Leiharbeitnehmer als Anknüpfungspunkt 74
b) Inhaltliche Ausgestaltung der Zweckbegrenzungsklausel 75
c) Rechtstechnische Durchführung 76

D. Ergebnis 77

§ 8 Beseitigung weiterer negativer Auswirkungen der gewerbsmäßigen Arbeitnehmerüberlassung auf den Arbeitsmarkt 79

4. Kapitel

Gewährleistung des arbeits- und sozialversicherungsrechtlichen Schutzes der Leiharbeitnehmer 81

§ 9 Erlaubte gewerbsmäßige Arbeitnehmerüberlassung 82

A. Dogmatische Erfassung und inhaltliche Ausgestaltung der Dreiecksbeziehung zwischen Verleiher, Entleiher und Leiharbeitnehmer 82

I. Normative Ausgangslage 82

1. Leiharbeitsvertrag zwischen Verleiher und Leiharbeitnehmer 82

2. Arbeitnehmerüberlassungsvertrag zwischen Verleiher und Entleiher 84

3. Rechtsbeziehungen zwischen Entleiher und Leiharbeitnehmer 85

4. Zwischenergebnis 88

II. Lösungsansätze 88

1. Rechtsgeschäftliche Lösungsansätze 90

a) Dreiseitiges Arbeitsverhältnis? 90

b) Vertragsbeitritt des Entleihers? 91

c) Partielle Vertragsübernahme? 92

d) Teilhabe des Entleihers am Anspruch auf die Arbeitsleistung und am Weisungsrecht 93

aa) Leiharbeitsvertrag als echter Vertrag zugunsten Dritter? 93

bb) Abtretung des Anspruchs auf die Arbeitsleistung an den Entleiher 94

cc) Bloße Ausübungsbefugnis des Entleihers hinsichtlich des Anspruchs auf die Arbeitsleistung und des Weisungsrechts 95

(1) Bevollmächtigung des Entleihers? 95

(2) Ausübungsermächtigung 96

e) Vertragliche Begründung arbeitsrechtlicher Nebenpflichten im Verhältnis zwischen Entleiher und Leiharbeitnehmer 97

aa) Nebenleistungspflichten 97

bb) Schutzpflichten 97

f) Zwischenergebnis 98

2. Gesetzlich begründete Rechtsbeziehungen zwischen Entleiher und Leiharbeitnehmer 99

a) Lehre vom einheitlichen gesetzlichen Schutzverhältnis 99

b) Sonstige Nebenpflichten 102

III. Ergebnis 105

B. Individualarbeitsrechtliche Folgerungen 107

I. Schutz des Leiharbeitnehmers bei Leistungsstörungen 107

1. Sicherung des Lohnanspruchs des Leiharbeitnehmers 107

a) Zahlungsunfähigkeit des Verleihers 107

b) Lohnrisiko bei fehlender Einsatzmöglichkeit im Entleiherbetrieb 108

aa) Art. 1 § 11 Abs. 4 S. 2 AÜG i. V. m. § 615 BGB 108

bb) Betriebsrisikolehre im Recht der Arbeitnehmerüberlassung 109

c) Arbeitsverweigerungsrechte des Leiharbeitnehmers ... 113
aa) Arbeitsverweigerung bei Pflichtverletzungen des Verleihers ... 113
bb) Arbeitsverweigerung bei Pflichtverletzungen des Entleihers ... 115

2. Verteilung der Schadensrisiken ... 115
a) Haftungsfragen bei Arbeitsunfällen ... 115
b) Die Grundsätze der Haftung bei gefahrgeneigter Arbeit im Rahmen des Leiharbeitsverhältnisses ... 117
aa) Haftungsmodifizierungen im Verhältnis des Leiharbeitnehmers zum Verleiher und zum Entleiher 117
bb) Haftungsfreistellung des Leiharbeitnehmers bei Schädigung Dritter ... 120
cc) Ansprüche des Leiharbeitnehmers auf Ersatz arbeitsbedingter Sachschäden ... 121

II. Schutz des Leiharbeitnehmers bei Kündigung und Suspendierung ... 122
1. Kündigung des Arbeitsverhältnisses zwischen Verleiher und Leiharbeitnehmer ... 122
a) Ordentliche Kündigung ... 123
aa) Kündigungsfristen ... 123
bb) Gewährleistung des Kündigungsschutzes ... 123
(1) Allgemeiner Kündigungsschutz ... 123
(2) Besonderer Kündigungsschutz ... 124
cc) Beteiligungsrecht des Betriebsrats ... 124
b) Außerordentliche Kündigung ... 125
2. Suspendierung des Leiharbeitnehmers durch den Entleiher 125

C. Kollektivarbeitsrechtliche Einordnung der Arbeitnehmerüberlassung ... 127

I. Betriebsverfassungs- und personalvertretungsrechtliche Stellung des Leiharbeitnehmers ... 127
1. Zuordnung des Leiharbeitnehmers zum Verleiherbetrieb (Art. 1 § 14 Abs. 1 AÜG) ... 127
2. Betriebsverfassungs- und personalvertretungsrechtliche Zuordnung des Leiharbeitnehmers zum Entleiher ... 129
a) Normative Ausgangslage ... 129
b) Über die gesetzliche Regelung hinausgehende Zuordnung des Leiharbeitnehmers zum Entleiher ... 134
aa) Allgemeine Aufgaben des Entleiherbetriebsrats und -personalrats ... 135
bb) Soziale Angelegenheiten ... 135
cc) Gestaltung von Arbeitsplatz, Arbeitsablauf und Arbeitsumgebung ... 138
dd) Personelle Angelegenheiten ... 138
ee) Wirtschaftliche Angelegenheiten ... 140
3. Ergebnis ... 140

II. Tarifrechtliche Stellung des Leiharbeitnehmers 141

1. Begrenzter tarifrechtlicher Schutz im Verhältnis zwischen Verleiher und Leiharbeitnehmer 141

2. Tarifvertragliche Erfassung des Leiharbeitnehmers beim Entleiher 143

a) Betriebliche und betriebsverfassungsrechtliche Normen 143

b) Inhaltsnormen 145

3. Umgehung der für den Entleiher geltenden Tarifverträge? 146

4. Ergebnis 148

III. Arbeitskampfrechtliche Stellung des Leiharbeitnehmers 149

1. Arbeitskämpfe zwischen Verleiher und Leiharbeitnehmer 149

2. Leistungsverweigerungsrecht des Leiharbeitnehmers bei Arbeitskämpfen im Entleiherbetrieb (Art. 1 § 11 Abs. 5 AÜG) 149

3. Arbeitskämpfe zwischen Entleiher und Leiharbeitnehmer 150

§ 10 Unerlaubte gewerbsmäßige Arbeitnehmerüberlassung 151

A. Konzeption der Rechtsbeziehungen zwischen Verleiher, Entleiher und Leiharbeitnehmer nach Art. 1 § 9 Nr. 1, § 10 Abs. 1, 2 AÜG 151

B. Rückabwicklung nach Art. 1 § 9 Nr. 1 AÜG fehlgeschlagener Leiharbeitsverhältnisse 153

I. Problemstellung 153

II. Lösungsansätze 154

1. Vollziehung des Leiharbeitsvertrages durch bloße Arbeitsbereitschaft des Leiharbeitnehmers 155

2. Vollziehung des Leiharbeitsvertrages durch Überlassung des Leiharbeitnehmers an Entleiher 157

C. Arbeitsrechtliche Nachteile für den Leiharbeitnehmer durch die Regelungen des Art. 1 § 9 Nr. 1, § 10 Abs. 1, 2 AÜG? 158

I. Kritik im Schrifttum 158

II. Stellungnahme 160

D. Vergleich der Rechtsbeziehungen zwischen den Beteiligten bei unerlaubter gewerbsmäßiger Arbeitnehmerüberlassung und privater Arbeitsvermittlung 161

5. Kapitel

Kontrolle des Arbeitnehmerüberlassungsgewerbes und Bekämpfung illegaler Arbeitnehmerüberlassung 163

§ 11 Bekämpfung der Umgehung des AÜG durch illegales Ausweichen in andere Formen des Personaleinsatzes in Drittbetrieben 164

A. Verhältnis der gewerbsmäßigen Arbeitnehmerüberlassung zu Personaleinsätzen bei Dritten aufgrund von Werk-, Dienst- und Dienstverschaffungsverträgen ... 164

I. Grenzziehung zwischen Arbeitnehmerüberlassungsvertrag und dem Einsatz von Arbeitnehmern aufgrund von Werk- und Dienstverträgen ... 164

II. Arbeitnehmerüberlassungs- und Dienstverschaffungsvertrag 168

III. Zwischenergebnis ... 170

B. Möglichkeiten zur Bekämpfung illegaler getarnter Arbeitnehmerüberlassung ... 170

I. Lösungsansätze im Schrifttum ... 170

II. Stellungnahme ... 173

1. Umgehungskriterien nach geltendem Recht ... 173

2. Lösungsansätze de lege ferenda ... 174

a) Einbeziehung anderer Formen des drittbezogenen Personaleinsatzes in den Anwendungsbereich des AÜG 174

b) Widerlegbare gesetzliche Vermutung gewerbsmäßiger Arbeitnehmerüberlassung ... 175

aa) Anknüpfungspunkte ... 175

bb) Wirkungsbereich der Vermutung ... 177

cc) Problem der Rechtssicherheit ... 178

§ 12 Erweiterung der behördlichen Überwachungs- und Kontrollkompetenzen ... 179

§ 13 Verschärfung der straf- und ordnungswidrigkeitsrechtlichen Sanktionen ... 181

Ergebnisse 184

Literaturverzeichnis 189

Abkürzungsverzeichnis

a. A.	=	anderer Ansicht
abl.	=	ablehnend
AcP	=	Archiv für die civilistische Praxis
a. E.	=	am Ende
a. F.	=	alter Fassung
AFG	=	Arbeitsförderungsgesetz
Alt.	=	Alternative
Amtl. Begr.	=	Amtliche Begründung
AP	=	Arbeitsrechtliche Praxis
AR-Blattei	=	Arbeitsrecht-Blattei
ArbR	=	Arbeitsrecht
AÜG	=	Arbeitnehmerüberlassungsgesetz
AuR	=	Arbeit und Recht, Zeitschrift für Arbeitsrechtspraxis
AVAVG	=	Gesetz über Arbeitsvermittlung und Arbeitslosenversicherung
AVG	=	Angestelltenversicherungsgesetz
AZO	=	Arbeitszeitordnung
BAG	=	Bundesarbeitsgericht
BAGE	=	Entscheidungen des Bundesarbeitsgerichts
BayObLG	=	Bayerisches Oberstes Landesgericht
BB	=	Der Betriebs-Berater
Beil.	=	Beilage
BetrVG	=	Betriebsverfassungsgesetz
BFH	=	Bundesfinanzhof
BGB	=	Bürgerliches Gesetzbuch
BGBl.	=	Bundesgesetzblatt
BGH	=	Bundesgerichtshof
BGHZ	=	Entscheidungen des Bundesgerichtshofs in Zivilsachen
Bl.	=	Blatt
BlStSozArbR	=	Blätter für Steuerrecht, Sozialversicherung und Arbeitsrecht
BPersVG	=	Bundespersonalvertretungsgesetz
BReg.	=	Bundesregierung
BSG	=	Bundessozialgericht
BSGE	=	Entscheidungen des Bundessozialgerichts
BT-Drucks.	=	Bundestagsdrucksache
BVerfG	=	Bundesverfassungsgericht
BVerfGE	=	Entscheidungen des Bundesverfassungsgerichts
BVerfGG	=	Bundesverfassungsgerichtsgesetz
BVerwG	=	Bundesverwaltungsgericht
DB	=	Der Betrieb
DRdA	=	Das Recht der Arbeit
Einf.	=	Einführung
Einl.	=	Einleitung
Entsch.	=	Entscheidung

EzA	=	Entscheidungssammlung zum Arbeitsrecht, herausgegeben von Stahlhacke
EzAÜG	=	Entscheidungssammlung zum AÜG, herausgegeben von Becker/Wulfgramm
GewArch	=	Gewerbearchiv
GewO	=	Gewerbeordnung
GG	=	Grundgesetz
Grunds.	=	Grundsätze
HGB	=	Handelsgesetzbuch
h. M.	=	herrschende Meinung
Halbs.	=	Halbsatz
HzA	=	Handbuch zum Arbeitsrecht, herausgegeben von Stahlhacke
i. S. d.	=	im Sinne des
i. V. m.	=	in Verbindung mit
i. w. S.	=	im weiteren Sinn
JugArbSchG	=	Jugendarbeitsschutzgesetz
JR	=	Juristische Rundschau
JurA	=	Juristische Analysen
JuS	=	Juristische Schulung
JZ	=	Juristenzeitung
KR	=	Kommentar zum gesamten Kündigungsrecht
KSchG	=	Kündigungsschutzgesetz
LAG	=	Landesarbeitsgericht
LSG	=	Landessozialgericht
m. (zust.) Anm.	=	mit (zustimmender) Anmerkung
MDR	=	Monatsschrift für Deutsches Recht
MünchKomm	=	Münchener Kommentar zum Bürgerlichen Gesetzbuch
MuSchG	=	Mutterschutzgesetz
m. w. N.	=	mit weiteren Nachweisen
NJW	=	Neue Juristische Wochenschrift
o. ä.	=	oder ähnliches
OLG	=	Oberlandesgericht
o. V.	=	ohne Verfasserangabe
OWiG	=	Gesetz über Ordnungswidrigkeiten
R	=	Rückseite
RdA	=	Recht der Arbeit
RegE	=	Regierungsentwurf
RGZ	=	Entscheidungen des Reichsgerichts in Zivilsachen
RKG	=	Reichsknappschaftsgesetz
RVO	=	Reichsversicherungsordnung
SAE	=	Sammlung arbeitsrechtlicher Entscheidungen
SchwbG	=	Schwerbehindertengesetz
SGb	=	Die Sozialgerichtsbarkeit
s. o.	=	siehe oben

StPO	=	Strafprozeßordnung
str.	=	strittig
s. u.	=	siehe unten
TVG	=	Tarifvertragsgesetz
u. a.	=	unter anderem
u. U.	=	unter Umständen
VersR	=	Versicherungsrecht, Juristische Rundschau für die Individualversicherung
VVG	=	Versicherungsvertragsgesetz
VwVG	=	Verwaltungsvollstreckungsgesetz
WSI	=	Wirtschafts- und Sozialwissenschaftliches Institut des Deutschen Gewerkschaftsbundes
ZfA	=	Zeitschrift für Arbeitsrecht
ZPO	=	Zivilprozeßordnung
ZRP	=	Zeitschrift für Rechtspolitik

1. Kapitel

Einführung

§ 1 Realbefund

Die gewerbsmäßige Arbeitnehmerüberlassung ist nach wie vor eines der umstrittensten Phänomene des Arbeits- und Soziallebens. Von den einen als moderner Menschenhandel qualifiziert, der mit einem umfassenden Verbot zu belegen sei[1], wird sie von anderen als ein heute mehr denn je zur Beseitigung kurzfristiger Personalengpässe notwendiger Bestandteil des Arbeitsmarkts und der betrieblichen Personalpolitik angesehen[2]. Die Ursachen für die kontroverse, weitgehend negative Einschätzung des Arbeitnehmerüberlassungsgewerbes liegen in den im folgenden kurz skizzierten Erfahrungen mit der Leiharbeit in den vergangenen 15 Jahren.

Nachdem das BVerfG[3] im Jahre 1967 die Ausdehnung des staatlichen Arbeitsvermittlungsmonopols auf Arbeitnehmerüberlassungsverträge durch den damals geltenden § 37 Abs. 3 AVAVG für unvereinbar mit dem in Art. 12 Abs. 1 GG gewährleisteten Grundrecht der freien Berufswahl erklärt und die private Arbeitnehmerüberlassung damit freigegeben hatte, nahm dieses Gewerbe einen unerwarteten Aufschwung, in dessen Gefolge zahlreiche Mißstände auftraten[4]. Wegen der herrschenden Unklarheit in der Frage der Grenzziehung zwischen Arbeitnehmerüberlassung und Arbeitsvermittlung kam es häufig zu Verstößen gegen das auch weiterhin bestehende und vom BVerfG[5] sogar

[1] Vgl. etwa *Debus*, Leiharbeit, passim, insbes. S. 106 ff.; *Duda*, Soziale Sicherheit 1973, 69 ff.; *Leve*, Soziale Arbeit 1972, 383; *Mayer*, AuR 1974, 353 (354); *Möller-Lücking*, Soziale Sicherheit 1980, 202; *Muhr*, Soziale Sicherheit 1981, 1 (3).

[2] *Hansen*, Der Arbeitgeber 1981, 867; *Klamert*, Der Arbeitgeber 1981, 931; *Knitter*, Der Arbeitgeber 1980, 1079 (1082); *Oltmanns*, Personalleasing, S. 2; *Schubel*, Der Arbeitgeber 1979, 1278 (1280).

[3] BVerfGE 21, 261 = AP Nr. 7 zu § 37 AVAVG = NJW 1967, 974 = DB 1967, 638 = BB 1967, 463.

[4] Vgl. *Bogs*, BB 1971, 277 (278); *Kindereit*, RdA 1971, 207 ff.; *Leve*, Soziale Arbeit 1972, 383; *Ramm*, ZfA 1973, 263 (279 f.); *Schneider*, Die Sozialversicherung 1972, 309 ff.; *Vielhaber*, Arbeit und Sozialpolitik 1970, 275 ff.

ausdrücklich gebilligte grundsätzliche Verbot privater Arbeitsvermittlung (vgl. jetzt §§ 4, 13 AFG)[6]. Viele der Arbeitnehmerüberlassung betreibenden Unternehmen beuteten ihre Leiharbeitnehmer im Interesse möglichst hoher Profite aus, wobei häufig gegen Vorschriften des Arbeitsrechts, des Sozialversicherungsrechts und des Steuerrechts verstoßen wurde[7]. Besonders gefährdet waren wegen ihrer Abhängigkeit vom Verleiher ausländische Arbeitnehmer, die ohne Aufenthalts- und ohne Arbeitserlaubnis an Dritte zur Arbeitsleistung überlassen wurden[8]. Zu einer volkswirtschaftlich unerwünschten Verteuerung der Arbeitskraft führte die vielfach beobachtete Abwerbung von Arbeitnehmern aus der Industrie durch Verleihunternehmen, die die abgeworbenen Arbeitskräfte sogleich wieder Entleihern, allerdings zu erheblich höheren Preisen, als Leiharbeitnehmer zur Verfügung stellten[9].

Die aufgezeigten sozialschädlichen Auswüchse rückten die Leiharbeit zunehmend ins Kreuzfeuer der Kritik und veranlaßten schließlich den Gesetzgeber zur Verabschiedung des Gesetzes zur Regelung der gewerbsmäßigen Arbeitnehmerüberlassung (Arbeitnehmerüberlassungsgesetz — AÜG) vom 7. August 1972[10], durch das vor allem die Erlaubnispflicht für die gewerbsmäßige Arbeitnehmerüberlassung eingeführt wurde. In den Jahren nach Inkrafttreten des AÜG ging der Umfang der zugelassenen gewerbsmäßigen Arbeitnehmerüberlassung insbesondere konjunkturbedingt stark zurück[11], so daß sich auch die Diskussion um die Leiharbeit etwas beruhigte. Seit Mitte der siebziger Jahre, verstärkt seit 1978, ist jedoch sowohl die Zahl der zugelassenen Verleiher als auch die der Leiharbeitnehmer wieder angestiegen[12]. Über den Umfang

---

[5] BVerfGE 21, 245.

[6] Vgl. *Schubel/Engelbrecht*, AÜG, Einl. Rdnr. 3

[7] Vgl. *Duda*, Soziale Sicherheit 1973, 69 (70); *Mayer*, AuR 1974, 353 ff.; *Oltmanns*, Personalleasing, S. 17; *Seiter*, JurA 1971, 204.

[8] Vgl. etwa *Ramm*, ZfA 1973, 263 (279 f.); *Schneider*, Die Sozialversicherung 1972, 309.

[9] Vgl. dazu *Becker/Wulfgramm*, AÜG, Einl. Rdnr. 70; *Vielhaber*, Arbeit und Sozialpolitik 1971, 139.

[10] BGBl. I S. 1393.

[11] Vgl. *Becker*, AuR 1980, 12 (14); *Steinbach*, WSI-Mitteilungen 1980, 263. Die Zahl der Leiharbeitnehmer ging von 34 379 im Juni 1973 auf 11 805 Leiharbeitnehmer im Juni 1975 zurück, die Zahl der zugelassenen Verleiher verringerte sich von 1264 im Juni 1973 auf 797 Erlaubnisinhaber am 31. 12. 1975, vgl. den 2. Bericht der BReg. über Erfahrungen bei der Anwendung des AÜG BT-Drucks. 7/5631, S. 4, 14 (Tabelle 1).

[12] Die Zahl der überlassenen Leiharbeitnehmer stieg von 16 858 Ende Juni 1976 auf 41 471 Ende Juli 1979 und erreichte damit den seit Inkrafttreten des AÜG höchsten Stand; parallel dazu erhöhte sich die Zahl der Verleiher von 718 Erlaubnisinhabern am 31. Dezember 1976 auf 1205 am 31. Dezember 1979, vgl. den 4. Bericht der BReg. über Erfahrungen bei der Anwendung des AÜG BT-Drucks. 8/4479, S. 6 f., 28 (Tabelle 1); vgl. ferner *Becker*, AuR 1980, 12 (14); *o. V.*, Arbeit und Beruf 1980, 207.

der unerlaubt betriebenen Arbeitnehmerüberlassung ist naturgemäß kein aussagekräftiges Zahlenmaterial vorhanden. Immerhin ist aufgrund der durchgeführten Straf-, Bußgeld- und Verwaltungszwangsverfahren sowie aufgrund der Ergebnisberichte zweier vom Bundesminister für Arbeit und Sozialordnung beauftragter Forschungsinstitute festzustellen, daß auch der Umfang der illegalen Arbeitnehmerüberlassung erheblich zugenommen hat und möglicherweise sogar den der nach dem AÜG zulässigen Arbeitnehmerüberlassung weit übersteigt[13]. Auffällig ist, daß im Rahmen der illegalen Leiharbeit der Anteil ausländischer Arbeitnehmer besonders hoch ist, und zwar vor allem im Baubereich, einer traditionellen Domäne illegaler Arbeitnehmerüberlassung[14]. Die Berichte in den Medien über besonders krasse Fälle illegaler Arbeitnehmerüberlassung mit Verstößen gegen das Sozialversicherungs-, Ausländer- und Steuerrecht häufen sich.

Diese Entwicklungstendenzen haben die gewerbsmäßige Arbeitnehmerüberlassung, und zwar nicht nur die illegale, sondern auch die legale nach dem AÜG, erneut in den Mittelpunkt kontroverser Diskussionen gerückt[15]. Die dabei insbesondere von Gewerkschaftsseite erhobene Forderung nach einem generellen Verbot dieses Gewerbes wird vor allem damit begründet, daß auch im legalisierten Bereich gewerbsmäßiger Arbeitnehmerüberlassung die zum Schutze der Arbeitnehmer bestehenden Vorschriften vielfach unterlaufen werden und nur durch ein Verbot der Leiharbeit insgesamt der illegale Arbeitskräfteverleih wirksam bekämpft werden könne[16]. Ferner wird geltend gemacht, daß die für die Arbeitnehmerüberlassung typische Verteilung der Arbeitgeberfunktionen auf Verleiher und Entleiher eine adäquate arbeitsrechtliche, insbesondere betriebsverfassungs- und tarifrechtliche Einordnung der Leiharbeit nicht zulasse[17]. Schließlich wird darauf hingewiesen, daß die Arbeitnehmerüberlassung ein Mittel zum Abbau von Dauerarbeitsplätzen darstelle, weil zunehmend Leiharbeitnehmer nicht mehr nur zur Beseitigung kurzfristiger Personalengpässe, sondern auch auf Dauerarbeitsplätzen eingesetzt werden[18]. Am anderen Ende des

---

[13] Vgl. dazu den 4. Bericht der BReg. über Erfahrungen bei der Anwendung des AÜG, BT-Drucks. 8/4479, S. 5, 11; *Debus*, Leiharbeit, S. 59 ff.

[14] Vgl. den 4. Bericht der BReg. über Erfahrungen bei der Anwendung des AÜG, BT-Drucks. 8/4479, S. 11 f.; *Mayer*, BB 1981, 1839 (1840).

[15] Vgl. einerseits *Frerichs/Möller/Ulber*, Leiharbeit, S. 17 ff.; *Mayer*, BB 1981, 1839 ff.; *Möller-Lücking*, Die Quelle 1980, 351; *dens.*, Soziale Sicherheit 1980, 202; *Muhr*, Soziale Sicherheit 1981, 1 (3); *Steinbach*, WSI-Mitteilungen 1980, 263; *Ulber*, AuR 1982, 54; andererseits *Friese*, BB 1981, 1582 ff.; *Knitter*, Der Arbeitgeber 1980, 1079; *Schubel*, Der Arbeitgeber 1979, 1278.

[16] Vgl. *Debus*, Leiharbeit, S. 1 ff., 138 f.; *Möller-Lücking*, Soziale Sicherheit 1980, 202 (203); *Muhr*, Soziale Sicherheit 1981, 1 (3).

[17] *Frerichs/Möller/Ulber*, Leiharbeit, S. 18 f.; *Möller-Lücking*, Soziale Sicherheit 1980, 202 (203); *Steinbach*, WSI-Mitteilungen 1980, 263 (265 f.).

Meinungsspektrums ist die Auffassung der Arbeitgeberseite angesiedelt, nach der die legale Arbeitnehmerüberlassung in der Bundesrepublik Deutschland durch das AÜG auf eine klare gesetzliche Grundlage gestellt sei, die keiner grundsätzlichen Änderung bedürfe; die illegale Arbeitnehmerüberlassung müsse lediglich konsequent mit den zur Verfügung stehenden gesetzlichen Mitteln bekämpft werden[19]. Zwischen diesen beiden Positionen sind die verschiedenen Ansichten einzuordnen, die zwar einerseits die gegenwärtige gesetzliche Regelung der Arbeitnehmerüberlassung im AÜG heftig kritisieren und zur Bekämpfung der aufgetretenen Mißstände zum Teil grundlegende Änderungen vorschlagen, andererseits aber einer Verbotsgesetzgebung zurückhaltend oder ablehnend gegenüberstehen[20]. Während der Gesetzgeber zunächst durch punktuelle Änderungen einzelner gesetzlicher Vorschriften Abhilfe schaffen wollte[21], hat er nunmehr durch das in § 12 a AFG geregelte sektorale Verbot gewerbsmäßiger Arbeitnehmerüberlassung in Betrieben der Bauwirtschaft[22] den Gewerkschaftsstandpunkt für diesen Bereich übernommen, und zwar mit der Begründung, daß hier die illegale Arbeitnehmerüberlassung besonders weit verbreitet und wegen der besonderen Verhältnisse im Baubereich eine effektive Überwachung nicht möglich sei[23].

Die trotz der jüngsten Gesetzesänderungen auf dem Gebiet der gewerbsmäßigen Arbeitnehmerüberlassung[24] nach wie vor im Raum stehende Forderung nach einem generellen Verbot dieses Gewerbes wirft die Frage auf, ob tatsächlich die bei der Arbeitnehmerüberlassung auftauchenden Sachprobleme einer adäquaten gesetzlichen Regelung entgegenstehen, so daß möglicherweise nur ein Verbot in Frage kommt, oder ob Lösungsansätze — de lege lata oder de lege ferenda — entwickelt werden können, die die beteiligten Interessen in angemessener

---

[18] *Debus*, Leiharbeit, S. 33 ff.; *Frerichs/Möller/Ulber*, Leiharbeit, S. 20 ff.; *Möller-Lücking*, Soziale Sicherheit 1980, 202 (203).

[19] Vgl. etwa die Stellungnahme der Bundesvereinigung der Deutschen Arbeitgeberverbände für den 4. Bericht der BReg. über Erfahrungen bei der Anwendung des AÜG, BT-Drucks. 8/4479, S. 22 f.; vgl. ferner *Hansen*, Der Arbeitgeber 1981, 867; *Knitter*, Der Arbeitgeber 1980, 1079 (1082).

[20] Vgl. *Becker/Wulfgramm*, AÜG, Einl. Rdnrn. 119 ff.; *Becker*, BlStSozArbR 1972, 113 (116 f.); *dens.*, BlStSozArbR 1972, 321 (323 f.); *dens.*, BlStSozArbR 1974, 305 (307 ff.); *Bilsdorfer*, BB 1982, 1866 (1868); *Hempel*, Spannungsverhältnis, S. 146 ff.; *Heußner*, DB 1973, 1800 (1802 f.); *Mayer-Maly*, ZfA 1972, 1 (30 ff.); *Ramm*, ZfA 1973, 263 (281 ff.); *dens.*, DB 1973, 1170 ff.

[21] Vgl. dazu *Becker/Wulfgramm*, AÜG, Einl. Rdnrn. 127 ff.

[22] Eingefügt durch das Gesetz zur Konsolidierung der Arbeitsförderung v. 22. 12. 1981, BGBl. I S. 1497, mit Wirkung vom 1. 1. 1982.

[23] Vgl. dazu *Knopp*, DB 1982, 111 (112).

[24] Neben dem bereits erwähnten Arbeitsförderungs-Konsolidierungsgesetz ist hier das Gesetz zur Bekämpfung der illegalen Beschäftigung vom 15. 12. 1981 BGBl. I S. 1390 zu nennen; vgl. dazu *Marschall*, Bekämpfung illegaler Beschäftigung, passim.

Weise berücksichtigen. Dies setzt zunächst eine Analyse der Problemkomplexe und ihrer gegenwärtigen Behandlung im AÜG voraus.

§ 2 Problemaufriß

A. Die Grundkonzeption des AÜG

Der Gesetzgeber stand bei der Schaffung des AÜG vor einer schwierigen Gestaltungsaufgabe. Er mußte einerseits der Entscheidung des BVerfG zur Arbeitnehmerüberlassung vom 4. 4. 1967[25] Rechnung tragen und dem Arbeitnehmerüberlassungsgewerbe einen angemessenen Betätigungsbereich gewähren, andererseits aber auch die in der Arbeitnehmerüberlassungsbranche aufgetretenen Mißstände, insbesondere die Gefährdung der sozialen Schutzbelange der Leiharbeitnehmer, unterbinden, ferner die negativen Auswirkungen der gewerbsmäßigen Arbeitnehmerüberlassung auf den Arbeitsmarkt beseitigen und schließlich zum Schutz des staatlichen Arbeitsvermittlungsmonopols geeignete Kriterien zur Abgrenzung der Arbeitnehmerüberlassung von der Arbeitsvermittlung bereitstellen[26]. Das AÜG versucht diese divergierenden Zielsetzungen durch einen rechtstechnisch äußerst komplizierten Regelungskomplex zu verwirklichen, für den das Ineinandergreifen vor allem gewerberechtlicher, arbeitsvermittlungsrechtlicher, schuld- und arbeitsrechtlicher, straf- und ordnungswidrigkeitsrechtlicher sowie sozialversicherungsrechtlicher Normen kennzeichnend ist. Den Schwerpunkt der gesetzlichen Regelung bilden eindeutig die gewerberechtlichen Vorschriften des Art. 1 §§ 1 bis 8 AÜG[27]. Sie enthalten in erster Linie die Erlaubnispflicht für das Betreiben des Arbeitnehmerüberlassungsgewerbes (Art. 1 § 1 Abs. 1 AÜG), einen Katalog von Erlaub-

---

[25] BVerfGE 21, 261 = NJW 1967, 974.

[26] Vgl. dazu *Becker/Wulfgramm*, AÜG, Einl. Rdnrn. 119 ff.; *Becker*, BlStSozArbR 1976, 225.

[27] Art. 1 § 1 Abs. 1 AÜG enthält keine Definition des Begriffs der Gewerbsmäßigkeit; zu Recht wird daher ganz überwiegend der allgemein anerkannte gewerberechtliche Gewerbsmäßigkeitsbegriff auch hier zugrundegelegt, so daß unter gewerbsmäßiger Arbeitnehmerüberlassung jede nicht nur gelegentliche, sondern auf eine gewisse Dauer angelegte und auf die Erzielung unmittelbarer oder mittelbarer wirtschaftlicher Vorteile ausgerichtete selbständige Tätigkeit zu verstehen ist, vgl. BAG AP Nr. 2 zu § 1 AÜG (m. Anm. *Weber*) = DB 1979, 851; BayObLG NJW 1978, 1869; *Becker/Wulfgramm*, AÜG, Art. 1 § 1 Rdnr. 27 m. w. N.; *Joost*, DB 1980, 161 (162); *Sandmann/Marschall*, AÜG, Art. 1 § 1 Anm. 30. Den Schutzzwecken des AÜG entsprechend kommt es bei gemischten Betrieben nicht darauf an, ob der Betrieb überwiegend auf dem Gebiet der Arbeitnehmerüberlassung tätig ist, zutr. *Becker/Wulfgramm*, AÜG, Art. 1 § 1 Rdnr. 26 a m. w. N.

nisversagungsgründen (Art. 1 § 3 AÜG) sowie umfangreiche Anzeige-, Auskunfts- und Meldepflichten des Verleihers (Art. 1 §§ 7, 8 AÜG). Insbesondere der Absicherung dieser gewerberechtlichen Regelungen dienen die in Art. 1 §§ 15 ff. AÜG geregelten Straf- und Ordnungswidrigkeitstatbestände, die sich dementsprechend ebenfalls überwiegend, mit Ausnahme von Art. 1 §§ 15 a, 16 Abs. 1 Nrn. 1 a, 2 AÜG, gegen den Verleiher richten.

In engem Zusammenhang mit den gewerberechtlichen Vorschriften steht die Regelung der Grenzziehung zwischen der gewerbsmäßigen Arbeitnehmerüberlassung und der Arbeitsvermittlung. Art. 1 § 1 Abs. 1 AÜG stellt zunächst klar, daß durch die Ausübung des Arbeitnehmerüberlassungsgewerbes keine Arbeitsvermittlung im Sinne des § 13 AFG betrieben werden darf, es dürfen also nicht Arbeitsuchende mit Arbeitgebern zur Begründung von Arbeitsverhältnissen zusammengeführt werden (§ 13 Abs. 1 AFG). Der Gesetzgeber war sich allerdings bewußt, daß die durch die Verweisung auf § 13 AFG ermöglichte theoretisch klare Abgrenzung in der Praxis auf erhebliche Schwierigkeiten stoßen kann[28]. Die Vertragskonstellationen und die Durchführung der Vertragsbeziehungen zwischen den Beteiligten sind häufig für Außenstehende kaum eindeutig zu analysieren. Den dadurch bestehenden faktischen Umgehungsmöglichkeiten der an der Arbeitnehmerüberlassung Beteiligten und den Beweisschwierigkeiten der mit der Durchführung des AÜG betrauten Bundesanstalt für Arbeit versuchte der Gesetzgeber durch die Regelung des Art. 1 § 1 Abs. 2 AÜG zu begegnen. Die Vorschrift ist rechtstechnisch als widerlegbare gesetzliche Vermutung dahingehend ausgestaltet, daß der Überlassende Arbeitsvermittlung betreibt, wenn er Arbeitnehmer tatsächlich Dritten zur Arbeitsleistung überläßt, dabei aber weder die üblichen Arbeitgeberpflichten noch das Arbeitgeberrisiko übernimmt, oder wenn die Dauer der Überlassung im Einzelfall drei Monate übersteigt. Zur Konkretisierung der generalklauselartigen Begriffe der üblichen Arbeitgeberpflichten und des Arbeitgeberrisikos sowie hinsichtlich der Einsatzbefristung nimmt Art. 1 § 1 Abs. 2 AÜG Bezug auf Art. 1 § 3 Abs. 1 AÜG. Die dort geregelten gewerberechtlichen Erlaubnisversagungstatbestände stellen somit gleichzeitig die Merkmale zur Ausfüllung der Vermutungstatbestände des Art. 1 § 1 Abs. 2 AÜG dar.

Gegenüber diesen gewerberechtlichen und vermittlungsrechtlichen Regelungsschwerpunkten enthält das AÜG in Art. 1 §§ 1 Abs. 1, 9 bis 14 nur eine sehr lückenhafte Normierung der schuld- und arbeitsrechtlichen Beziehungen zwischen Verleiher, Entleiher und Leiharbeitnehmer. Die Rechtsbeziehungen zwischen den Beteiligten sind unterschied-

---

[28] Vgl. den Bericht des Abgeordneten *Jaschke* zu BT-Drucks. 6/3505 S. 2.

lich ausgestaltet, je nachdem, ob der Verleiher die nach Art. 1 § 1 Abs. 1 AÜG erforderliche Erlaubnis hat oder nicht. Bei der erlaubten gewerbsmäßigen Arbeitnehmerüberlassung weist das AÜG dem Verleiher die volle Arbeitgeberstellung zu (vgl. Art. 1 § 1 Abs. 1 AÜG). Von den wenigen Vorschriften abgesehen, die aus Gründen des Arbeitnehmerschutzes zum einen die arbeitsvertragliche Gestaltungsfreiheit einschränken, zum anderen besondere Rechtspflichten des Verleihers statuieren (vgl. Art. 1 §§ 3 Abs. 1 Nr. 3 bis 5; 9 Nr. 2, 3, 5; 11 Abs. 1 bis 5 AÜG), enthält das AÜG keine Regelung des Arbeitsverhältnisses zwischen Verleiher und Leiharbeitnehmer. Im Gesetzgebungsverfahren ist dazu die Auffassung vertreten worden, daß eine weitergehende Normierung sich wegen der eindeutigen Zuordnung der Arbeitgeberstellung an den Verleiher und deren Konsequenzen erübrige[29]. Der Entleiher ist demgegenüber nach der gesetzlichen Regelung weitgehend von den Arbeitgeberpflichten entlastet. Ausnahmen bilden nur die punktuellen Regelungen in Art. 1 § 11 Abs. 6 und 7 AÜG sowie im sozialversicherungsrechtlichen Bereich die Pflicht des Entleihers zur Abgabe einer Kontrollmeldung für jeden einzelnen Leiharbeitnehmer bei der zuständigen Sozialversicherungsstelle nach § 317 a RVO und vor allem die Haftung des Entleihers als selbstschuldnerischer Bürge für die Abführung der Sozialversicherungsbeiträge (§§ 393 Abs. 3, 520, 729, 1396 RVO; §§ 118, 123 AVG; § 114 RKG; § 179 AFG). Hinzuweisen ist ferner auf die Regelung der betriebsverfassungsrechtlichen Stellung der Leiharbeitnehmer in Art. 1 § 14 AÜG[30]. Schließlich ist auch die Rechtsbeziehung zwischen Verleiher und Entleiher in Art. 1 § 12 AÜG nur sehr lückenhaft geregelt. Der Inhalt des Arbeitnehmerüberlassungsvertrages läßt sich lediglich mittelbar der Vorschrift des Art. 1 § 1 Abs. 1 AÜG entnehmen. Hat der Verleiher nicht die nach Art. 1 § 1 Abs. 1 AÜG erforderliche Erlaubnis, so sind die Verträge zwischen Verleiher und Leiharbeitnehmer sowie zwischen Verleiher und Entleiher unwirksam (Art. 1 § 9 Nr. 1 AÜG). Zum Schutz der Leiharbeitnehmer gilt sodann nach Art. 1 § 10 Abs. 1 S. 1 AÜG ein Arbeitsverhältnis zwischen Entleiher und Leiharbeitnehmer als zustande gekommen.

B. Kritik

Diese durch eine starke Betonung öffentlich-rechtlicher Regelungen gegenüber einer nur rudimentären Normierung der schuld- und arbeitsrechtlichen Beziehungen und durch eine auf allen Gebieten anzutref-

[29] Vgl. dazu die Kritik von *Ramm*, DB 1973, 1170 (1174).

[30] Eingefügt durch das Gesetz zur Bekämpfung der illegalen Beschäftigung vom 15. Dezember 1981 BGBl. I S. 1390.

fende weitgehende Entlastung des Entleihers geprägte Grundkonzeption des AÜG ist im Schrifttum auf heftige Kritik gestoßen[31]. In der Tat gewährleistet die gegenwärtige gesetzliche Regelung trotz der verschiedenen inzwischen vorgenommenen Modifizierungen noch keine optimale Verwirklichung der vom Gesetzgeber verfolgten Zielsetzungen.

I. Schutz des Arbeitsmarkts?

So enthält das AÜG nach wie vor keine geeigneten Regelungen zur Beseitigung der negativen Auswirkungen der gewerbsmäßigen Arbeitnehmerüberlassung auf dem Arbeitsmarkt. Im Vordergrund steht hier die Problematik, wie die zum Schutz des staatlichen Arbeitsvermittlungsmonopols (§§ 4, 13 Abs. 1 AFG) unbedingt erforderliche klare Abgrenzung zwischen erlaubter Arbeitnehmerüberlassung und grundsätzlich verbotener privater Arbeitsvermittlung vorzunehmen ist. Das AÜG, das zur Klärung der Abgrenzungsfrage ausschließlich auf die Ausgestaltung der Rechtsbeziehungen zwischen den Beteiligten abstellt, ermöglicht dadurch zwar im Hinblick auf die Legaldefinition der Arbeitsvermittlung in § 13 Abs. 1 AFG eine begrifflich-dogmatische Grenzziehung, berücksichtigt aber nicht die funktionale Verwandtschaft zwischen Arbeitnehmerüberlassung und Arbeitsvermittlung[32]. Bei beiden Formen der Personalgestellung werden nämlich Arbeitnehmer einer Beschäftigung in Drittbetrieben zugeführt, die ihrerseits ihren Arbeitskräftebedarf mit fremder Hilfe befriedigen. Daß daher die Verbreitung des dezentral ausgeübten, privaten Erwerbszwecken dienenden Arbeitnehmerüberlassungsgewerbes die Erfüllung der grundsätzlich der Bundesanstalt für Arbeit vorbehaltenen Vermittlungsaufgabe erschwert, liegt auf der Hand, wenn man bedenkt, daß dazu umfangreiche und auf lange Sicht berechnete arbeitsmarktpolitische Maßnahmen wie etwa eine intensive Arbeitsmarktbeobachtung und die Vorausschätzung des Arbeitskräftebedarfs in den verschiedenen Regionen und Berufen erforderlich sind[33]. Auch das BVerfG hat in seiner Entscheidung zur Arbeitnehmerüberlassung vom 4. 4. 1967[34] erkannt, daß Arbeitsvermittlung und Arbeitnehmerüberlassung gewisse wirtschaftliche Funktionen gemeinsam haben, und hat eine Umgehungsgefahr für das Arbeitsvermittlungsmonopol durch die Arbeitnehmerüberlassung nur wegen des

---

[31] Vgl. insbesondere *Becker/Wulfgramm*, AÜG, Einl. Rdnrn. 119 ff.; *Becker*, BlStSozArbR 1972, 113 (116) u. BlStSozArbR 1974, 305 (307 ff.); *Heußner*, DB 1973, 1800 (1802); *Mayer-Maly*, ZfA 1972, 1 (30 ff.); *Ramm*, ZfA 1973, 263 (282 ff.); *dens.*, DB 1973, 1170.

[32] Vgl. dazu bereits BVerfGE 21, 261 (268); ferner *Ramm*, ZfA 1973, 263 (282, 286).

[33] Vgl. dazu anschaulich BVerfGE 21, 245 (252 ff.).

[34] BVerfGE 21, 261 (268).

angenommenen Ausnahmecharakters und der sich daraus ergebenden quantitativen Irrelevanz der Arbeitnehmerüberlassung verneint. In der Tat ist dies das entscheidende Kriterium, um das staatliche Arbeitsvermittlungsmonopol über die begrifflich-dogmatische Abgrenzung hinaus auch inhaltlich in seiner Funktion, zur Vermeidung und Behebung von Arbeitslosigkeit, unterwertiger Beschäftigung und Arbeitskräftemangel beizutragen (vgl. § 2 Nr. 1 AFG), zu schützen. Nun erkennt zwar auch das AÜG den Ausnahmecharakter der Arbeitnehmerüberlassung im Verhältnis zur Arbeitsvermittlung an, dessen normative Verwirklichung in Art. 1 § 3 Abs. 1 Nr. 6 AÜG ist jedoch unzulänglich. Nach dieser Vorschrift darf derselbe Leiharbeitnehmer einem Entleiher nicht länger als drei aufeinanderfolgende Monate überlassen werden. Dadurch wird aber nicht verhindert, daß Stammarbeitsplätze in den Entleiherbetrieben fortwährend mit immer neuen Leiharbeitnehmern besetzt werden. In diesen Fällen ist zwar nicht begrifflich, wohl aber wirtschaftlich-funktional Arbeitsvermittlung gegeben, die von einem gewissen Umfang ab die staatliche Vermittlungsaufgabe erheblich stören kann[35]. Daß dies keine nur rein theoretische Gefahr darstellt, beweisen die zwar wegen der Abhängigkeit von konjunkturellen und saisonalen Einflüssen schwankenden, insgesamt aber seit Mitte der siebziger Jahre wieder steigenden Zahlen der Verleihunternehmen und der Leiharbeitnehmer[36].

Weitere unter arbeitsmarktpolitischen Gesichtspunkten schwerwiegende Störungsfaktoren, gegen die das AÜG keine wirksamen Vorkehrungen trifft, stellen die Konzentrierung und Monopolisierung von qualifizierten Arbeitkräften eines bestimmten Berufs oder einer Berufssparte bei einem oder mehreren Verleihunternehmen und, damit oft verbunden, die Abwerbung von Stammarbeitnehmern der Entleiherbetriebe durch überhöhte Lohnzusagen dar[37]. Die Folge ist eine Störung des Lohngefüges, da die Leiharbeitnehmer für dieselbe Arbeit einen höheren Lohn als die Stammarbeitnehmer in den Entleiherbetrieben erhalten, und eine künstliche Verteuerung der Arbeitskraft, weil die von den Entleihern zu entrichtende Überlassungsvergütung neben dem vom Verleiher an den Leiharbeitnehmer zu zahlenden Lohn sowie sämtlichen Lohnnebenkosten noch den Gewinnanteil des Verleihers umfaßt. Diese negativen Auswirkungen der gewerbsmäßigen Arbeitnehmerüberlassung auf den Arbeitsmarkt werden durch das AÜG sogar

---

[35] Vgl. *Möller-Lücking*, Das Arbeitsrecht der Gegenwart Bd. 11 (1974), S. 55 (61 ff.).

[36] Vgl. etwa *Möller-Lücking*, Soziale Sicherheit 1980, 202.

[37] Zur Abwerbungs- und Monopolisierungsgefahr vgl. *Becker/Wulfgramm*, AÜG, Einl. Rdnr. 71; *Becker*, BlStSozArbR 1974, 305 (310); *dens.*, DB 1971, 1354 (1359); *Hempel*, Spannungsverhältnis, S. 185; *Möller-Lücking*, Das Arbeitsrecht der Gegenwart Bd. 11 (1974), S. 55 (62).

noch begünstigt, indem nämlich Art. 1 § 3 Abs. 1 Nr. 3 AÜG grundsätzlich den Abschluß eines unbefristeten Arbeitsvertrages zwischen Verleiher und Leiharbeitnehmer verlangt, Verleiher also zumindest einen Teil ihres Personals aus Dauerarbeitskräften rekrutieren müssen, und nach Art. 1 § 3 Abs. 1 Nr. 6 AÜG die permanente Besetzung von Dauerarbeitsplätzen mit wechselnden Leiharbeitnehmern rechtlich zulässig ist. Abgeworbene Stammarbeitnehmer eines Unternehmens können also demselben Unternehmen umgehend wieder angeboten werden — nunmehr als teure Leiharbeitnehmer[38].

II. Schutz der Leiharbeitnehmer?

Das Hauptanliegen des Gesetzgebers war die Gewährleistung des arbeits- und sozialversicherungsrechtlichen Schutzes der Leiharbeitnehmer. Auch diese Zielsetzung ist nach verbreiteter Auffassung durch das AÜG nur unvollkommen verwirklicht worden[39]. Die Kritik richtet sich vor allem gegen die vom Gesetzgeber für die erlaubte Arbeitnehmerüberlassung gewählte Konzeption des Leiharbeitsverhältnisses, nach der allein der Verleiher die volle Arbeitgeberstellung hat, während der Entleiher als Dritter eingestuft wird, den nach dem Wortlaut des Gesetzes lediglich einzelne Arbeitgeberpflichten treffen[40]. Die darin zum Ausdruck kommende einseitige Verlagerung der Arbeitgeberrisiken auf ökonomisch meist nicht besonders potente Verleiher steht nach Auffassung der Kritiker im Widerspruch zu der für das Leiharbeitsverhältnis charakteristischen Verteilung der Arbeitgeberfunktionen auf Verleiher und Entleiher, mit der zwangsläufigen Folge einer Gefährdung der Leiharbeitnehmerinteressen.

An dieser Kritik ist zunächst zutreffend, daß die Rechtsbeziehungen zwischen Entleiher und Leiharbeitnehmer, so wie sie das Gesetz ausdrücklich regelt, keinesfalls den realen Gegebenheiten bei der Arbeitnehmerüberlassung entsprechen, daß nämlich der Leiharbeitnehmer bei dem Entleiher die Arbeitsleistung erbringt, dort faktisch in gleicher Weise wie die Stammarbeitnehmer in den Betriebsablauf eingeordnet ist und daß auch der Entleiher dem Leiharbeitnehmer gegenüber Arbeitgeberfunktionen wahrnimmt. Diesem Realbefund muß eine am arbeitsrechtlichen Schutzprinzip ausgerichtete rechtliche Ausgestaltung der Beziehungen des Leiharbeitnehmers zum Verleiher, vor allem aber auch zum Entleiher, Rechnung tragen. Dies setzt erheblich mehr arbeits-

---

[38] Vgl. *Möller-Lücking* (Fußn. 37).

[39] Vgl. dazu *Becker/Wulfgramm*, AÜG, Einl. Rdnrn. 124 ff.; *Mayer-Maly*, ZfA 1972, 1 (30 ff.); *Ramm*, ZfA 1973, 263 (281 ff.); *dens.*, DB 1973, 1170 (1175).

[40] So insbesondere *Ramm*, ZfA 1973, 263 (281 ff.); vgl. auch *Mayer-Maly*, ZfA 1972, 1 (30 ff.).

rechtliche Beziehungen zwischen Entleiher und Leiharbeitnehmer voraus, als das AÜG ausdrücklich regelt.

Der verbreiteten Kritik an der Konzeption der Rechtsbeziehungen zwischen Verleiher, Entleiher und Leiharbeitnehmer im AÜG ist jedoch entgegenzuhalten, daß sie die Möglichkeit zur lückenschließenden Rechtsfortbildung in diesem Bereich nicht genügend berücksichtigt. Allerdings stellt sich hier das Problem, inwieweit der Anerkennung weitergehender Rechtsbeziehungen zwischen Entleiher und Leiharbeitnehmer durch die zivilrechtliche Grundkonzeption des AÜG Grenzen gesetzt sind. Die Entscheidung des Gesetzgebers, die Arbeitgeberstellung bei erlaubter Arbeitnehmerüberlassung ausschließlich dem Verleiher zuzuweisen, hat nämlich vermittlungsrechtliche Gründe; der Gesetzgeber wollte auf diese Weise den Tatbestand der Arbeitnehmerüberlassung von dem der Arbeitsvermittlung als einer Tätigkeit, die darauf gerichtet ist, Arbeitsuchende mit Arbeitgebern zur Begründung von Arbeitsverhältnissen zusammenzuführen (§ 13 Abs. 1 AFG), abgrenzen. Der Kritik an der Konzeption der Rechtsbeziehungen im AÜG könnte daher nur dann zugestimmt werden, wenn die gesetzliche Regelung einer Ausweitung der Rechtsbeziehungen zwischen Entleiher und Leiharbeitnehmer in dem zur Verwirklichung des arbeitsrechtlichen Schutzprinzips erforderlichen Umfang entgegenstünde. Immerhin ist aber bereits de lege lata fast allgemein anerkannt, daß die Rechtsbeziehungen zwischen Entleiher und Leiharbeitnehmer über den durch das AÜG ausdrücklich gezogenen Rahmen hinausreichen[41]. Umstritten ist jedoch nach wie vor, in welchem Umfang und mit welcher rechtlichen Begründung Rechtsbeziehungen zwischen Entleiher und Leiharbeitnehmer bestehen[42]. Dementsprechend sind auch die schuldrechtlichen, individual- und kollektivarbeitsrechtlichen Konsequenzen noch vielfach ungeklärt.

Das Kernproblem besteht darin, daß die allgemeinen schuld- und arbeitsrechtlichen Vorschriften und die in Rechtsprechung und Schrifttum entwickelten Prinzipien und Rechtsinstitute an das duale Arbeitsverhältnis zwischen einem Arbeitgeber und einem Arbeitnehmer anknüpfen und daher nicht ohne weiteres auf die arbeitnehmerüberlassungsrechtliche Dreiecksbeziehung übertragbar sind[43]. So stellt sich im schuld- und individualarbeitsrechtlichen Bereich die Frage, wie Leistungsstörungen in der Dreiecksbeziehung zwischen Verleiher, Entleiher und Leiharbeitnehmer zu regulieren sind. Kann beispielsweise

---

[41] Vgl. nur *Becker/Wulfgramm*, AÜG, Art. 1 § 1 Rdnr. 58; *Hempel*, Spannungsverhältnis, S. 162; *Martens*, BAG-Festschrift, S. 367 (372); *Mayer-Maly*, ZfA 1972, 1 (30 ff.); *Ramm*, ZfA 1973, 263 (281 ff.).

[42] Vgl. etwa *Hempel*, Spannungsverhältnis, S. 162 ff.; *Martens*, BAG-Festschrift, S. 367 (372); *Weber*, Anm. zu BAG AP Nr. 2 zu § 1 AÜG.

[43] Vgl. *Becker/Wulfgramm*, AÜG, Einl. Rdnrn. 4 ff.; *Becker*, BlStSozArbR 1981, 241; *Mayer*, AuR 1974, 353 (357 ff.).

der Leiharbeitnehmer seine Arbeitsleistung beim Entleiher wegen nichterfüllter Ansprüche gegen den Verleiher zurückhalten[44]? Wie ist zu entscheiden, wenn ein als Kraftfahrer überlassener Arbeitnehmer auf regennasser Straße einen Unfall verursacht und sich, vom Entleiher auf Ersatz des an dem Wagen entstandenen Schadens in Anspruch genommen, auf die Grundsätze über die Haftungsbeschränkung bei gefahrgeneigter Arbeit beruft[45]? Kann der Leiharbeitnehmer vom Verleiher auch für die Zeit die vereinbarte Vergütung verlangen, in der er infolge von Arbeitskampfmaßnahmen im Verhältnis zwischen Entleiher und dessen Stammbelegschaft nicht im Entleiherbetrieb beschäftigt werden kann und auch ein Einsatz bei einem anderen Entleiher nicht möglich ist, oder entfällt für den genannten Zeitraum die Lohnzahlungspflicht nach den Grundsätzen der Betriebsrisikolehre[46]? Hat der Entleiher bei Pflichtverletzungen des Leiharbeitnehmers das Recht, diesen zu suspendieren[47]? Im kollektivarbeitsrechtlichen Bereich enthält das AÜG zwar nunmehr in Art. 1 § 14 eine Sonderregelung über die betriebsverfassungsrechtliche Stellung des Leiharbeitnehmers, durch die einige bisher umstrittene Fragen vor allem in Anlehnung an die Rechtsprechung des BAG endgültig geklärt sind[48]. Ungeregelt ist aber nach wie vor etwa die Frage, inwieweit dem Betriebsrat des Entleiherbetriebes die Mitbestimmungsrechte in sozialen Angelegenheiten nach § 87 BetrVG auch in bezug auf die Leiharbeitnehmer zustehen[49]. Nimmt man ein Recht des Entleihers zur Suspendierung des Leiharbeitnehmers im Falle von Pflichtverletzungen an, so ist zu überlegen, ob vor der Suspendierung der Betriebsrat des Entleiherbetriebes in entsprechender Anwendung des § 102 Abs. 1 BetrVG gehört werden muß[50]. Im

---

[44] Vgl. dazu BAG AP Nr. 2 zu § 611 BGB Leiharbeitsverhältnis (m. Anm. *Söllner*); *Weber*, Anm. zu BAG AP Nr. 2 zu § 1 AÜG.

[45] Vgl. dazu BGH NJW 1973, 2020 = JR 1974, 105 (m. Anm. *Heinze*); *Becker/Wulfgramm*, AÜG, Art. 1 § 11 Rdnr. 37.

[46] Vgl. dazu BAG AP Nr. 29 zu § 615 BGB Betriebsrisiko (m. Anm. *Mayer-Maly*) = NJW 1973, 1295 (m. Anm. *Becker*, NJW 1973, 1629) = JuS 1973, 452 (m. Anm. *Reuter*) = AR-Blattei, D, Arbeitskampf I, Entscheidung 6 (m. Anm. *Löwisch*) = SAE 1975, 11 (m. Anm. *Buchner*) = DB 1973, 827 = BB 1973, 564; ferner zum Lohnrisiko bei Streik im Drittbetrieb *Schmid*, JuS 1977, 92.

[47] Vgl. dazu *Ramm*, ZfA 1973, 263 (291 f.).

[48] So bestimmt beispielsweise Art. 1 § 14 Abs. 2 S. 1 AÜG, daß Leiharbeitnehmer bei der Wahl der betriebsverfassungsrechtlichen Arbeitnehmervertretungen im Entleiherbetrieb weder wahlberechtigt noch wählbar sind, vgl. dazu bereits BAG AP Nr. 2 zu § 99 BetrVG 1972 (m. Anm. *Kraft*) = SAE 1975, 145 (m. Anm. *G. Hueck*) = NJW 1974, 1966 (m. Anm. *Becker*); ferner *Becker/Wulfgramm*, AÜG, Art. 1 § 11 Rdnr. 39 b m. w. N. zum bisherigen Streitstand; nach Art. 1 § 14 Abs. 3 S. 1 AÜG ist der Betriebsrat des Entleiherbetriebs vor der Übernahme eines Leiharbeitnehmers zur Arbeitsleistung nach § 99 BetrVG zu beteiligen, vgl. dazu BAG a. a. O.; BAG DB 1978, 1841 = SAE 1979, 1 (m. Anm. *Herschel*); *Becker/Wulfgramm*, AÜG, Art. 1 § 11 Rdnr. 40 a m. w. N.

[49] Vgl. dazu *Becker/Wulfgramm*, AÜG, Art. 1 § 11 Rdnr. 40.

[50] Vgl. *Ramm*, ZfA 1973, 263 (291 f.).

tarifrechtlichen Bereich wirft das Leiharbeitsverhältnis wegen seiner Dreidimensionalität ebenfalls besondere Probleme auf. Hier stellt sich vor allem die Frage, ob und gegebenenfalls inwieweit der Leiharbeitnehmer auch beim Entleiher tarifrechtlich erfaßt werden kann[51]. Von der Beantwortung dieser Frage hängt des weiteren ab, ob Arbeitskampfmaßnahmen nur in dem unzweifelhaft tarifvertraglich regelbaren Verhältnis zwischen Verleiher und Leiharbeitnehmer oder auch im Verhältnis zwischen Entleiher und Leiharbeitnehmer zulässig sind.

Die nur beispielhaft aufgeführten Fragestellungen zeigen bereits, wie schwierig die schuld- und arbeitsrechtliche Einordnung der Dreieckbeziehung zwischen Verleiher, Entleiher und Leiharbeitnehmer ist[52]. Die Rechtsprechung hat zwar zu Einzelfragen zum Teil rechtsfortbildend Lösungen entwickelt, dabei aber eine generelle rechtliche Klärung des Leiharbeitsverhältnisses bisher vermieden[53]. Gerade die Erarbeitung einer einheitlichen dogmatischen Grundlage für die arbeitsrechtlichen Einzelprobleme der Leiharbeit ist jedoch für eine interessengerechte Erfassung der Arbeitnehmerüberlassung, die auch den Anforderungen der Rechtssicherheit genügt, notwendig.

Bei der unerlaubten Arbeitnehmerüberlassung treten ebenfalls trotz der Regelung des Art. 1 §§ 9 Nr. 1, 10 Abs. 1 AÜG Probleme hinsichtlich der Rechtsbeziehungen zwischen den Beteiligten auf. Problemschwerpunkte bilden hier zum einen die Frage der Rückabwicklung der fehlgeschlagenen Vertragsbeziehungen[54], zum andern die Frage, ob dem Interesse des Leiharbeitnehmers an der Erhaltung im Verleiherbetrieb erworbener Rechtspositionen — zu denken ist beispielsweise an den Kündigungsschutz nach §§ 1, 15 KSchG, 103 Abs. 1 BetrVG — Rechnung getragen werden kann[55].

---

[51] Dagegen *Becker/Kreikebaum*, Zeitarbeit, S. 193; *Franßen/Haesen*, AÜG, Einl. Rdnr. 37 a; *Wiedemann/Stumpf*, TVG, § 1 Rdnr. 131; a. A. für den Bereich der betrieblichen Normen *Bollinger*, Die Arbeitnehmerüberlassung, S. 178 f.

[52] Die vorliegende Untersuchung beschränkt sich im wesentlichen auf Inlandssachverhalte. Zu den vielfältigen kollisionsrechtlichen Fragestellungen bei grenzüberschreitender gewerbsmäßiger Arbeitnehmerüberlassung vgl. vor allem *Schnorr*, ZfA 1975, 143 ff.; ferner *Becker/Wulfgramm*, AÜG, Art. 1 § 3 Rdnrn. 101 ff.

[53] Vgl. etwa BAG AP Nr. 2 zu § 1 AÜG (m. Anm. *Weber*); BAG AP Nr. 3 zu § 611 BGB Leiharbeitsverhältnis (m. Anm. *Beuthien*).

[54] Vgl. dazu BGH NJW 1980, 452 = DB 1980, 347 = JuS 1980, 375 = JZ 1980, 191; *Claus Becker*, BB 1978, 363; *Dauner*, JZ 1980, 495 (499 ff.).

[55] Vgl. BAG AP Nr. 9 zu § 103 BetrVG 1972 (m. Anm. *Moritz*) = AR-Blattei, Leiharbeitsverhältnis, D, Entscheidung 11 (m. Anm. *Seiter*) = SAE 1978, 171 (m. Anm. *Schnorr von Carolsfeld*) = NJW 1977, 1413 = EzA Nr. 18 zu § 103 BetrVG 1972 = DB 1977, 1273 = BB 1977, 945, 1150; *Konzen*, ZfA 1978, 451, (506 f.).

III. Kontrolle des Arbeitnehmerüberlassungsgewerbes?

Obwohl der Gesetzgeber des AÜG das Schwergewicht der gesetzlichen Regelung auf die öffentlich-rechtlichen, insbesondere gewerberechtlichen Vorschriften legte, konnte das damit verfolgte Regelungsziel einer wirksamen Kontrolle des Arbeitnehmerüberlassungsgewerbes bisher nicht erreicht werden[56]. Die nach wie vor weit verbreitete illegale Arbeitnehmerüberlassung hat zur Kritik am gegenwärtigen öffentlich-rechtlichen Kontroll- und Sanktionssystem des AÜG geführt[57]. Auffällig ist auch hier, wie schon im arbeitsrechtlichen Bereich, die fast ausschließliche Anknüpfung an den Verleiher und die vom Gesetzgeber nur sehr zögernd vorgenommene teilweise Einbeziehung des Entleihers[58]. Die Bekämpfung illegaler Arbeitnehmerüberlassung wird noch zusätzlich dadurch erschwert, daß zahlreiche Verleiher nicht einfach Arbeitnehmerüberlassung als solche ohne die erforderliche Erlaubnis betreiben, sondern vielmehr in andere Formen des drittbezogenen Personaleinsatzes, vor allem den Einsatz von Erfüllungsgehilfen im Rahmen von Werk- oder Dienstverträgen, ausweichen, um die mit dem AÜG verbundenen Beschränkungen zu umgehen[59]. Da wegen der unterschiedlichen Inhalte des Arbeitnehmerüberlassungsvertrags und der sonstigen in Betracht kommenden Vertragstypen einem legalen Ausweichen in andere Formen des Personaleinsatzes in Drittbetrieben, auf die das AÜG keine Anwendung findet, enge Grenzen gesetzt sind, handelt es sich häufig um sog. Scheinwerk- oder -dienstverträge, die rechtlich als illegale Arbeitnehmerüberlassungsverhältnisse qualifiziert werden müssen. Zur Aufdeckung solcher Umgehungsversuche enthält das AÜG kein wirksames Instrumentarium. Auch das nunmehr in § 12 a AFG geregelte sektorale Verbot der gewerbsmäßigen Arbeitnehmerüberlassung im Baubereich, in dem diese Form illegaler Leiharbeit besonders weit verbreitet ist[60], eignet sich kaum zu ihrer Bekämpfung, weil sich ja die Frage der Abgrenzung der Arbeitnehmerüberlassung von den anderen zulässigen Formen des Personaleinsatzes in Drittbetrieben und somit ebenfalls die Umgehungsfrage auch im Baubereich nach wie vor stellt[61].

---

[56] Vgl. den 4. Bericht der BReg. über Erfahrungen bei der Anwendung des AÜG, BT-Drucks. 8/4479, S. 9 ff., 24 ff.

[57] Vgl. *Becker/Wulfgramm*, AÜG, Einl. Rdnr. 119; *Mayer*, BB 1981, 1839 (1840 f.).

[58] Vgl. im straf- und ordnungswidrigkeitsrechtlichen Bereich Art. 1 § 15 a AÜG, eingefügt durch das Gesetz zur Änderung des AFG und des AÜG vom 25. 6. 1975 (BGBl. I S. 1542), sowie Art. 1 § 16 Abs. 1 Nr. 1 a AÜG, eingefügt durch das Gesetz zur Bekämpfung der illegalen Beschäftigung vom 15. 12. 1981 (BGBl. I S. 1390).

[59] Vgl. zu diesem Problem *Becker*, BlStSozArbR 1980, 369 (371 f.); *Frerichs/Möller/Ulber*, Leiharbeit, S. 92 ff.; *Hempel*, Spannungsverhältnis, S. 173 ff.; *Mayer*, BB 1981, 1839 (1840).

[60] Vgl. *Becker/Wulfgramm*, AÜG, Einl. Rdnr. 30 a.

§ 3 Gang, Methode und Ziel der Untersuchung

Ziel der vorliegenden Untersuchung ist die Klärung der Frage, mit welchen rechtlichen Mitteln die von der gewerbsmäßigen Arbeitnehmerüberlassung ausgehenden Gefahren für den Arbeitsmarkt und die Leiharbeitnehmer beseitigt werden können. Diese umfassende, über die gegenwärtige gesetzliche Regelung hinaus auch rechtspolitische Fragestellungen einschließende Zielsetzung hat in methodischer Hinsicht zur Folge, daß nicht von den einzelnen Tatbeständen des AÜG und deren spezifischen Problemen ausgegangen werden kann, sondern vielmehr die zu schützenden Interessen, also die Gewährleistung eines funktionsfähigen Arbeitsmarkts und die Sicherstellung des arbeits- und sozialversicherungsrechtlichen Schutzes der Leiharbeitnehmer, zum Ausgangspunkt der Untersuchung gemacht werden müssen.

Als weitestgehende Maßnahme zum Schutz dieser Interessen wird zunächst ein erneutes generelles Verbot der gewerbsmäßigen Arbeitnehmerüberlassung erwogen[62]. Dieser Lösungsansatz wirft jedoch erhebliche verfassungsrechtliche Probleme auf. Es stellt sich nämlich zum einen die Frage, ob nicht die die Arbeitnehmerüberlassung freigebende Entscheidung des BVerfG vom 4. 4. 1967[63] einem erneuten Verbot von vornherein entgegensteht. Selbst wenn eine solche Bindungswirkung für den Gesetzgeber nicht bestehen sollte, bleibt zu prüfen, ob nicht ein generelles Verbot der gewerbsmäßigen Arbeitnehmerüberlassung die durch Art. 12 Abs. 1 S. 1 GG gewährleistete Berufsfreiheit insbesondere der Verleiher, möglicherweise aber auch der Leiharbeitnehmer und der Entleiher verletzen würde. Das BVerfG hat diese Frage bezüglich des Verleihers bekanntlich bejaht[64]. Eine wesentliche Rolle spielt in diesem Zusammenhang das Problem, inwieweit zwischen den verschiedenen zu berücksichtigenden Interessen unlösbare Zielkonflikte bestehen. In der Tat wird im Schrifttum die Auffassung vertreten, daß die Anerkennung des Arbeitnehmerüberlassungsgewerbes unvereinbar sei mit den vorrangigen Gemeinschaftsinteressen, den Schutz der Arbeitnehmer und des staatlichen Arbeitsvermittlungsmonopols zu gewährleisten[65]; auch zwischen den Gemeinschaftsinteressen selbst bestehe ein

---

[61] Zutr. *Becker*, ZRP 1981, 262 (264).

[62] Vgl. dazu *Becker*, AuR 1980, 12 (19 f.); *Debus*, Leiharbeit, S. 106 ff.; *Mayer*, BB 1981, 1839 (1842); *Möller-Lücking*, Soziale Sicherheit 1980, 202 ff.; *Muhr*, Soziale Sicherheit 1981, 1 (3); *Steinbach*, WSI-Mitteilungen 1980, 263 (268 ff.).

[63] BVerfGE 21, 261 = NJW 1967, 974.

[64] BVerfGE 21, 261 (266 ff.).

[65] Vgl. *Möller-Lücking*, Das Arbeitsrecht der Gegenwart Bd. 11 (1974), S. 55 (63, 68 ff.); vgl. auch *Hempel*, Spannungsverhältnis, S. 153, der allerdings eine Harmonisierung der verschiedenen Zielsetzungen für möglich hält.

Zielkonflikt insoweit, als das arbeitsrechtliche Schutzprinzip Rechtsbeziehungen zwischen Entleiher und Leiharbeitnehmer entsprechend der tatsächlichen Verteilung der Arbeitgeberstellung auf Verleiher und Entleiher in einem Umfang voraussetze, der unvereinbar sei mit der an § 13 Abs. 1 AFG orientierten Grenzziehung zwischen Arbeitnehmerüberlassung und Arbeitsvermittlung, so daß das staatliche Vermittlungsmonopol beeinträchtigt werde[66]. Ähnliche verfassungsrechtliche Probleme stellen sich auch im Hinblick auf sektorale und regionale Verbote der gewerbsmäßigen Arbeitnehmerüberlassung[67].

Soweit sich die verfassungsrechtlichen Bedenken gegen ein Verbot der Arbeitnehmerüberlassung nicht ausräumen lassen, ist zu prüfen, auf welche Weise innerhalb des verfassungsrechtlich vorgegebenen Regelungsrahmens ein gerechter Ausgleich zwischen den ökonomischen Interessen der Arbeitgeberseite (Verleiher und Entleiher), den sozialen Schutzbelangen der Leiharbeitnehmer und dem Allgemeininteresse an der Aufrechterhaltung eines funktionsfähigen Arbeitsmarkts herbeizuführen ist — sei es de lege lata im Wege der Rechtsfortbildung, sei es durch eine Gesetzesnovellierung. Im Rahmen der Überlegungen zur Frage der Gewährleistung eines funktionsfähigen Arbeitsmarkts steht die Problematik der zum Schutz des staatlichen Vermittlungsmonopols erforderlichen Grenzziehung zwischen Arbeitsvermittlung und Arbeitnehmerüberlassung im Vordergrund. Hier geht es vor allem darum, ob die gegenwärtige gesetzliche Fixierung des arbeitsrechtlichen Schwerpunkts im Verhältnis zwischen Verleiher und Leiharbeitnehmer und die dementsprechend restriktive Ausgestaltung der Arbeitsrechtsbeziehungen zwischen Entleiher und Leiharbeitnehmer vermittlungsrechtlich erforderlich ist. Mit der Beantwortung dieser Frage werden die Weichen gestellt für die Ausgestaltung der Rechtsbeziehungen zwischen den Beteiligten sowie deren schuld-, arbeits- und sozialversicherungsrechtlichen Konsequenzen. Zur Gewährleistung der Funktionsfähigkeit des Arbeitsmarkts und des Schutzes der Leiharbeitnehmer genügt jedoch nicht nur eine interessengerechte vermittlungs-, schuld-, arbeits- und sozialversicherungsrechtliche Erfassung der Leiharbeit; erforderlich sind darüber hinaus geeignete öffentlich-rechtliche Kontroll- und Sanktionsmöglichkeiten zur Bekämpfung von Gesetzesverstößen.

Damit ergibt sich folgender Gang der Untersuchung: Das 2. Kapitel steckt zunächst den verfassungsrechtlich vorgegebenen Rahmen des Rechts der gewerbsmäßigen Arbeitnehmerüberlassung ab. Das 3. Kapitel befaßt sich sodann mit der Frage, wie die negativen Auswirkungen

---

[66] So *Möller-Lücking*, Das Arbeitsrecht der Gegenwart Bd. 11 (1974), S. 55 (68).

[67] Vgl. *Becker*, AuR 1980, 12 (20); *Pieroth*, Arbeitnehmerüberlassung, S. 34 ff. zum Verbot gewerbsmäßiger Arbeitnehmerüberlassung im Baubereich.

der Leiharbeit auf den Arbeitsmarkt und hier insbesondere die Gefährdung des staatlichen Arbeitsvermittlungsmonopols beseitigt werden können. Im 4. Kapitel werden die Möglichkeiten zur Gewährleistung des arbeits- und sozialversicherungsrechtlichen Schutzes der Leiharbeitnehmer erörtert. Hier liegt wegen der nur lückenhaften gesetzlichen Regelung der Schwerpunkt der Untersuchung. Das 5. Kapitel schließlich behandelt Fragen der Kontrolle des Arbeitnehmerüberlassungsgewerbes und der Bekämpfung illegaler Arbeitnehmerüberlassung.

2. Kapitel

Verfassungsrechtliche Gewährleistungsgrenzen der gewerbsmäßigen Arbeitnehmerüberlassung

§ 4 Verbot der gewerbsmäßigen Arbeitnehmerüberlassung?

A. Bindung des Gesetzgebers an die Entscheidung des Bundesverfassungsgerichts zur Arbeitnehmerüberlassung vom 4. 4. 1967?

Einem erneuten Verbot der Leiharbeit könnte bereits die Entscheidung des BVerfG zur Arbeitnehmerüberlassung vom 4. 4. 1967[1] entgegenstehen. Das BVerfG hat dort den damaligen § 37 Abs. 3 AVAVG, der eine Gleichstellung der regelmäßigen Arbeitnehmerüberlassung mit der grundsätzlich verbotenen privaten Arbeitsvermittlung vorsah, für nichtig erklärt und damit die Leiharbeit freigegeben. Es stellt sich daher die Frage, ob der Gesetzgeber heute noch an diese Entscheidung gebunden ist.

I. Bindungswirkungen bundesverfassungsgerichtlicher Entscheidungen

Entscheidungen des BVerfG erwachsen nicht nur in formelle und materielle Rechtskraft[2], sondern sie entfalten darüber hinaus Bindungswirkung nach § 31 Abs. 1 BVerfGG gegenüber den Verfassungsorganen des Bundes und der Länder sowie gegenüber allen Gerichten und Behörden; sie haben ferner, soweit es sich um Entscheidungen über die Gültigkeit bzw. Verfassungsmäßigkeit oder die Qualität von Rechtsnormen handelt, nach § 31 Abs. 2 BVerfGG Gesetzeskraft[3]. Für die Frage, ob der Gesetzgeber bereits durch die Entscheidung des

---

[1] BVerfGE 21, 261 = NJW 1967, 974.

[2] Vgl. *Lange*, JuS 1978, 1 (2); *Maunz/Schmidt-Bleibtreu/Klein/Ulsamer*, BVerfGG, § 31 Rdnr. 1.

[3] Das galt auch schon nach der im Jahre 1967 maßgeblichen ausdrücklichen Regelung des § 31 Abs. 2 S. 2 BVerfGG a. F. für den Fall des § 95 Abs. 3 BVerfGG (Nichtigerklärung eines Gesetzes im Rahmen einer Verfassungsbeschwerde).

BVerfG zur Arbeitnehmerüberlassung vom 4. 4. 1967 gehindert ist, die Leiharbeit erneut zu verbieten, kommt es also darauf an, welche inhaltlichen und zeitlichen Grenzen den verschiedenen Bindungswirkungen — materielle Rechtskraft, Bindungswirkung und Gesetzeskraft nach § 31 Abs. 1, 2 BVerfGG — gesetzt sind[4].

II. Grenzen der Bindungswirkungen

1. Inhaltliche Grenzen

Inhaltlich ist zunächst die materielle Rechtskraft durch den Streitgegenstand begrenzt[5]. Die Beteiligten[6] sind an ein formell rechtskräftiges Urteil außerhalb des abgeschlossenen Verfahrens nur im Rahmen des Streitgegenstandes gebunden. Bei Normenkontrollentscheidungen ist Streitgegenstand das konkret in Frage stehende Gesetz; damit ist aber zugleich auch die in ihm enthaltene rechtliche Aussage Gegenstand des Verfahrens, so daß auch Wiederholungsakte in die Rechtskraftwirkung einzubeziehen sind[7]. Wird also ein Gesetz für nichtig erklärt, so darf weder dieselbe Norm nochmals noch eine gleichartige Norm neu erlassen werden. Auch der objektive Umfang der Bindungswirkung nach § 31 Abs. 1 BVerfGG und der Gesetzeskraft nach § 31 Abs. 2 BVerfGG entspricht zumindest dem der materiellen Rechtskraft, so daß im Falle der Erklärung einer Norm für verfassungswidrig auch aus § 31 BVerfGG das Verbot der Wiederholung gleicher oder gleichartiger Akte folgt[8]. Was in diesem Zusammenhang unter einer gleichartigen Norm zu verstehen ist, muß anhand eines Vergleichs von Inhalt und Zweck der beiden in Frage stehenden Normen beurteilt werden[9]. Da der vom BVerfG für nichtig erklärte § 37 Abs. 3 AVAVG durch die Gleichstellung der regelmäßigen Arbeitnehmerüberlassung mit der grundsätzlich verbotenen privaten Arbeitsvermittlung inhaltlich ein Verbot der gewerbsmäßigen Arbeitnehmerüberlassung bewirkte, stellt jedes erneute generelle Verbot, unabhängig von seiner rechtstechnischen Durchführung, zumindest ein

---

[4] Vgl. dazu im einzelnen *Pieroth*, Arbeitnehmerüberlassung, S. 96 ff.

[5] Vgl. *Baumbach/Lauterbach/Albers/Hartmann*, ZPO, Einf. §§ 322—327 Anm. 1) B.; *Pieroth*, Arbeitnehmerüberlassung, S. 95 f.

[6] Dazu gehören bei einer Normenkontrollentscheidung des BVerfG über ein Bundesgesetz auch Bundestag und Bundesregierung, vgl. *Pieroth*, Arbeitnehmerüberlassung, S. 96.

[7] Vgl. *Sachs*, Bindung des Bundesverfassungsgerichts, S. 63 f., 311 f.; vgl. auch *Pieroth*, Arbeitnehmerüberlassung, S. 97.

[8] Vgl. BVerfGE 1, 14 (15, 37); *Lechner*, BVerfGG, § 31 Abs. 2 Anm. 3; *Maunz/Schmidt-Bleibtreu/Klein/Ulsamer*, BVerfGG, § 31 Rdnr. 24; *Pieroth*, Arbeitnehmerüberlassung, S. 99, 100 f.

[9] Vgl. *Maunz/Dürig/Herzog/Scholz*, GG, Bd. III, Art. 94 Rdnr. 32.

gleichartiges Gesetz dar, das seinem Gegenstand nach von der materiellen Rechtskraft, der Bindungswirkung und der Gesetzeskraft des Urteils des BVerfG vom 4. 4. 1967 erfaßt wird[10].

Etwas anderes gilt lediglich für sektorale und regionale Verbote der Leiharbeit, die wegen ihrer beschränkten Wirkung im Verhältnis zu einem vollständigen Verbot nicht als gleichartige Gesetze qualifiziert werden können[11]. Insoweit ist der Gesetzgeber bereits inhaltlich nicht an die Entscheidung des BVerfG vom 4. 4. 1967 gebunden. Ob er durch diese Entscheidung gehindert ist, die gewerbsmäßige Arbeitnehmerüberlassung generell zu verbieten, hängt dagegen von den zeitlichen Grenzen der verschiedenen Bindungswirkungen ab[12].

2. *Zeitliche Grenzen*

Das BVerfGG enthält zur Frage einer zeitlichen Grenze der materiellen Rechtskraft keine Regelung. Zur Schließung von Lücken des BVerfGG kann jedoch nach allgemeiner Ansicht auf das Verwaltungs- und Zivilprozeßrecht zurückgegriffen werden[13]. Für den Verwaltungs- und Zivilprozeß ist anerkannt, daß der materiellen Rechtskraft zeitliche Grenzen gesetzt sind[14]. Diese ergeben sich daraus, daß gerichtliche Entscheidungen auf der Sach- und Rechtslage im Zeitpunkt der jeweiligen Entscheidung beruhen; nachträgliche tatsächliche oder rechtliche Änderungen werden daher nicht von der Rechtskraft einer gerichtlichen Entscheidung erfaßt und können in einem neuen Verfahren geltend gemacht werden[15]. Für den Fall einer Normenkontrollentscheidung, die ein Gesetz für nichtig erklärt hat, folgt daraus, daß u. a. bei einer Änderung der der Entscheidung zugrundegelegten tatsächlichen Verhältnisse die materielle Rechtskraft dem Erlaß eines Wiederholungsgesetzes nicht entgegensteht. Sinn und Zweck des § 31 Abs. 1, 2 BVerfGG kann ebenfalls nur sein, Bindungswirkung und Gesetzeskraft der Entscheidungen des BVerfG im Rahmen der entscheidungserheblichen Tatsachen anzuordnen, nicht aber auch dann noch, wenn sich diese Tatsachen grundlegend gewandelt haben; andernfalls wäre eine „Versteinerung" der Rechtslage in der jeweiligen Angelegenheit die unausbleibliche Folge[16]. Der gemessen an Sinn und Zweck der Vorschrift zu

---

[10] Vgl. *Pieroth,* Arbeitnehmerüberlassung, S. 98; *Sandmann/Marschall,* AÜG, Einl. Anm. 12.

[11] Zutr. *Becker,* DB 1982, 2348 (2352); *Pieroth,* Arbeitnehmerüberlassung, S. 97 zum sektoralen Verbot der Leiharbeit im Baubereich (§ 12 a AFG).

[12] Vgl. dazu eingehend *Pieroth,* Arbeitnehmerüberlassung, S. 101 ff.

[13] Vgl. BVerfGE 33, 199 (204); *Lange,* JuS 1978, 1 (3).

[14] Vgl. BVerfGE 33, 199 (204).

[15] Vgl. *Lange,* JuS 1978, 1 (3); *Pieroth,* Arbeitnehmerüberlassung, S. 101.

weite Wortlaut des § 31 Abs. 1, 2 BVerfGG ist daher im Wege einer teleologischen Reduktion dahingehend zu korrigieren, daß — ebenso wie die materielle Rechtskraft — Bindungswirkung und Gesetzeskraft einer Entscheidung entfallen, wenn maßgebliche Änderungen in den Tatsachen eintreten, die der betreffenden Entscheidung zugrunde lagen[17].

Das BVerfG stützte seine Entscheidung zur Arbeitnehmerüberlassung in erster Linie auf die Überlegung, daß Arbeitnehmerüberlassungsverträge kein geeignetes Mittel seien, um das staatliche Arbeitsvermittlungsmonopol in nennenswertem Umfang zu umgehen, weil die Arbeitnehmerüberlassung die wirtschaftliche Funktion der Arbeitsvermittlung nur in bestimmten Ausnahmesituationen wie beispielsweise beim Ausfall eines Stammarbeitnehmers infolge Urlaubs, Krankheit oder Kündigung oder im Falle zusätzlicher dringender Arbeiten ersetzen könne[18]. Diese Überlegung beruhte auf einem Gutachten des Deutschen Industrie- und Handelstages, nach dem Arbeitnehmerüberlassungsverträge nur selten vorkämen und nur für die Zuweisung von Aushilfskräften in Betracht kämen. Darüber hinaus erkannte das BVerfG an, daß Arbeitnehmerüberlassungsverträge ein besonderes wirtschaftliches Bedürfnis erfüllen können, indem sie die Arbeitskraft solcher Arbeitnehmer mobilisieren, die aus verschiedenen Gründen keine Dauerstellung annehmen können oder wollen[19]. Das Gericht verwies ferner darauf, daß vor der Einbeziehung der Arbeitnehmerüberlassungsverträge in das staatliche Arbeitsvermittlungsmonopol im Jahre 1957 Mißstände nicht zutage getreten seien[20].

Die genannten Annahmen des BVerfG — geringe Verbreitung der Arbeitnehmerüberlassung, deren Beschränkung auf Aushilfsfälle, Mobilisierung von Arbeitskräften mit temporärem Arbeitsinteresse sowie das Nichtvorhandensein von Mißständen — treffen heute weitgehend nicht mehr zu[21]. Der Umfang der gewerbsmäßigen Arbeitnehmerüberlassung schwankt zwar wegen der starken Abhängigkeit der Leiharbeit von konjunkturellen und saisonalen Einflüssen erheblich, bei 1205 Verleihern am 31. Dezember 1979, 41 471 Leiharbeitnehmern am 30. Juli 1979 und 229 931 Überlassungsfällen im Jahre 1977 allein im Bereich

---

16 Vgl. *Krüger*, Allgemeine Staatslehre, S. 900 f.

17 So im Ergebnis auch *Lange*, JuS 1978, 1 (5, 7); *Marschall*, RdA 1983, 18 (19); *Maunz/Schmidt-Bleibtreu/Klein/Ulsamer*, BVerfGG § 31 Rdnrn. 27, 37; *Pieroth*, Arbeitnehmerüberlassung, S. 101.

18 BVerfGE 21, 261 (268).

19 BVerfGE 21, 261 (269).

20 BVerfGE 21, 261 (271).

21 So auch *Mayer*, BB 1981, 1839 (1843); *Möller-Lücking*, Soziale Sicherheit 1980, 202 (204); *Pieroth*, Arbeitnehmerüberlassung, S. 103 ff.

der legalen Arbeitnehmerüberlassung[22] kann man aber nicht mehr von einer nur geringen Verbreitung dieses Gewerbes sprechen. Die Arbeitnehmerüberlassung dient auch durchaus nicht mehr nur zur Überwindung zeitlich begrenzter personeller Engpässe[23]. Infolge der konjunkturellen Abschwächung gehen viele Unternehmen dazu über, ihre Stammbelegschaften zu verkleinern und zahlreiche bisher betriebsintern bewältigte Aufgaben außerbetrieblichen Randbelegschaften, die sich zum Teil aus Leiharbeitnehmern zusammensetzen, zu übertragen[24]. Auf diese Weise werden Dauerarbeitsplätze im Entleiherbetrieb fortlaufend mit Leiharbeitnehmern besetzt. Leiharbeitnehmer rekrutieren sich auch nicht in erster Linie aus der Arbeitsmarktreserve, sondern sind häufig abgeworbene oder entlassene Stammarbeitnehmer der entleihenden Unternehmen[25]. Schließlich sind allein die bekanntgewordenen Mißstände im Bereich der gewerbsmäßigen Arbeitnehmerüberlassung schon so zahlreich, daß auch in diesem Punkt die tatsächlichen Voraussetzungen der Entscheidung des BVerfG zur Arbeitnehmerüberlassung vom 4. 4. 1967 nicht mehr gegeben sind[26]. In Übereinstimmung mit der ganz überwiegend vertretenen Auffassung im Schrifttum ist daher davon auszugehen, daß der Gesetzgeber an diese Entscheidung nicht mehr gebunden ist[27].

III. Zwischenergebnis

Die Entscheidung des BVerfG zur Arbeitnehmerüberlassung vom 4. 4. 1967 steht weder einem generellen noch einem sektoralen oder regionalen Verbot der Leiharbeit entgegen.

---

[22] Vgl. dazu den 4. Bericht der BReg. über Erfahrungen bei der Anwendung des AÜG, BT-Drucks. 8/4479, S. 6 f.

[23] Vgl. *Möller-Lücking*, Soziale Sicherheit 1980, 202 (203); *Steinbach*, WSI-Mitteilungen 1980, 263 (268).

[24] Sog. Flexibilisierung der Belegschaften, vgl. dazu *Debus*, Leiharbeit, S. 31 ff.; *Frerichs/Möller/Ulber*, Leiharbeit, S. 20 ff.; *Ulber*, AuR 1982, 54.

[25] Vgl. *Pieroth*, Arbeitnehmerüberlassung, S. 106 f.

[26] Vgl. *Pieroth*, Arbeitnehmerüberlassung, S. 107 f.

[27] So etwa auch *Mayer*, BB 1981, 1839 (1843); *Pieroth*, Arbeitnehmerüberlassung, S. 109; a. A. *Marschall*, RdA 1983, 18 (19).

B. Verbot der Arbeitnehmerüberlassung und das Grundrecht der Berufsfreiheit (Art. 12 Abs. 1 GG)

I. Generelles Verbot der Arbeitnehmerüberlassung?

1. Freiheitsbereich und Einschränkbarkeit des Art. 12 Abs. 1 S. 1 GG

Ein Verbot der gewerbsmäßigen Arbeitnehmerüberlassung ist im Hinblick auf das in Art. 12 Abs. 1 S. 1 GG gewährleistete Grundrecht der Berufsfreiheit verfassungsrechtlich problematisch. Der den Freiheitsbereich dieses Grundrechts umschreibende Begriff des Berufs ist weit auszulegen[28]. Er umfaßt jede erlaubte, sinnvolle, auf Dauer berechnete Betätigung, die der Schaffung und Erhaltung einer Lebensgrundlage dient, gleichgültig, ob die Tätigkeit in abhängiger oder selbständiger Stellung ausgeübt wird oder werden soll[29]. Auch die Ausübung eines Gewerbes stellt danach einen Beruf im Sinne des Art. 12 Abs. 1 S. 1 GG dar. Die Tätigkeit des Verleihers, das gewerbsmäßige Überlassen von Arbeitnehmern an Dritte, fällt daher in den Schutzbereich des Art. 12 Abs. 1 S. 1 GG[30]. Das gleiche gilt für die berufliche Tätigkeit der Leiharbeitnehmer als solche, also die Erbringung der Arbeitsleistung bei ständig wechselnden Dritten. Schließlich ist die im Rahmen der betrieblichen Personalpolitik zu treffende Entscheidung der Entleiher, Leiharbeitnehmer zu beschäftigen, Ausübung der Gewerbetätigkeit und damit ebenfalls durch Art. 12 Abs. 1 S. 1 GG grundsätzlich geschützte berufliche Tätigkeit. Ein Verbot der gewerbsmäßigen Arbeitnehmerüberlassung wäre daher nur dann verfassungsmäßig, wenn es als Ausdruck der Schranken der Berufsfreiheit angesehen werden könnte.

Art. 12 Abs. 1 S. 2 GG enthält einen speziellen Gesetzesvorbehalt, wonach die Berufsausübung durch Gesetz oder aufgrund eines Gesetzes geregelt werden kann. Da aber die Berufsausübung und die Berufswahl sich nicht so trennen lassen, daß beide jeweils nur eine bestimmte Phase des Berufslebens bezeichnen, ist anerkannt, daß Art. 12 Abs. 1 GG das einheitliche Grundrecht der Berufsfreiheit gewährleistet mit der Folge, daß auch der Regelungsvorbehalt des Art. 12 Abs. 1 S. 2 GG nicht auf die Berufsausübung beschränkt ist, sondern die Berufswahl mit erfaßt[31]. Im übrigen wird der Regelungsvorbehalt zutref-

---

[28] Vgl. *Leibholz/Rinck*, GG, Art. 12 Rdnr. 3.

[29] Vgl. *Maunz/Dürig/Herzog/Scholz*, GG, Art. 12 Rdnr. 18; vgl. auch bereits BVerfGE 7, 377 (397); ferner BVerfGE 54, 301 (313).

[30] Vgl. BVerfGE 21, 261 (267); *Becker/Wulfgramm*, AÜG, Art. 1 § 3 Rdnr. 5; *Pieroth*, Arbeitnehmerüberlassung, S. 34.

[31] Vgl. BVerfGE 7, 377 (401 f.); *Pieroth*, Arbeitnehmerüberlassung, S. 36 f., 58.

fend auch als Ermächtigung zu Einschränkungen angesehen, weil eine Regelung ohne freiheitsbeschränkende Wirkung kaum denkbar ist[32]. Einschränkungen im Bereich der gewerbsmäßigen Arbeitnehmerüberlassung sind daher grundsätzlich möglich.

2. Der Grundsatz der Verhältnismäßigkeit als Grenze der Einschränkbarkeit

Bei Einschränkungen der Berufsfreiheit muß aber der aus dem Rechtsstaatsprinzip (Art. 20 Abs. 3 GG) abzuleitende und daher mit Verfassungsrang ausgestattete Grundsatz der Verhältnismäßigkeit strikt gewahrt bleiben[33]. Das setzt zunächst voraus, daß die Eingriffsmittel überhaupt zur Erreichung des angestrebten Zwecks, den Schutz übergeordneter Gemeinschaftsgüter zu gewährleisten, geeignet und erforderlich sind[34]. Darüber hinaus sind die Voraussetzungen für die Einschränkung der Berufsfreiheit um so strenger, je intensiver die geplante Maßnahme in die Berufsfreiheit eingreift[35]. Ein generelles Verbot der gewerbsmäßigen Arbeitnehmerüberlassung würde im Hinblick auf die Berufsfreiheit der Verleiher den stärksten Eingriff darstellen, der überhaupt denkbar ist[36]. Es wäre daher nach den vom BVerfG zur Einschränkung der Berufsfreiheit entwickelten Kriterien nur dann verfassungsrechtlich zulässig, wenn es zum Schutz überragend wichtiger Gemeinschaftsgüter geeignet und darüber hinaus auch zwingend erforderlich wäre[37].

a) Schutz überragend wichtiger Gemeinschaftsgüter als Zweck des Verbots

Ein überragend wichtiges Gemeinschaftsinteresse, zu dessen Schutz ein Verbot der Arbeitnehmerüberlassung in Betracht zu ziehen ist, könnte zunächst die Funktionsfähigkeit des Arbeitsmarkts darstellen. Die gewerbsmäßige Arbeitnehmerüberlassung läßt sich zwar tatbe-

---

[32] BVerfGE 54, 224 (234); 54, 237 (246); *Maunz/Dürig/Herzog/Scholz*, GG, Art. 12 Rdnrn. 296 f.; *Pieroth*, Arbeitnehmerüberlassung, S. 60.

[33] *Leibholz/Rinck*, GG, Art. 12 Rdnr. 6; vgl. auch *Pieroth*, Arbeitnehmerüberlassung, S. 65 ff.

[34] Vgl. BVerfGE 21, 150 (155); 28, 264 (280); 30, 292 (316); 33, 240 (244); 37, 1 (18 f.); 41, 378 (395); 49, 24 (58).

[35] Vgl. BVerfGE 7, 377 ff.; *Leibholz/Rinck*, GG, Art. 12 Rdnrn. 5 ff.

[36] Weniger weitgehend wäre der Eingriff in die Berufsfreiheit der Leiharbeitnehmer und der Entleiher. Ein Verbot der Leiharbeit würde insoweit nur eine Berufsausübungsregelung darstellen, die bereits dann zulässig ist, wenn ihr sachgerechte und vernünftige Erwägungen des Gemeinwohls zugrundeliegen. Voraussetzung ist allerdings auch hier die Eignung und Erforderlichkeit der Maßnahme, vgl. *Leibholz/Rinck*, GG, Art. 12 Rdnr. 8.

[37] Vgl. BVerfGE 7, 377 (406).

standlich anhand des Merkmals der Begründung eines Arbeitsverhältnisses zwischen Verleiher und Leiharbeitnehmer von der Arbeitsvermittlung abgrenzen, bei der nur ein einmaliger Vermittlungsauftrag gegeben ist und die auf die Begründung eines Arbeitsverhältnisses zwischen dem Dritten und einem Arbeitsuchenden gerichtet ist. Da aber beide Tatbestände gewisse wirtschaftliche Funktionen gemeinsam haben, nämlich die Versorgung eines Dritten mit Arbeitskräften[38], birgt die Arbeitnehmerüberlassung eine Umgehungsgefahr für das staatliche Arbeitsvermittlungsmonopol in sich und gefährdet damit die Gemeinschaftsgüter, deren Schutz das Vermittlungsmonopol bezweckt, nämlich die Vermeidung und Behebung von Arbeitslosigkeit, unterwertiger Beschäftigung und Arbeitskräftemangel[39]. Das BVerfG hat zu Recht diese Gemeinschaftsinteressen als überragend wichtige anerkannt und im Hinblick darauf, daß sie in einer modernen Industriegesellschaft auch nur wirksam von einer zentralen, die Belange der Gesamtheit berücksichtigenden, keine Erwerbszwecke verfolgenden Stelle geschützt werden können, das Arbeitsvermittlungsmonopol für verfassungsmäßig erklärt[40]. Demgegenüber hat das BVerfG zwar eine Umgehungsgefahr für das Arbeitsvermittlungsmonopol durch die Arbeitnehmerüberlassung verneint, dies aber nur wegen der angenommenen geringen Verbreitung und des Aushilfscharakters der Arbeitnehmerüberlassung[41]. Diese Annahmen treffen heute jedoch nicht mehr zu[42]. Auch die Vermeidung sonstiger negativer Auswirkungen der Arbeitnehmerüberlassung auf den Arbeitsmarkt (Abwerbung von Stammarbeitnehmern der Entleiher, Konzentrierung qualifizierter Arbeitskräfte bei einzelnen Verleihern) stellt ein Gemeinschaftsinteresse dar, das für ein Verbot der Leiharbeit sprechen könnte[43].

Ein weiteres überragend wichtiges Gemeinschaftsinteresse, das durch die Arbeitnehmerüberlassung gefährdet wird, ist die Gewährleistung des arbeits- und sozialversicherungsrechtlichen Schutzes der Leiharbeitnehmer. Bereits die Einordnung der gewerbsmäßigen Arbeitnehmerüberlassung mit ihrer charakteristischen Dreieckskonstellation und der eigenartigen Verteilung der Arbeitgeberfunktionen, insbesondere des Direktionsrechts, auf Verleiher und Entleiher in das dualistisch konzi-

---

[38] So bereits zutr. BVerfGE 21, 261 (268); vgl. auch *Engelbrecht*, Abgrenzung der Arbeitnehmerüberlassung, S. 25; *Möller-Lücking*, Das Arbeitsrecht der Gegenwart Bd. 11 (1974), S. 55 (63).

[39] Vgl. *Möller-Lücking*, Das Arbeitsrecht der Gegenwart Bd. 11 (1974), S. 55 (58, 61, 63, 66).

[40] BVerfGE 21, 245 (251 ff.).

[41] BVerfGE 21, 261 (268).

[42] Vgl. *Möller-Lücking*, Soziale Sicherheit 1980, 202 (204); *Pieroth*, Arbeitnehmerüberlassung, S. 105 ff.

[43] Vgl. *Muhr*, Soziale Sicherheit 1981, 1 (3).

pierte Arbeits- und Sozialrecht wirft erhebliche dogmatische Probleme auf und führt daher zum Nachteil der Leiharbeitnehmer zu einer weitgehenden Rechtsunsicherheit[44]. Im Verhältnis zwischen Leiharbeitnehmern und den Stammbelegschaften in den Entleiherbetrieben kann es wegen der bestehenden Interessengegensätze zu Konflikten kommen[45]. In besonderem Maße ist aber der arbeits- und sozialversicherungsrechtliche Schutz der Leiharbeitnehmer bei der illegalen Arbeitnehmerüberlassung gefährdet, bei der beispielsweise für die Leiharbeitnehmer keine Sozialversicherungsabgaben entrichtet werden[46].

b) Zwecktauglichkeit des Verbots

Fraglich ist allerdings, ob ein Verbot der gewerbsmäßigen Arbeitnehmerüberlassung zum Schutz dieser Gemeinschaftsinteressen geeignet ist. Dies wäre bereits dann der Fall, wenn mit seiner Hilfe die verfolgten Zwecke zumindest zum Teil erreicht werden könnten[47]. Zweifel an der Tauglichkeit eines generellen Verbots der gewerbsmäßigen Arbeitnehmerüberlassung sind aber deshalb angebracht, weil die größten Gefahren für die genannten Gemeinschaftsinteressen nicht von der im Rahmen des AÜG ausgeübten Leiharbeit ausgehen, sondern von der illegalen Arbeitnehmerüberlassung. Die Ausübung des Arbeitnehmerüberlassungsgewerbes ohne Erlaubnis ist jedoch bereits nach geltendem Recht verboten; sie stellt eine Ordnungswidrigkeit (Art. 1 § 16 Abs. 1 Nr. 1 AÜG) dar und ist bei Hinzutreten weiterer Merkmale sogar strafbar (Art. 1 § 15 AÜG). Ein generelles Verbot würde demnach zumindest unmittelbar nur die zur Zeit legale Leiharbeit betreffen. Zu überlegen wäre allenfalls, ob dadurch nicht wenigstens mittelbar auf den Umfang der gegenwärtigen illegalen Arbeitnehmerüberlassung Einfluß genommen werden könnte. Da auszuschließen ist, daß durch ein generelles Verbot der Leiharbeit bereits jetzt unerlaubt handelnde Verleiher zur Einstellung ihres Gewerbes veranlaßt würden, ist eine solche mittelbare Einflußnahme nur in dem Sinne denkbar, daß nach einem Verbot eine etwaige Anreizfunktion der legalen für die illegale Leiharbeit entfiele[48] oder daß dann möglicherweise im gesamten Bereich des Personaleinsatzes in Drittbetrieben im Vergleich zur gegenwärtigen Lage verbesserte Kontrollmöglichkeiten bestünden[49]. Es ist jedoch nicht

---

[44] Vgl. *Becker/Wulfgramm*, AÜG, Einl. Rdnrn. 4 ff.

[45] Vgl. *Hempel*, Spannungsverhältnis, S. 152, 193; *Sandmann/Marschall*, AÜG, Einl. Anm. 16.

[46] Vgl. dazu den 4. Bericht der BReg. über Erfahrungen bei der Anwendung des AÜG, BT-Drucks. 8/4479, S. 15 f.

[47] Vgl. *Pieroth*, Arbeitnehmerüberlassung, S. 66.

[48] So *Möller-Lücking*, Soziale Sicherheit 1980, 202 (203); *Muhr*, Soziale Sicherheit 1981, 1 (3).

ersichtlich, inwiefern die erlaubte Arbeitnehmerüberlassung auf die illegale Leiharbeit stimulierend wirken kann. Auch eine verbesserte Kontrollmöglichkeit bestünde nach einem Verbot der Arbeitnehmerüberlassung nicht. Im Gegenteil ist zu befürchten, daß ein Teil des zur Zeit legal arbeitenden und damit der Kontrolle durch die Arbeitsverwaltung (vgl. Art. 1 §§ 1 ff. AÜG) zugänglichen Arbeitnehmerüberlassungsgewerbes in der Illegalität weiterarbeiten würde. Darüber hinaus besteht die Gefahr, daß nach einem Verbot der Leiharbeit die schon jetzt illegal arbeitenden Verleihunternehmen unkontrollierbar sich des gesamten Leiharbeitsmarktes bemächtigen, nachdem die rechtstreuen Verleiher vom Markt verschwunden sind[50]. Schließlich muß damit gerechnet werden, daß die bereits jetzt verbreitete Praxis, Arbeitnehmerüberlassungsverhältnisse durch den Abschluß von Scheinwerkverträgen zu tarnen, noch größere Beliebtheit erlangen würde[51]. Die Gefahren für die Funktionsfähigkeit des Arbeitsmarkts und den Schutz der Leiharbeitnehmer durch die illegale Leiharbeit wären daher aller Voraussicht nach bei einem generellen Verbot der Arbeitnehmerüberlassung noch größer als bisher[52].

Andererseits gehen auch von der legalen Arbeitnehmerüberlassung Gefahren für die genannten Gemeinschaftsgüter aus. So verstoßen vielfach auch Verleiher, die über eine Erlaubnis zur Arbeitnehmerüberlassung nach Art. 1 § 1 Abs. 1 AÜG verfügen, gegen Vorschriften des Arbeits- und Sozialversicherungsrechts[53]. Darüber hinaus betrifft die Problematik der Einordnung der Leiharbeit in das Arbeits- und Sozialrecht auch die legale Arbeitnehmerüberlassung. Schließlich stellt die legale Leiharbeit ebenfalls eine potentielle Gefährdung der Funktionsfähigkeit des Arbeitsmarkts dar[54]. Da davon auszugehen ist, daß zumindest ein Teil der über eine Erlaubnis zur Arbeitnehmerüberlassung verfügenden Verleiher nach einem Verbot dieses Gewerbes seine Tätigkeit einstellen würde, wäre ein Verbot jedenfalls teilweise geeignet, die von der derzeit legalisierten Leiharbeit ausgehenden Gefahren zu beseitigen[55].

---

[49] Vgl. *Möller-Lücking*, Soziale Sicherheit 1980, 202 (204).

[50] Vgl. *Becker*, BlStSozArbR 1974, 305 (309); *Göbel*, BlStSozArbR 1973, 309 (310).

[51] Zutr. *Becker/Wulfgramm*, BlStSozArbR 1982, 81 (82) zu § 12 a AFG.

[52] Zutr. *Becker*, BlStSozArbR 1974, 305 (309).

[53] Vgl. *Pieroth*, Arbeitnehmerüberlassung, S. 78 m. w. N.

[54] So insbesondere *Möller-Lücking*, Das Arbeitsrecht der Gegenwart Bd. 11 (1974), S. 55 (63, 65 f.).

[55] So auch *Pieroth*, Arbeitnehmerüberlassung, S. 78; ferner *Möller-Lücking*, Soziale Sicherheit 1980, 202 (204).

Im Hinblick auf die oben aufgezeigte Gefahr einer Ausweitung illegaler Leiharbeit nach einem generellen Verbot stellt sich somit die Frage, ob insgesamt gesehen durch eine solche Maßnahme der Schutz der tangierten Gemeinschaftsinteressen verbessert würde. Für die verfassungsrechtliche Beurteilung ist insoweit zu berücksichtigen, daß der Gesetzgeber hinsichtlich der Prognose der Eignung eines Mittels einen Beurteilungsspielraum hat. Erst dann, wenn die Maßnahme bei Ausschöpfung aller Erkenntnismöglichkeiten im Zeitpunkt ihres Erlasses eindeutig als zweckuntauglich erscheint, ist die Maßnahme aus diesem Grunde verfassungswidrig[56]. Jedenfalls mit einer solchen Eindeutigkeit kann aber die Zweckuntauglichkeit eines generellen Verbots der gewerbsmäßigen Arbeitnehmerüberlassung nicht angenommen werden.

c) Erforderlichkeit des Verbots?

Die somit entscheidende Frage ist, ob das Verbot der Arbeitnehmerüberlassung zur Beseitigung der von diesem Institut ausgehenden Gefahren erforderlich ist. Der Grundsatz der Verhältnismäßigkeit ist verletzt, wenn der Gesetzgeber zu dem schärfsten Mittel eines vollständigen Verbots einer beruflichen Tätigkeit greift, ohne vorher alle Möglichkeiten auszuschöpfen, den Gefahren mit weniger einschneidenden Mitteln entgegenzutreten[57]. Das AÜG stellt insoweit zwar bereits einen Versuch dar, die negativen Auswirkungen der Leiharbeit zu bekämpfen; es enthält jedoch noch keine optimale Regelung der Arbeitnehmerüberlassung[58].

So ist zunächst im Hinblick auf den Schutz der Funktionsfähigkeit des Arbeitsmarkts und hier vor allem des staatlichen Arbeitsvermittlungsmonopols zu überlegen, wie der auch vom BVerfG[59] betonte Aushilfscharakter der gewerbsmäßigen Arbeitnehmerüberlassung besser als durch die gegenwärtige Regelung des Art. 1 § 3 Abs. 1 Nr. 6 AÜG sichergestellt werden kann. Wenn es gelänge, die gewerbsmäßige Arbeitnehmerüberlassung auf die Beseitigung kurzfristiger Personalengpässe zu beschränken, so könnte schon wegen der damit verbundenen quantitativen Irrelevanz der Leiharbeit diese keine Gefahr für die Belange des Arbeitsmarkts mehr darstellen, so daß sich unter diesem Gesichtspunkt ein Verbot erübrigen würde.

---

[56] Vgl. BVerfGE 16, 147 (181); 30, 250 (263).

[57] Vgl. BVerfGE 17, 269 (279 f.); *Becker*, AuR 1980, 12 (19).

[58] Davon ging auch der Gesetzgeber selbst aus, indem er bei der Verabschiedung des AÜG die Bundesregierung ersuchte, ihm alle zwei Jahre über die bei der Anwendung des AÜG gewonnenen Erfahrungen zu berichten, vgl. dazu *Sandmann/Marschall*, AÜG, Einl. Anm. 19.

[59] BVerfGE 21, 261 (268).

Auch die im Zusammenhang mit der Gewährleistung des arbeits- und sozialversicherungsrechtlichen Schutzes der Leiharbeitnehmer auftauchenden Probleme erscheinen nicht unlösbar. Hier ist zum einen an die Möglichkeit der Rechtsfortbildung zu denken, so daß möglicherweise bereits de lege lata die Arbeitsrechtsbeziehungen zwischen Verleiher, Entleiher und Leiharbeitnehmer in einer Weise ausgestaltet werden können, die der Verteilung der Arbeitgeberfunktionen auf Verleiher und Entleiher entspricht. Soweit dies nach der gegenwärtigen Konzeption der Rechtsbeziehungen im AÜG nicht möglich ist, kommt eine Gesetzesnovellierung in Betracht. Im Schrifttum wird allerdings die Auffassung vertreten, daß die Gewährleistung eines hinreichenden Schutzes der Leiharbeitnehmer durch eine Verstärkung der Rechtsbeziehungen zum Entleiher unvereinbar sei mit dem staatlichen Arbeitsvermittlungsmonopol, weil auf diese Weise eine Abgrenzung der Arbeitnehmerüberlassung zur Arbeitsvermittlung unmöglich werde; zwischen einem effektiven Leiharbeitnehmerschutz und der Wahrung des staatlichen Vermittlungsmonopols soll danach ein unlösbarer Zielkonflikt bestehen[60]. Hier stellt sich jedoch die Frage, ob den Rechtsbeziehungen zwischen dem Dritten und dem Arbeitnehmer tatsächlich eine entscheidende Bedeutung für die Frage der Grenzziehung zwischen Arbeitsvermittlung und Arbeitnehmerüberlassung zukommt oder ob nicht vielmehr zur Abgrenzung beider Tatbestände genügt, daß bei der Arbeitnehmerüberlassung der Arbeitnehmer zum Verleiher in einem vollständigen Arbeitsverhältnis steht[61]. Zu berücksichtigen ist auch, daß sich das Abgrenzungsproblem und die Frage, wie die Rechtsbeziehungen zwischen den Beteiligten ausgestaltet sind, auch bei der nichtgewerbsmäßigen Arbeitnehmerüberlassung stellen, dort aber nicht — etwa unter dem Gesichtspunkt unlösbarer Zielkonflikte — zu einer Verbotsforderung geführt haben[62].

Abgesehen von den Schwierigkeiten bei der rechtlichen Einordnung der gewerbsmäßigen Arbeitnehmerüberlassung wird für ein generelles Verbot der Leiharbeit geltend gemacht, daß eine wirksame Kontrolle dieses Gewerbes nicht möglich sei[63]. Hier ist aber zu berücksichtigen, daß die gewerbsmäßige Arbeitnehmerüberlassung durchaus nicht überall, wo sie auftritt, zu Mißständen geführt hat; diese sind vielmehr nur in einzelnen Bereichen, vor allem in der Bauwirtschaft, anzutreffen[64].

---

[60] Vgl. *Mayer*, AuR 1974, 353 (354); *Möller-Lücking*, Das Arbeitsrecht der Gegenwart Bd. 11 (1974), S. 55 (66 ff.); *Steinbach*, WSI-Mitteilungen 1980, 263 (268); a. A. aber beispielsweise *Hempel*, Spannungsverhältnis, S. 194.

[61] So etwa *Mayer-Maly*, ZfA 1972, 1 (21).

[62] Vgl. nur *Göbel*, RdA 1980, 204 (210 f.).

[63] So *Debus*, Leiharbeit, S. 138 f.; *Möller-Lücking*, Soziale Sicherheit 1980, 202 (204).

Bereits aus diesem Grunde erscheint ein generelles Verbot der Leiharbeit unter dem Gesichtspunkt mangelnder Kontrollierbarkeit nicht erforderlich. Im übrigen ist auch eine Verbesserung und striktere Anwendung des gesetzlichen Instrumentariums zur Überwachung des Arbeitnehmerüberlassungsgewerbes denkbar[65]. Die Notwendigkeit eines generellen Verbots der Leiharbeit läßt sich also zumindest gegenwärtig nicht begründen.

3. Rechtfertigung des Verbots durch Art. 12 Abs. 1 GG in seiner objektiv-rechtlichen Dimension?

Im Schrifttum wird für den Fall, daß ein Verbot der gewerbsmäßigen Arbeitnehmerüberlassung gegen die Berufsfreiheit insbesondere der Verleiher verstoßen sollte, erwogen, ob nicht ein solcher Grundrechtseingriff durch Art. 12 Abs. 1 GG in seiner objektiv-rechtlichen Dimension gerechtfertigt sein kann[66]. Nach dieser Auffassung stellen die Grundrechte und auch Art. 12 Abs. 1 GG nicht nur subjektive Abwehrrechte des einzelnen Bürgers dar, sondern weisen darüber hinaus objektiv-rechtliche Gehalte auf, nach denen die Rechtsordnung insgesamt zu gestalten ist[67]. Dies hat zur Konsequenz, daß Eingriffe in Grundrechte einiger weniger zulässig sein können, wenn dadurch eine grundlegende Verbesserung der tatsächlichen Freiheit vieler einzelner erreicht wird[68]. Bezogen auf die Arbeitnehmerüberlassung wird argumentiert, daß Leiharbeitnehmer zwar den Arbeitgeber in der Person des Verleihers und auch die Funktion, in der sie tätig werden, frei wählen können, nicht jedoch den Entleiher, der ebenfalls Arbeitgeberfunktionen ihnen gegenüber ausübt, und ebenfalls nicht den konkreten Ort der beruflichen Tätigkeit[69]. Dies hat sodann zu der Überlegung geführt, ob nicht aus dem objektiv-rechtlichen Gehalt des Art. 12 Abs. 1 GG, der ja gerade auch die freie Wahl des Arbeitsplatzes gewährleistet, die Befugnis des Gesetzgebers abgeleitet werden könne, die gewerbsmäßige Arbeitnehmerüberlassung zu verbieten[70].

---

[64] Vgl. den 4. Bericht der BReg. über Erfahrungen bei der Anwendung des AÜG, BT-Drucks. 8/4479, S. 11.

[65] Vgl. etwa *Becker*, AuR 1980, 12 (19); *Hansen*, Der Arbeitgeber 1981, 867; vgl. ferner die Stellungnahme der Bundesvereinigung der Deutschen Arbeitgeberverbände für den 4. Bericht der BReg. über Erfahrungen bei der Anwendung des AÜG, BT-Drucks. 8/4479, S. 22 f.

[66] So *Pieroth*, Arbeitnehmerüberlassung, S. 88.

[67] Vgl. *Pieroth*, Arbeitnehmerüberlassung, S. 47 ff., 54 ff. m. w. N.

[68] Vgl. *Pieroth*, Arbeitnehmerüberlassung, S. 88.

[69] *Pieroth*, Arbeitnehmerüberlassung, S. 35.

[70] In diesem Sinne *Pieroth*, Arbeitnehmerüberlassung, S. 88, 115.

Gegen eine Rechtfertigung des Verbots der Leiharbeit mit dem objektiv-rechtlichen Gehalt des Art. 12 Abs. 1 GG ist jedoch einzuwenden, daß sich auch der Leiharbeitnehmer speziell für die Form der Erbringung der Arbeitsleistung bei einem Verleiher und bei von diesem nachgewiesenen Entleihern auf die Berufsfreiheit und das Recht auf freie Wahl des Arbeitsplatzes berufen kann[71]. Diese Gewährleistung subjektiver Rechte würde vereitelt, wollte man unter Hinweis auf die zweifellos vorhandene, aber vom Leiharbeitnehmer freiwillig übernommene Beschränkung bei der Auswahl des konkreten Arbeitsplatzes beim jeweiligen Entleiher die Leiharbeit generell verbieten.

4. *Zwischenergebnis*

Ein umfassendes Verbot der gewerbsmäßigen Arbeitnehmerüberlassung ist zumindest gegenwärtig zur Bekämpfung der von diesem Gewerbe ausgehenden Gefahren für die Funktionsfähigkeit des Arbeitsmarkts und den Schutz der Leiharbeitnehmer nicht erforderlich und würde daher einen unverhältnismäßigen und somit verfassungswidrigen Eingriff in die Berufsfreiheit vor allem der Verleiher, aber auch der Leiharbeitnehmer und der Entleiher darstellen.

II. Verbot der Arbeitnehmerüberlassung in der Bauwirtschaft (§ 12 a AFG)

Verfassungsrechtliche Bedenken bestehen auch gegen das nunmehr in § 12 a AFG normierte Verbot der gewerbsmäßigen Arbeitnehmerüberlassung in Betriebe des Baugewerbes für Arbeiten, die üblicherweise von Arbeitern verrichtet werden. Ein solches sektorales Verbot[72] stellt zwar hinsichtlich aller Beteiligten lediglich eine Berufsausübungsregelung dar[73], greift also nicht so stark in die Berufsfreiheit vor allem der Verleiher ein wie ein generelles Verbot; es ist aber ebenfalls nur zulässig, wenn es zum Schutz übergeordneter Gemeinschaftsinteressen, hier in erster Linie zur Gewährleistung des arbeits- und sozialversicherungsrechtlichen Schutzes der in der Bauwirtschaft beschäftigten Arbeitnehmer, geeignet und erforderlich ist[74].

---

[71] Zutr. *Maunz/Dürig/Herzog/Scholz*, GG, Art. 12 Rdnr. 284.

[72] Die folgenden verfassungsrechtlichen Erwägungen gelten in ähnlicher Weise für regionale Verbote der Leiharbeit, die aber gegenwärtig nicht diskutiert werden, vgl. dazu etwa *Becker*, BlStSozArbR 1974, 305 (310).

[73] Zutr. *Knopp*, DB 1982, 111 (112); *Marschall*, RdA 1983, 18 (20); a. A. *Becker/Wulfgramm*, BlStSozArbR 1982, 81 (82).

[74] Vgl. *Leibholz/Rinck*, GG, Art. 12 Rdnr. 8. *Becker*, DB 1982, 2348 (2351, 2353) leitet zusätzlich verfassungsrechtliche Bedenken gegen § 12 a AFG aus Art. 84 Abs. 1 GG sowie aus Art. 3 Abs. 1 GG ab.

1. Zwecktauglichkeit des Verbots

Zur Rechtfertigung des sektoralen Verbots der Leiharbeit im Baugewerbe ist vor allem darauf verwiesen worden, daß der Umfang der illegalen Arbeitnehmerüberlassung hier besonders groß sei und daß wegen der ständig wechselnden Baustellen sowie wegen der auf ihnen typischerweise herrschenden unübersichtlichen Verhältnisse erhebliche Überwachungsprobleme bestünden[75]. Gerade zur Bekämpfung der unerlaubten Arbeitnehmerüberlassung ist aber ein Verbot ungeeignet, weil es nur die bisher erlaubte Arbeitnehmerüberlassung betrifft. Keiner der Verleiher, die bereits früher unerlaubt Arbeitnehmer an Betriebe des Baugewerbes überlassen haben, wird seine Tätigkeit nunmehr aufgrund des in § 12 a AFG geregelten Verbots einstellen; vielmehr ist zu befürchten, daß zumindest ein Teil der bisher legal an Betriebe der Bauwirtschaft überlassenen Arbeitnehmer nunmehr in die Illegalität gedrängt wird[76]. Das Verbot bewirkt auch keine Verbesserung der Überwachungsmöglichkeiten, weil andere Formen des Personaleinsatzes in Drittbetrieben, etwa der Einsatz von Arbeitnehmern auf Baustellen als Erfüllungsgehilfen im Rahmen von werkvertraglichen Beziehungen, selbstverständlich nach wie vor zulässig sind; gerade die Grenzziehung zwischen Arbeitnehmerüberlassung und Personaleinsätzen auf werkvertraglicher Grundlage ist aber problematisch[77]. Es muß daher damit gerechnet werden, daß in Zukunft in noch größerem Umfang als schon bisher Scheinwerkverträge abgeschlossen werden, die in Wahrheit Arbeitnehmerüberlassungsverträge darstellen[78]. Die Zwecktauglichkeit des sektoralen Verbots der Arbeitnehmerüberlassung im Baugewerbe kann daher ebenfalls nur im Hinblick darauf angenommen werden, daß es zur Beseitigung der Gefahren geeignet ist, die auch von der legalisierten Leiharbeit in diesem Bereich ausgingen. Hier ist zu berücksichtigen, daß auch viele der Verleiher, die eine Erlaubnis nach Art. 1 § 1 Abs. 1 AÜG haben, gegen Vorschriften des AÜG oder sonstiger Gesetze verstoßen, wobei die auf Baustellen herrschende Unübersichtlichkeit eine wirksame Tarnungsmöglichkeit bietet[79]. Geht man davon aus, daß zumindest ein Teil dieser konzessionierten Verleiher sich an das Verbot des § 12 a AFG hält, so ist insoweit die Tauglichkeit dieser

---

[75] Vgl. *Becker/Wulfgramm*, BlStSozArbR 1982, 81 (82); *Knopp*, DB 1982, 111 (112); *Marschall*, RdA 1983, 18 (20).

[76] Zutr. *Becker*, DB 1982, 2348 (2350 f.); *Becker/Wulfgramm*, BlStSozArbR 1982, 81 (82); *Knitter*, Der Arbeitgeber 1980, 1079 (1080).

[77] Vgl. *Becker/Wulfgramm*, BlStSozArbR 1982, 81 (82); a. A. *Pieroth*, Arbeitnehmerüberlassung, S. 79 f., der aber das Problem der Grenzziehung in der Praxis unterschätzt.

[78] Zutr. *Becker/Wulfgramm*, BlStSozArbR 1982, 81 (82); *Becker*, DB 1982, 2348 (2350).

[79] Vgl. *Pieroth*, Arbeitnehmerüberlassung, S. 78 f. m. w. N.

Vorschrift, Verstöße gegen arbeitsrechtliche Normen zu verhindern, gegeben. Das gleiche gilt für die problematische arbeitsrechtliche Einordnung der Arbeitnehmerüberlassung. Bezüglich des Baubereichs ist vor dem Verbot vor allem kritisiert worden, daß die allgemeinverbindlich erklärten Bautarifverträge auf Leiharbeitnehmer nicht zur Anwendung gelangten[80].

Ob der Schutz der Arbeitnehmer im Baubereich durch das Verbot des § 12 a AFG insgesamt gesehen verbessert wird oder ob wegen der Gefahr einer Ausweitung verbotener Arbeitnehmerüberlassung, etwa in Form von Scheinwerkverträgen zwischen Verleihern und Entleihern, das Gegenteil der Fall ist, läßt sich nur schwer beurteilen[81]. Wegen des insoweit bestehenden Beurteilungsspielraums des Gesetzgebers kann aber die Verfassungswidrigkeit des sektoralen Verbots der Leiharbeit nicht bereits unter dem Gesichtspunkt fehlender Zwecktauglichkeit angenommen werden.

2. *Erforderlichkeit des Verbots?*

Auch hier stellt sich aber die Frage, ob das Verbot erforderlich ist. Zur Bewältigung des Überwachungsproblems im Baubereich unterhalb der Verbotsschwelle kommt zunächst — über die im Gesetz zur Bekämpfung der illegalen Beschäftigung vom 15. Dezember 1981 enthaltenen Maßnahmen hinaus[82] — eine weitere Verbesserung und striktere Anwendung der einschlägigen Vorschriften des AÜG in Betracht, insbesondere die gewerberechtliche Einbeziehung der Entleiher[83]. Ferner hat der Gesetzgeber bisher noch nicht den Versuch unternommen, geeignete Kriterien zur Abgrenzung der gewerbsmäßigen Arbeitnehmerüberlassung von den anderen Formen des Personaleinsatzes in Drittbetrieben, die gerade im Baubereich häufig zur Umgehung des AÜG herangezogen werden, zu normieren[84]. Zu berücksichtigen sind

---

[80] Vgl. *Becker/Wulfgramm*, AÜG, Art. 1 § 11 Rdnr. 38 a; *Becker*, BlStSozArbR 1980, 369 (373); *Möller-Lücking*, Soziale Sicherheit 1980, 202 (203); vgl. ferner den 4. Bericht der BReg. über Erfahrungen bei der Anwendung des AÜG, BT-Drucks. 8/4479, S. 14 f.

[81] Sehr skeptisch zu Recht *Becker/Wulfgramm*, BlStSozArbR 1982, 81 (82); *Gagel*, AuR 1983, 85.

[82] BGBl. I S. 1390; zu nennen sind hier vor allem die ordnungswidrigkeitsrechtliche Erfassung des Entleihers durch Art. 1 § 16 Abs. 1 Nr. 1 a AÜG sowie die in Art. 1 § 17 a AÜG vorgesehene verstärkte Zusammenarbeit der beteiligten Behörden.

[83] Vgl. *o. V.*, Mitteilungsblatt des Ministeriums für Arbeit, Gesundheit und Sozialordnung Baden-Württemberg 1980, 177; *Knitter*, Der Arbeitgeber 1980, 1079 (1082).

[84] Ein im Jahre 1975 von der Bundesregierung erstellter Referentenentwurf eines „Ersten Gesetzes zur Änderung des Gesetzes zur Regelung der gewerbsmäßigen Arbeitnehmerüberlassung“ sah insoweit bestimmte Vermutungs-

darüber hinaus die nunmehr in Art. 1 § 14 AÜG geregelten Rechte und Aufgaben des Betriebsrats des Entleiherbetriebs, soweit es um den Einsatz von Leiharbeitnehmern geht; der Entleiherbetriebsrat ist danach in der Lage, wichtige Kontrollfunktionen wahrzunehmen[85]. Der Umstand, daß die allgemeinverbindlichen Bautarifverträge nicht auf die in der Bauwirtschaft tätigen Leiharbeitnehmer anwendbar sind, hätte auch durch eine entsprechende Erweiterung des fachlichen Geltungsbereichs dieser Tarifverträge oder durch eine Änderung des Tarifvertragsgesetzes beseitigt werden können[86]. Das in § 12 a AFG geregelte sektorale Verbot der Arbeitnehmerüberlassung ist somit ebenfalls — zumindest gegenwärtig — nicht erforderlich und aus diesem Grunde verfassungswidrig[87].

C. Bedeutung des Übereinkommens Nr. 96 der Internationalen Arbeitsorganisation für die Verbotsfrage?

Es ist jedoch zu überlegen, wie die verfassungsrechtliche Gewährleistung des Arbeitnehmerüberlassungsgewerbes durch Art. 12 Abs. 1 GG mit dem Übereinkommen der Internationalen Arbeitsorganisation vom 1. Juli 1949 über Büros für entgeltliche Arbeitsvermittlung[88] zu vereinbaren ist. Das Übereinkommen sieht vor, daß entweder die Büros im Sinne des Teils I, Artikel 1 des Übereinkommens innerhalb einer begrenzten Zeit aufzuheben (Teil II, Artikel 3 ff.) oder der behördlichen Kontrolle zu unterstellen sind (Teil III, Artikel 10 ff.). Die Bundesrepublik Deutschland hat das Übereinkommen in seiner ersten Alternative ratifiziert, sich also international zum Abbau auf Gewinn gerichteter privater Vermittlungsbüros verpflichtet[89]. Das Internationale Arbeitsamt hat auf eine Anfrage der schwedischen Regierung im Jahre 1965 die Auffassung vertreten, daß auch die gewerbsmäßige Arbeitnehmer-

---

tatbestände zugunsten der gewerbsmäßigen Arbeitnehmerüberlassung vor, um den Mißbrauch von Vertragstypen des Bürgerlichen Rechts zur Umgehung des AÜG zu unterbinden, vgl. dazu *Becker*, BlStSozArbR 1976, 225 (228 ff.); *Becker/Wulfgramm*, AÜG, Einl. Rdnrn. 133 ff. Ob der Referentenentwurf, der bisher nicht Gesetz geworden ist, noch einmal aufgegriffen wird, ist zur Zeit nicht abzusehen.

85 Vgl. dazu eingehend *Frerichs/Möller/Ulber*, Leiharbeit, S. 63 ff.

86 Zutr. *Becker*, DB 1982, 2348 (2353); *Becker/Wulfgramm*, BlStSozArbR 1982, 81 (82).

87 Vgl. auch *Becker*, DB 1982, 2348 (2353): objektive Zweckuntauglichkeit des § 12 a AFG; ferner *Becker/Wulfgramm*, BlStSozArbR 1982, 81 (82 f.); *Maunz/Dürig/Herzog/Scholz*, GG, Art. 12 Rdnr. 284, Fußn. 8; a. A. *Knopp*, DB 1982, 111 (112 f.); *Pieroth*, Arbeitnehmerüberlassung, S. 87; ebenso *Bückle/Handschuch/Walzel*, GewArch 1982, 209 (213).

88 Abgedruckt bei *Becker/Wulfgramm*, AÜG, Anhang II, 1.

89 Gesetz vom 15. April 1954 BGBl. II S. 456; abgedruckt bei *Becker/Wulfgramm*, AÜG, Anhang I.

überlassung als verbotene private Arbeitsvermittlung im Sinne des Übereinkommens Nr. 96 anzusehen sei, weil es nicht auf die Form der Vermittlung (einmaliger Vermittlungsauftrag oder Arbeitsverhältnis zwischen Verleiher und Leiharbeitnehmer mit permanenter Überlassung an Dritte) ankomme, sondern ausschließlich auf die wirkliche Art der Tätigkeit des Vermittlers oder des Verleihers[90]. Hier ist aber für die Bundesrepublik Deutschland zu berücksichtigen, daß das Übereinkommen Nr. 96 durch den Ratifikationsakt lediglich den Rang eines einfachen Bundesgesetzes erhalten hat und daher nur auf dieser Ebene eine Verstärkung des bereits in §§ 4, 13 AFG normierten staatlichen Arbeitsvermittlungsmonopols darstellt[91]. Art. 12 Abs. 1 S. 1 GG ist somit auch im Verhältnis zu dem Ratifikationsgesetz zum Übereinkommen Nr. 96 das höherrangige Recht. Um eine Kollision mit Art. 12 Abs. 1 GG zu vermeiden, ist also das Übereinkommen Nr. 96 dahingehend auszulegen, daß die gewerbsmäßige Arbeitnehmerüberlassung als eines von der Arbeitsvermittlung zu unterscheidenden Tatbestandes im Rahmen ihrer Gewährleistung durch Art. 12 Abs. 1 S. 1 GG unberührt bleibt[92].

§ 5 Reichweite der verfassungsrechtlichen Gewährleistung des Arbeitnehmerüberlassungsgewerbes

Die Unzulässigkeit eines Verbots der Arbeitnehmerüberlassung bedeutet selbstverständlich nicht die völlige Freigabe der Leiharbeit. Zwischen beiden Extremen besteht ein breites Spektrum denkbarer abgestufter Regelungs- und Einschränkungsmöglichkeiten. Damit stellt sich die Frage nach der Reichweite der verfassungsrechtlichen Gewährleistung des Arbeitnehmerüberlassungsgewerbes. Als Ausgangspunkt der Überlegungen ist festzuhalten, daß die durch die Arbeitnehmerüberlassung tangierten Interessen — Gewährleistung der Funktionsfähigkeit des Arbeitsmarkts, insbesondere die durch das staatliche Arbeitsvermittlungsmonopol bezweckte Vermeidung und Behebung von Arbeitslosigkeit, unterwertiger Beschäftigung und Arbeitskräftemangel, sowie die Gewährleistung des arbeits- und sozialversicherungsrechtlichen Schutzes der Leiharbeitnehmer — als überragend wichtige Gemeinschaftsgüter den Vorrang gegenüber der Berufsfreiheit der Be-

---

[90] Vgl. dazu *Becker/Wulfgramm*, AÜG, Einl. Rdnr. 43; *Schnorr*, RdA 1972, 193 (194).

[91] Vgl. *Engelbrecht*, Abgrenzung der Arbeitnehmerüberlassung, S. 31; *Mayer*, BB 1981, 1839 (1843).

[92] Zutr. *Becker/Wulfgramm*, AÜG, Einl. Rdnr. 48; *Engelbrecht* (Fußn. 91); *Schnorr*, RdA 1972, 193 (194 f.); einschränkend aber *Mayer*, BB 1981, 1839 (1843).

teiligten haben[93]. Die gewerbsmäßige Arbeitnehmerüberlassung ist daher nur insoweit verfassungsrechtlich gewährleistet, als sie diese Gemeinschaftsinteressen nicht beeinträchtigt. Das bedeutet, daß alle Einschränkungen der Leiharbeit, die zum Schutze der genannten Gemeinschaftsgüter geeignet und erforderlich sind, verfassungsrechtlich zulässig sind[94]. Zu berücksichtigen ist, daß der Gesetzgeber bei der Auswahl und bei der technischen Gestaltung wirtschaftsordnender Maßnahmen, also auch bei der Regelung der gewerbsmäßigen Arbeitnehmerüberlassung, einen weiten Gestaltungsspielraum hat[95]. Nur dann, wenn die geplante Maßnahme objektiv untauglich ist oder wenn sich eindeutig feststellen läßt, daß andere weniger drastische Eingriffsmittel zur Verfügung stehen, die dennoch in gleicher Weise zwecktauglich sind, ist die betreffende Regelung wegen Verstoßes gegen den Verhältnismäßigkeitsgrundsatz verfassungswidrig[96].

§ 6 Ergebnis

Die Befugnis des Gesetzgebers zur Regelung der gewerbsmäßigen Arbeitnehmerüberlassung ist wegen der überragenden Bedeutung der betroffenen Gemeinschaftsinteressen, nämlich der Funktionsfähigkeit des Arbeitsmarkts und des arbeits- und sozialversicherungsrechtlichen Schutzes der Leiharbeitnehmer, nur durch die Merkmale der Eignung und Erforderlichkeit der zu treffenden Maßnahmen begrenzt. Danach ist zwar gegenwärtig ein generelles Verbot der Leiharbeit mangels Erforderlichkeit einer solchen Maßnahme unzulässig; das gleiche gilt für das in § 12a AFG geregelte sektorale Verbot der Arbeitnehmerüberlassung in der Bauwirtschaft. Unterhalb der Verbotsschwelle sind dagegen weitreichende Beschränkungen der Leiharbeit zulässig. Im folgenden ist daher zu untersuchen, auf welche Weise innerhalb des verfassungsrechtlich vorgegebenen Rahmens ein Interessenausgleich herbeizuführen ist.

---

[93] So zutr. für die Schutzgüter des staatlichen Arbeitsvermittlungsmonopols BVerfGE 21, 245 (251); vgl. ferner *Engelbrecht*, Abgrenzung der Arbeitnehmerüberlassung, S. 87 f.; *Möller-Lücking*, Das Arbeitsrecht der Gegenwart Bd. 11 (1974), S. 55 (59 ff.).

[94] Vgl. zur Einschränkung der Arbeitnehmerüberlassung durch die Erlaubnispflicht *Becker/Wulfgramm*, AÜG, Art. 1 § 1 Rdnr. 17; *Engelbrecht*, Abgrenzung der Arbeitnehmerüberlassung, S. 84 ff.; *Franßen/Haesen*, AÜG, Art. 1 § 1 Rdnr. 7.

[95] Vgl. *Leibholz/Rinck*, GG, Art. 12 Rdnr. 8; vgl. auch BVerfGE 39, 210 (231).

[96] Vgl. BVerfGE 39, 210 (231).

3. Kapitel

Gewährleistung eines funktionsfähigen Arbeitsmarkts

§ 7 Schutz des staatlichen Arbeitsvermittlungsmonopols

A. Gesetzliche Ausgangslage

Das AÜG stellt hinsichtlich der für den Schutz des staatlichen Arbeitsvermittlungsmonopols entscheidenden Frage der Grenzziehung zwischen Arbeitnehmerüberlassung und Arbeitsvermittlung ausschließlich auf die Ausgestaltung der Rechtsbeziehungen zwischen Überlassendem, Arbeitnehmer und Drittem ab. Im Hinblick auf die Legaldefinition in § 13 Abs. 1 AFG, nach der Arbeitsvermittlung eine auf die Begründung von Arbeitsverhältnissen zwischen Arbeitsuchenden und Dritten gerichtete Tätigkeit ist, zwingt das AÜG zur Vermeidung von Arbeitsvermittlung den Verleiher zur Übernahme der vollen Arbeitgeberstellung, während es arbeitsrechtliche Beziehungen zwischen Entleiher und Leiharbeitnehmer nur punktuell anerkennt (vgl. Art. 1 § 1 Abs. 1, § 11 Abs. 6, 7, § 14 AÜG). Um der Bundesanstalt für Arbeit die Verfolgung von Verstößen gegen das Arbeitsvermittlungsmonopol zu erleichtern, wird gemäß Art. 1 § 1 Abs. 2, § 3 Abs. 1 AÜG widerlegbar vermutet, daß der Überlassende Arbeitsvermittlung betreibt, wenn er weder die üblichen Arbeitgeberpflichten noch das für das Leiharbeitsverhältnis typische Arbeitgeberrisiko, den Leiharbeitnehmer auch in Zeiten fehlender Einsatzmöglichkeiten zu entlohnen, übernimmt oder wenn die Dauer der Überlassung im Einzelfall drei Monate übersteigt.

Der Gesetzgeber orientierte sich bei der Schaffung dieser Regelungen weitgehend an der Entscheidung des BSG vom 29. 7. 1970[1]. Das BSG vertrat dort, anders als noch das BVerfG in seiner Entscheidung zur Arbeitnehmerüberlassung vom 4. 4. 1967[2], die Auffassung, daß arbeits-

---

[1] BSGE 31, 235 = AP Nr. 9 zu § 37 AVAVG (m. Anm. *Becker*) = DB 1970, 2129 = BB 1970, 1398; vgl. dazu *Becker*, DB 1972, 728 (729); *Heußner*, DB 1973, 1800 (1801 f.); *Mayer-Maly*, ZfA 1972, 1 (8, 19 ff.); *Seiter*, JurA 1971, 204 (220).

[2] BVerfGE 21, 261 = NJW 1967, 974. Nach der vom BVerfG a. a. O. entwickelten Einordnungstheorie liegt Arbeitsvermittlung dann vor, wenn der

rechtliche Beziehungen zwischen Entleiher und Leiharbeitnehmer nicht von vornherein die Annahme erlaubter Arbeitnehmerüberlassung ausschließen. Zulässige Arbeitnehmerüberlassung sollte danach vorliegen, wenn zwar arbeitsrechtliche Beziehungen zwischen Entleiher und Leiharbeitnehmer begründet werden, daneben aber ein diese Beziehungen überdauerndes und davon unabhängiges Arbeitsverhältnis zwischen Verleiher und Leiharbeitnehmer besteht, wenn nur in diesem Rechtsverhältnis der Schwerpunkt der arbeitsrechtlichen Beziehungen liegt (sog. Schwerpunkttheorie)[3].

B. Problemsicht im Schrifttum

Die Frage der Grenzziehung zwischen Arbeitsvermittlung und Arbeitnehmerüberlassung wird im Schrifttum kontrovers diskutiert. Während vereinzelt unter Hinweis auf die sehr ähnliche wirtschaftliche Zielsetzung beider Tatbestände eine inhaltliche Unterscheidung überhaupt für unmöglich gehalten wird[4], können zwar nach ganz überwiegender Ansicht Arbeitsvermittlung und Arbeitnehmerüberlassung durchaus anhand der zwischen den Beteiligten bestehenden Rechtsbeziehungen in ausreichender Weise gegeneinander abgegrenzt werden; die Behandlung der Abgrenzungsproblematik im AÜG wird jedoch unter verschiedenen Gesichtspunkten vielfach für verfehlt gehalten[5].

I. Fehlende Abgrenzbarkeit der Arbeitnehmerüberlassung von der Arbeitsvermittlung?

Unzweifelhaft verfolgen Arbeitsvermittlung und Arbeitnehmerüberlassung sehr ähnliche wirtschaftliche Zielsetzungen: Bei beiden Tat-

---

zugewiesene Arbeitnehmer in den Betrieb der dritten Person derart eingeordnet wird, daß er nach der ganzen Gestaltung der gegenseitigen Beziehungen — wenn auch nur auf kurze Dauer — deren Arbeitnehmer wird, wobei unwesentlich ist, ob der zugewiesene Arbeitnehmer gleichzeitig an ein irgendwie geartetes Vertragsverhältnis zu dem zuweisenden Unternehmer gebunden bleibt; Arbeitnehmerüberlassung ist dagegen dann gegeben, wenn der Zugewiesene in den Betrieb der dritten Person nicht als deren Arbeitnehmer eingeordnet wird, sondern lediglich in arbeitsrechtlichen Beziehungen zu dem zuweisenden Unternehmen verbleibt. Das BVerfG übersah dabei, daß ein rein faktisches Verhältnis zwischen Entleiher und Leiharbeitnehmer keinesfalls den Schutzinteressen der Beteiligten, vor allem der Leiharbeitnehmer, entspricht. Vgl. auch die Kritik von *Becker/Wulfgramm*, AÜG, Einl. Rdnr. 47; *Mayer-Maly*, ZfA 1972, 1 (7 ff.); *Seiter*, JurA 1971, 204 (208).

[3] BSGE 31, 235 (242 ff.).

[4] So vor allem *Möller-Lücking*, Das Arbeitsrecht der Gegenwart Bd. 11 (1974), S. 55 (61, 63).

[5] Vgl. etwa *Becker*, SGb 1977, 435 ff.; *Mayer-Maly*, ZfA 1972, 1 (30 ff.); *Ramm*, ZfA 1973, 263 (281 ff., 289).

beständen erhält der Arbeitnehmer über den Vermittler bzw. Verleiher einen Arbeitsplatz im Betrieb eines Dritten, der auf diese Weise seinen Arbeitskräftebedarf deckt[6]. Daraus ist im Schrifttum die Konsequenz gezogen worden, daß eine inhaltliche Abgrenzung der Arbeitnehmerüberlassung von der Arbeitsvermittlung überhaupt nicht möglich sei[7]. Durch die zu Abgrenzungszwecken erfolgte Zuordnung der Arbeitgeberstellung an den Verleiher im AÜG wird nach dieser Ansicht lediglich erreicht, daß formal gesehen keine Arbeitsvermittlung vorliegt, weil der Leiharbeitnehmer rein begrifflich kein Arbeitsuchender im Sinne des § 13 Abs. 1 AFG mehr ist. Hinsichtlich der wirtschaftlichen und sozialen Auswirkungen soll jedoch die Arbeitnehmerüberlassung nichts anderes als private gewerbsmäßige Arbeitsvermittlung darstellen, so daß nach dieser Auffassung durch die Leiharbeit das staatliche Arbeitsvermittlungsmonopol umgangen wird[8]. Demzufolge wird als einzige wirksame Maßnahme zum Schutz des Vermittlungsmonopols ein Verbot der Arbeitnehmerüberlassung gefordert[9].

II. Kritik an der Behandlung der Abgrenzungsproblematik im AÜG

Auch soweit eine sachgerechte Abgrenzung der Arbeitsvermittlung von der Arbeitnehmerüberlassung anhand der Rechtsbeziehungen zwischen den Beteiligten für möglich gehalten wird, kann nach verbreiteter Auffassung die Behandlung der Abgrenzungsfrage im AÜG nicht überzeugen[10]. Kritik wird sowohl an der Grundentscheidung des Gesetzgebers, den Schwerpunkt der arbeitsrechtlichen Beziehungen im Verhältnis zwischen Verleiher und Leiharbeitnehmer zu fixieren, als auch an der Vermutungsregelung des Art. 1 § 1 Abs. 2, § 3 Abs. 1 AÜG geübt.

1. Fixierung des arbeitsrechtlichen Schwerpunkts im Verhältnis zwischen Verleiher und Leiharbeitnehmer

Insbesondere Mayer-Maly[11] und Ramm[12] haben sich gegen die Zuordnung der Arbeitgeberstellung allein zum Verleiher und die nur

[6] Vgl. *Engelbrecht*, Abgrenzung der Arbeitnehmerüberlassung, S. 25; *Möller-Lücking*, Das Arbeitsrecht der Gegenwart Bd. 11 (1974), S. 55 (63); *Ramm*, ZfA 1973, 263 (282, 287).

[7] Vgl. *Möller-Lücking*, Das Arbeitsrecht der Gegenwart Bd. 11 (1974), S. 55 (63).

[8] *Möller-Lücking*, Soziale Sicherheit 1980, 202 (204); *ders.*, Das Arbeitsrecht der Gegenwart Bd. 11 (1974), S. 55 (69 ff.).

[9] Vgl. dazu im einzelnen oben § 4 B. I. sowie die Nachweise bei Fußn. 8.

[10] Vgl. etwa *Becker*, SGb 1977, 435 ff.; *Ramm*, ZfA 1973, 263 (281 ff.).

[11] *Mayer-Maly*, ZfA 1972, 1 (19 ff.).

[12] *Ramm*, ZfA 1973, 263 (281 ff.).

punktuelle Anerkennung arbeitsrechtlicher Beziehungen zwischen Entleiher und Leiharbeitnehmer ausgesprochen. Sie vertreten die Auffassung, daß es zur Verwirklichung des auch für Leiharbeitnehmer geltenden arbeitsrechtlichen Schutzprinzips darauf ankomme, die Rechtsbeziehungen zwischen den Beteiligten entsprechend der Verteilung der Arbeitgeberfunktionen auf Verleiher und Entleiher so zu gestalten, daß die Leiharbeitnehmer materiell, nicht nur formal in gleicher Weise geschützt sind wie Arbeitnehmer im dualen Arbeitsverhältnis auch; entscheidend soll also sein, daß durch die Summierung der Arbeitgeberpflichten von Verleiher und Entleiher im Gesamtkalkül das übliche Ausmaß an sozialer Sicherheit erreicht wird (sog. Summierungstheorie)[13]. Eine solche Konzeption soll trotz der mit ihr verbundenen Ausweitung der arbeitsrechtlichen Beziehungen des Leiharbeitnehmers zum Entleiher vermittlungsrechtlich unbedenklich sein, wenn nur der Leiharbeitnehmer in einer festen arbeitsrechtlichen Beziehung zum Verleiher steht, weil bereits dann das Tatbestandsmerkmal des Arbeitsuchenden in der Legaldefinition der Arbeitsvermittlung (§ 13 Abs. 1 AFG) entfallen soll[14].

Auch im Schrifttum wird allerdings überwiegend die Ansicht vertreten, zur Abgrenzung der Arbeitnehmerüberlassung von der Arbeitsvermittlung müsse der Schwerpunkt der arbeitsrechtlichen Beziehungen bei der Leiharbeit im Verhältnis zwischen Verleiher und Leiharbeitnehmer liegen[15]. Die Befürworter der Schwerpunkttheorie geben zwar zu, daß damit Rechtsbeziehungen zwischen Entleiher und Leiharbeitnehmer nur in eingeschränktem Umfang zulässg sind und so möglicherweise ein optimaler arbeitsrechtlicher Schutz der Leiharbeitnehmer nicht verwirklicht werden kann. Sie machen jedoch geltend, daß das staatliche Arbeitsvermittlungsmonopol nicht nur den Schutz des einzelnen Arbeitnehmers bezwecke, sondern vor allem auch eine Ordnungsfunktion habe, nämlich die, private, auf Gewinnerzielung ausgerichtete Unternehmen von der Stellenvermittlung auszuschließen, weil dazu im Interesse des Gemeinwohls arbeitsmarktpolitische Maßnahmen im großen überregionalen Umfang und auf weite Sicht erforderlich seien[16]. Unter diesem Gesichtspunkt soll es zur Vermeidung von Arbeitsvermittlung nach § 13 Abs. 1 AFG nicht ausreichen, wenn der Arbeitnehmer

---

[13] Vgl. *Mayer-Maly*, ZfA 1972, 1 (21); ferner *Geppert*, DRdA 1978, 205 (208); kritisch dazu *Heußner*, DB 1973, 1800 (1802); *Immenga*, BB 1972, 805 (806).

[14] *Mayer-Maly*, ZfA 1972, 1 (21); vgl. auch *Seiter*, JurA 1971, 204 (217 ff.).

[15] Vgl. *Engelbrecht*, Abgrenzung der Arbeitnehmerüberlassung, S. 92 ff.; *Hempel*, Spannungsverhältnis, S. 153; *Heußner*, DB 1973, 1800 (1802); *Immenga*, BB 1972, 805 (806); *Marschall*, DB 1975, 303 (304 f.); *Möller-Lücking*, Das Arbeitsrecht der Gegenwart Bd. 11 (1974), S. 55 (68); *Säcker/Joost*, *Betriebszugehörigkeit*, S. 52; *Steinbach*, WSI-Mitteilungen 1980, 263 (268).

[16] Vgl. *Heußner*, DB 1973, 1800 (1802); vgl. ferner zu den Schutzzwecken des Arbeitsvermittlungsmonopols *Gagel/Jülicher*, AFG, § 4 Rdnr. 1.

in einem festen Arbeitsverhältnis zum Verleiher steht; hinzukommen muß nach dieser Ansicht, daß der Umfang der Rechtsbeziehungen zwischen Entleiher und Leiharbeitnehmer während des Überlassungszeitraums hinter dem Umfang der Rechtsbeziehungen zwischen Verleiher und Leiharbeitnehmer zurückbleibt[17]. Nach dieser Auffassung besteht also ein Spannungsverhältnis zwischen dem Bestreben, durch eine Ausweitung der Rechtsbeziehungen zwischen Entleiher und Leiharbeitnehmer den Arbeitnehmerschutz zu verbessern, und der Gewährleistung des staatlichen Arbeitsvermittlungsmonopols[18].

2. Kritik an der Vermutungsregelung des Art. 1 § 1 Abs. 2, § 3 Abs. 1 AÜG

Auch die Regelung des Art. 1 § 1 Abs. 2, § 3 Abs. 1 AÜG ist unter verschiedenen Gesichtspunkten auf Kritik gestoßen[19]. Verschiedentlich wird bereits ihre Ausgestaltung als widerlegbare gesetzliche Vemutung für verfehlt gehalten[20]. Den Geboten der Rechtssicherheit und Rechtsklarheit hätte es nach dieser Ansicht erheblich besser entsprochen, wenn der Gesetzgeber genau festgelegt hätte, daß bestimmte Erscheinungsformen der Arbeitnehmerüberlassung als unerlaubte private Arbeitsvermittlung anzusehen sind[21].

Ein weiterer Kritikpunkt ist die Bezugnahme des Art. 1 § 1 Abs. 2 AÜG auf die in Art. 1 § 3 Abs. 1 AÜG geregelten gewerberechtlichen Erlaubnisversagungstatbestände[22]. Durch diese Regelung würden ge-

---

[17] Unklar allerdings insoweit *Heußner*, DB 1973, 1800 (1802), der bereits dann den Schwerpunkt der arbeitsrechtlichen Beziehungen im Verhältnis zwischen Verleiher und Leiharbeitnehmer angesiedelt sieht, wenn zwischen beiden ein Arbeitsverhältnis besteht, das von einer bestimmten Ausleihe losgelöst ist und eine dauerhafte Bindung zum Verleiher erzeugt; demgegenüber hat das BSG in seiner grundlegenden Entscheidung vom 29. 7. 1970 — BSGE 31, 235 (242) — *zusätzlich* zu diesen Voraussetzungen verlangt, daß der Schwerpunkt der arbeitsrechtlichen Beziehungen zur Vermeidung der Arbeitsvermittlung im Verhältnis zwischen Verleiher und Leiharbeitnehmer liegen muß, so auch *Möller-Lücking*, Das Arbeitsrecht der Gegenwart Bd. 11 (1974), S. 55 (68), der allerdings die Auffassung vertritt, daß auf diese Weise nur eine formale, nicht aber eine inhaltliche Grenzziehung zwischen Arbeitsvermittlung und Arbeitnehmerüberlassung ermöglicht werde.

[18] So vor allem *Möller-Lücking*, Das Arbeitsrecht der Gegenwart Bd. 11 (1974), S. 55 (68); vgl. auch *Mumot*, Die betriebsverfassungsrechtlichen Beteiligungsrechte, S. 90 f.

[19] Vgl. etwa *Becker/Wulfgramm*, AÜG, Art. 1 § 1 Rdnrn. 46, 48; *Becker*, SGb 1977, 435 ff.; *Franßen/Haesen*, AÜG, Einl. Rdnrn. 12 ff.

[20] Vgl. *Becker/Wulfgramm*, AÜG, Art. 1 § 1 Rdnr. 46; a. A. aber *Engelbrecht*, Abgrenzung der Arbeitnehmerüberlassung, S. 61.

[21] So *Becker/Wulfgramm*, AÜG, Art. 1 § 1 Rdnrn. 46, 48; *Becker*, SGb 1977, 435 (437).

[22] Vgl. *Becker*, SGb 1977, 435 (437 ff.); *Hempel*, Spannungsverhältnis, S. 135; vgl. auch *Franßen/Haesen*, AÜG, Art. 1 § 1 Rdnr. 74.

werberechtliche, arbeitsrechtliche und vermittlungsrechtliche Aspekte in einer das Verständnis erschwerenden und wiederum der Rechtssicherheit abträglichen Weise miteinander verknüpft[23]. Darüber hinaus wird die Auffassung vertreten, daß die Heranziehung der einzelnen Tatbestände des Art. 1 § 3 Abs. 1 AÜG zur Ausfüllung der Vermutung zum Teil sachlich verfehlt sei[24]. So wird etwa die Verknüpfung der Vermutungsregelung des Art. 1 § 1 Abs. 2 AÜG mit dem gewerberechtlichen Erfordernis der Zuverlässigkeit des Überlassenden (Art. 1 § 3 Abs. 1 Nr. 1 AÜG) unter Hinweis auf die unterschiedlichen Schutzzwecke des staatlichen Arbeitsvermittlungsmonopols und des Gewerberechts als sachwidrig abgelehnt[25]: Während das Vermittlungsmonopol vor allem die Aufrechterhaltung eines funktionsfähigen Arbeitsmarkts bezwecke, diene das gewerberechtliche Erfordernis der Zuverlässigkeit in erster Linie den Schutzbelangen der Leiharbeitnehmer; durch die Bezugnahme des Art. 1 § 1 Abs. 2 AÜG auf Art. 1 § 3 Abs. 1 Nr. 1 AÜG würden daher Fälle erfaßt, die in keinem Zusammenhang mit der Arbeitsvermittlung stünden[26]. Der Vorwurf sachwidriger Verknüpfung vermittlungsrechtlicher und gewerberechtlicher Aspekte durch Art. 1 § 1 Abs. 2 AÜG wird im Schrifttum auch hinsichtlich der Regelung des Art. 1 § 3 Abs. 1 Nr. 2 AÜG erhoben[27].

Zum Teil sind auch die in Bezug genommenen Tatbestände des Art. 1 § 3 Abs. 1 AÜG selbst auf Kritik gestoßen: So wird verschiedentlich das grundsätzliche Befristungsverbot für Leiharbeitsverträge nach Art. 1 § 3 Abs. 1 Nr. 3 AÜG unter Hinweis darauf abgelehnt, daß die Ausgestaltung der Leiharbeit als Dauerbeschäftigung nicht dem Wesen der Arbeitnehmerüberlassung als Tatbestand zur Mobilisierung von Arbeitskräften mit temporärem Arbeitsinteresse entspreche[28]. Zur Abwehr von Störungen des Arbeitsmarkts durch die Leiharbeit wird vereinzelt gerade umgekehrt ein Befristungsgebot für Leiharbeitsverträge für erforderlich gehalten, weil nur so die Abwanderung von Arbeitnehmern mit dauerhaftem Arbeitsinteresse zu Verleihunternehmen verhindert werden könne[29]. Kontrovers diskutiert wird schließlich die Regelung des Art. 1 § 1 Abs. 2, § 3 Abs. 1 Nr. 6 AÜG, nach der die Vermutung der Arbeitsvermittlung dann eingreift, wenn die Dauer der Überlas-

---

[23] Vgl. *Becker/Wulfgramm*, AÜG, Art. 1 § 1 Rdnr. 46.

[24] So *Becker*, SGb 1977, 435 (438); *Hempel*, Spannungsverhältnis, S. 135.

[25] Vgl. *Becker*, SGb 1977, 435 (438).

[26] *Hempel*, Spannungsverhältnis, S. 135 nennt als Beispiel die Nichtabführung der Lohnsteuer.

[27] Vgl. *Becker*, SGb 1977, 435 (438); *Hempel*, Spannungsverhältnis, S. 135.

[28] So insbes. *Becker*, BlStSozArbR 1972, 113 (116 f.); *ders.*, BlStSozArbR 1972, 321 (326); *Hempel*, Spannungsverhältnis, S. 184 f.

[29] Vgl. *Hempel*, Spannungsverhältnis, S. 148, 184 ff.

sung im Einzelfall drei Monate übersteigt. Aus vermittlungsrechtlicher Sicht wird die Ausgestaltung dieser Regelung im Sinne einer individuellen Einsatzlimitierung als problematisch empfunden, weil dadurch nicht verhindert werden kann, daß Dauerarbeitsplätze im Entleiherbetrieb zeitlich unbeschränkt mit wechselnden Leiharbeitnehmern besetzt werden[30]. Als Alternative wird eine Beschränkung der Einsatzzwecke für Leiharbeitnehmer, verbunden mit bestimmten Einsatzfristen, vorgeschlagen[31]. Zum Teil wird auch die starre Einsatzbefristung auf drei Monate kritisiert, weil dadurch die Deckung eines zwar vorübergehenden, aber drei Monate übersteigenden Personalbedarfs mit Hilfe von Leiharbeitnehmern erschwert werde[32].

C. Stellungnahme

I. Grenzziehung zwischen Arbeitnehmerüberlassung und Arbeitsvermittlung anhand der Rechtsbeziehungen zwischen Überlassendem, Arbeitnehmer und Drittem

1. Zuweisung der Arbeitgeberstellung an den Verleiher nach Art. 1 § 1 AÜG

a) Art. 1 § 1 Abs. 1 AÜG

Die in Art. 1 § 1 Abs. 1 AÜG erfolgte Zuweisung der Arbeitgeberstellung an den Verleiher ermöglicht zumindest begrifflich eine klare Abgrenzung der Arbeitnehmerüberlassung von der Arbeitsvermittlung, weil sich diese nach § 13 Abs. 1 AFG im Gegensatz zur Leiharbeit gerade dadurch auszeichnet, daß ein Arbeitsuchender erst mit dem ihm vom Vermittler nachgewiesenen Dritten ein Arbeitsverhältnis eingeht. Da somit anhand der unterschiedlichen Ausgestaltung der Rechtsbeziehungen zwischen Verleiher und Leiharbeitnehmer einerseits sowie zwischen Vermittler und Arbeitsuchendem andererseits Arbeitnehmerüberlassung und Arbeitsvermittlung tatbestandlich gegeneinander abgegrenzt werden können, ist die gelegentlich im Schrifttum geltend gemachte Kritik[33] unzutreffend, das AÜG enthalte keine klaren Abgrenzungskriterien und diese Regelungslücke führe zur Rechtsunsicherheit. Die vermittlungsrechtlich begründete Zuweisung der Arbeitgeberstellung an den Verleiher ist auch durchaus mit dem Arbeitsvertragsrecht

[30] Vgl. *Becker/Wulfgramm*, AÜG, Art. 1 § 1 Rdnr. 51 b.

[31] So *Becker*, SGb 1977, 435 (441).

[32] Vgl. *Schubel*, Der Arbeitgeber 1979, 1278 (1280).

[33] *Becker*, BlStSozArbR 1972, 113 (116); *ders.*, DB 1972, 728 (729); *Bollinger*, Arbeitnehmerüberlassung, S. 34; *Mayer-Maly*, ZfA 1972, 1 (31).

vereinbar. Das Leiharbeitsverhältnis weicht zwar insofern vom Normalinhalt eines Arbeitsverhältnisses ab, als sich der Leiharbeitnehmer bereits bei Vertragsschluß verpflichtet, seine Arbeitsleistung regelmäßig bei Dritten zu erbringen[34]. Die atypische Ausgestaltung der Vertragsbeziehungen zwischen Verleiher und Leiharbeitnehmer steht aber ihrer Qualifikation als Arbeitsvertrag nicht entgegen, weil die Erbringung der Arbeitsleistung unmittelbar gegenüber dem Arbeitgeber nicht zum Wesen des Arbeitsvertrages gehört[35]. Die dogmatische Einordnung der Vertragsbeziehung zwischen Verleiher und Leiharbeitnehmer als Arbeitsvertrag ist daher zutreffend, so daß dem AÜG nicht der Vorwurf gemacht werden kann, es habe mit der Ausgestaltung der Rechtsstellung des Verleihers eine bloße Zwischenfigur zum eigentlichen Arbeitgeber, nämlich dem Entleiher, aufgebaut[36]. Es bleibt also festzuhalten, daß Art. 1 § 1 Abs. 1 AÜG durch die Zuweisung der Arbeitgeberstellung an den Verleiher in Übereinstimmung mit § 13 Abs. 1 AFG die Rechtsbeziehungen in zutreffender Weise als Kriterium zur Grenzziehung zwischen Arbeitnehmerüberlassung und Arbeitsvermittlung eingesetzt hat.

b) Art. 1 § 1 Abs. 2, § 3 Abs. 1 AÜG

aa) Ausgestaltung des Art. 1 § 1 Abs. 2 AÜG als widerlegbare Vermutung

Die nach Art. 1 § 1 Abs. 1 AÜG, § 13 Abs. 1 AFG mögliche begrifflich klare Abgrenzung der Arbeitnehmerüberlassung von der Arbeitsvermittlung stößt allerdings in der Praxis auf erhebliche Schwierigkeiten, weil beide Tatbestände der Personalgestellung ein ähnliches Erscheinungsbild aufweisen[37]. Bereitet schon die Analyse der Vertragsbeziehungen zwischen den Beteiligten oft erhebliche Probleme, so wird die Abgrenzung noch dadurch erschwert, daß die tatsächliche Durchführung dieser Beziehungen ganz anders gestaltet sein kann. Im Interesse einer praktikablen und flexiblen Lösung der Abgrenzungsproblematik

---

[34] Vgl. *Becker/Wulfgramm*, AÜG, Einl. Rdnr. 13.

[35] Dies ergibt sich bereits aus § 613 S. 2 BGB, nach dem der Anspruch auf die Dienste nur im Zweifel nicht übertragbar ist; wegen der Dispositivität der Regelung ist es danach also durchaus möglich, daß im Einverständnis mit dem Dienstpflichtigen/Arbeitnehmer der Anspruch auf die Dienst-/Arbeitsleistung an einen Dritten abgetreten wird, ohne daß sich die Rechtsnatur der Vertragsbeziehung zwischen Dienstpflichtigem/Arbeitnehmer und Dienstberechtigtem/Arbeitgeber ändert; vgl. *MünchKomm/Schaub*, BGB, § 613, Rdnr. 27; *MünchKomm/Söllner*, BGB, § 611 Rdnr. 468; vgl. auch *Becker/Wulfgramm*, AÜG, Art. 1 § 1 Rdnr. 53.

[36] So aber *Ramm*, DB 1973, 1170 (1176); dagegen *Marschall*, DB 1975, 303 (304).

[37] Vgl. dazu den Bericht des Abgeordneten *Jaschke* zu BT-Drucks. VI/3505 S. 2; vgl. auch *Engelbrecht*, Abgrenzung der Arbeitnehmerüberlassung, S. 25 f.

bot sich daher die rechtstechnische Ausgestaltung des Art. 1 § 1 Abs. 2 AÜG als widerlegbare Vermutung der Arbeitsvermittlung geradezu an[38]. Die Anknüpfung der Vermutung an die fehlende Übernahme der üblichen Arbeitgeberpflichten und des Arbeitgeberrisikos durch den Überlassenden ist im Hinblick auf die Legaldefinition der Arbeitsvermittlung (§ 13 Abs. 1 AFG), nach der der Arbeitsuchende nicht bereits mit dem Vermittler, sondern erst mit dem Dritten ein Arbeitsverhältnis eingeht, durchaus sachgerecht[39]. Sie ergänzt konsequent die in Art. 1 § 1 Abs. 1 AÜG in Verbindung mit § 13 Abs. 1 AFG geregelte Grenzziehung zwischen Arbeitnehmerüberlassung und Arbeitsvermittlung anhand der Rechtsbeziehungen zwischen den Beteiligten. Zu Recht wird auch allgemein von der Widerlegbarkeit der Vermutung ausgegangen, weil die fehlende Übernahme der üblichen Arbeitgeberpflichten und des Arbeitgeberrisikos durch den Überlassenden nur den Verdacht nahelegt, daß der „Leiharbeitnehmer" in Wahrheit noch Arbeitsuchender im Sinne des § 13 Abs. 1 AFG ist und erst mit dem Dritten ein Arbeitsverhältnis eingeht; zwingend ist dies jedoch nicht[40].

Der Wortlaut des Art. 1 § 1 Abs. 2 AÜG ist allerdings insoweit mißverständlich, als er dafür zu sprechen scheint, daß die fehlende Übernahme der üblichen Arbeitgeberpflichten und des Arbeitgeberrisikos kumulative Voraussetzungen für das Eingreifen der gesetzlichen Vermutung darstellen. Im Schrifttum wird in der Tat diese Auffassung vertreten[41]. Gegen eine solche Auslegung des Art. 1 § 1 Abs. 2 AÜG spricht aber die in ihm enthaltene Verweisung auf Art. 1 § 3 Abs. 1 AÜG. Dem Wortlaut dieser Vorschrift ist zu entnehmen, daß sie im wesentlichen sowohl die fehlende Übernahme der üblichen Arbeitgeberpflichten (Art. 1 § 3 Abs. 1 Nrn. 1 und 2 AÜG) als auch die fehlende Übernahme des Arbeitgeberrisikos (Art. 1 § 3 Abs. 1 Nrn. 3 bis 5 AÜG) durch den Überlassenden regelt. Da nach der gesetzestechnischen Ausgestaltung des Art. 1 § 3 Abs. 1 AÜG die Vorschrift schon dann eingreift, wenn nur einer der dort geregelten Tatbestände vorliegt, ist die Vermutung der Arbeitsvermittlung ebenfalls bereits dann gegeben, wenn der Überlassende entweder die üblichen Arbeitgeberpflichten oder das Arbeitgeberrisiko — jeweils konkretisiert durch einen der Tatbestände des Art. 1 § 3 Abs. 1 Nrn. 1—5 AÜG — nicht übernimmt[42]. Diese Aus-

---

38 So auch *Engelbrecht*, Abgrenzung der Arbeitnehmerüberlassung, S. 61; a. A. *Becker/Wulfgramm*, AÜG, Art. 1 § 1 Rdnr. 48.

39 Kritisch *Franßen/Haesen*, AÜG, Art. 1 § 1 Rdnr. 74.

40 Zur Widerlegbarkeit der Vermutung vgl. *Becker/Wulfgramm*, AÜG, Art. 1 § 1 Rdnrn. 51 c f.; *Franßen/Haesen*, AÜG, Art. 1 § 1 Rdnr. 79; *Sandmann/Marschall*, AÜG, Art. 1 § 1 Anm. 63.

41 Vgl. *Becker/Wulfgramm*, AÜG, Art. 1 § 1 Rdnr. 49 a; a. A. *Engelbrecht*, Abgrenzung der Arbeitnehmerüberlassung, S. 62; *Franßen/Haesen*, AÜG, Art. 1 § 1 Rdnr. 77 („offensichtliches Redaktionsversehen").

legung ist auch allein sachgerecht, weil der Verdacht, daß der „Leiharbeitnehmer" in Wahrheit erst mit dem Dritten ein Arbeitsverhältnis eingeht, schon dann besteht, wenn der Überlassende die Arbeitgeberstellung nicht vollständig übernimmt, wenn er beispielsweise die Vorschriften des Sozialversicherungsrechts oder über die Einbehaltung und Abführung der Lohnsteuer nicht einhält (vgl. Art. 1 § 3 Abs. 1 Nr. 1 AÜG)[43]. Bei einer künftigen Novellierung des AÜG sollte der Wortlaut des Art. 1 § 1 Abs. 2 AÜG dementsprechend klargestellt werden[44].

Die widerlegbare Vermutung der Arbeitsvermittlung wird schließlich nach Art. 1 § 1 Abs. 2 AÜG auch dann ausgelöst, wenn die Dauer der Überlassung im Einzelfall drei Monate übersteigt. Dieser Anknüpfungspunkt beruht auf der zutreffenden Überlegung, daß bei langfristiger Überlassung der Verdacht naheliegt, daß in Wahrheit zwischen Überlassendem und „Leiharbeitnehmer" gar kein Arbeitsverhältnis besteht, dieser also im Zeitpunkt der Überlassung noch Arbeitsuchender war und erst mit dem Dritten ein Arbeitsverhältnis eingegangen ist. Fraglich ist lediglich, ob die Überlassungsdauer von drei Monaten zu kurz bemessen ist. Vielfach besteht nämlich in Entleiherbetrieben ein zwar vorübergehender, aber drei Monate übersteigender Arbeitskräftebedarf, etwa im Falle der Schwangerschaft einer Stammarbeitnehmerin[45]. Die gegenwärtige Rechtslage (Art. 1 § 1 Abs. 2, § 3 Abs. 1 Nr. 6 AÜG) erschwert in solchen Fällen ohne Grund die Arbeitnehmerüberlassung, indem nach Ablauf der dreimonatigen Überlassungsfrist neue Leiharbeitnehmer eingesetzt werden müssen[46]. Eine Verlängerung der zulässigen Überlassungsdauer auf sechs Monate würde dem Bedürfnis der Wirtschaft nach größerer Flexibilität des Leiharbeitnehmereinsatzes entsprechen, ohne sonstige Belange zu beeinträchtigen[47].

Im Schrifttum wird allerdings zu Recht darauf hingewiesen, daß durch eine individuelle Einsatzbefristung nicht die permanente Besetzung von Dauerarbeitsplätzen mit wechselnden Leiharbeitnehmern verhindert werden kann[48]. Um dies zu erreichen, ist vielmehr zusätz-

---

[42] So etwa auch *Engelbrecht*, Abgrenzung der Arbeitnehmerüberlassung, S. 62.

[43] Kritisch insoweit aber *Hempel*, Spannungsverhältnis, S. 135.

[44] So auch der Referentenentwurf eines „Ersten Gesetzes zur Änderung des Gesetzes zur Regelung der gewerbsmäßigen Arbeitnehmerüberlassung", vgl. dazu *Becker*, BlStSozArbR 1976, 225 (229).

[45] Vgl. *Schubel*, Der Arbeitgeber 1979, 1278 (1280).

[46] Vgl. *Becker/Bader*, RdA 1983, 1 (11).

[47] Vgl. *Becker/Bader*, RdA 1983, 1 (11) zu Art. 3 des Vorschlags der EG-Kommission für eine Richtlinie des Rates zur Regelung der Zeitarbeit (BR-Drucks. 211/82).

[48] *Becker/Wulfgramm*, AÜG, Art. 1 § 1 Rdnr. 51 b; *Hempel*, Spannungsverhältnis, S. 148.

lich eine Regelung erforderlich, nach der die Besetzung eines Arbeitsplatzes im Entleiherbetrieb mit Leiharbeitnehmern ebenfalls nur zeitlich begrenzt zulässig ist. Die Einführung einer solchen Regelung im Rahmen des Art. 1 § 1 Abs. 2, § 3 Abs. 1 Nr. 6 AÜG wäre jedoch verfehlt, weil auch die langfristige Besetzung eines Dauerarbeitsplatzes im Betrieb eines Dritten mit verschiedenen Leiharbeitnehmern nicht die Vermutung nahelegt, daß die einzelnen, jeweils nur kurzfristig überlassenen Arbeitskräfte im Zeitpunkt der Überlassung noch Arbeitsuchende waren und erst mit dem Dritten ein Arbeitsverhältnis eingegangen sind[49]. Die Vermutung der Arbeitsvermittlung wäre hier also sachwidrig.

bb) Bezugnahme des Art. 1 § 1 Abs. 2 AÜG auf die Erlaubnisversagungstatbestände des Art. 1 § 3 Abs. 1 Nrn. 1 bis 5 AÜG

Es bleibt zu prüfen, ob die Regelungen des Art. 1 § 3 Abs. 1 Nrn. 1 bis 5 AÜG, auf die Art. 1 § 1 Abs. 2 AÜG zur Konkretisierung der fehlenden Übernahme der üblichen Arbeitgeberpflichten und des Arbeitgeberrisikos verweist, sachgerecht sind.

(1) Fehlende Zuverlässigkeit des Überlassenden (Art. 1 § 3 Abs. 1 Nr. 1 AÜG)

Insoweit ist zunächst auf den im Schrifttum erhobenen Vorwurf sachwidriger Verknüpfung gewerberechtlicher und vermittlungsrechtlicher Aspekte durch Art. 1 § 1 Abs. 2, § 3 Abs. 1 Nr. 1 AÜG einzugehen. In der Tat ist hier zu beachten, daß der für die Vermutung der Arbeitsvermittlung notwendige vermittlungsrechtliche Bezug nur dann gegeben ist, wenn der jeweilige Verstoß gegen Art. 1 § 3 Abs. 1 Nr. 1 AÜG zugleich als fehlende Übernahme der üblichen Arbeitgeberpflichten gedeutet werden kann[50]. Dies ist durchaus nicht immer der Fall. So läßt zwar etwa ein Verstoß gegen die Vorschriften über die Arbeitserlaubnis zweifellos den Schluß auf die Unzuverlässigkeit des Verleihers im gewerberechtlichen Sinne zu; die Vermutung der Arbeitsvermittlung

---

[49] *Becker*, SGb 1977, 435 (441) befürwortet dagegen die Ersetzung der Regelung des Art. 1 § 1 Abs. 2, § 3 Abs. 1 Nr. 6 AÜG durch eine zweckbezogene Einsatzbegrenzung im Rahmen bestimmter Höchstfristen. Zur Gewährleistung des Ausnahmecharakters der gewerbsmäßigen Arbeitnehmerüberlassung s. u. § 7 C. II. 2.

[50] Vgl. *Becker/Wulfgramm*, AÜG, Art. 1 § 1 Rdnr. 50; *Hempel*, Spannungsverhältnis, S. 160 f.; a. A. *Sandmann/Marschall*, AÜG, Art. 1 § 1 Anm. 58, die die Erwähnung des Art. 1 § 3 Abs. 1 Nrn. 1—5 AÜG in der Vermutungsregelung des Art. 1 § 1 Abs. 2 AÜG als Klammerdefinition für die fehlende Übernahme der üblichen Arbeitgeberpflichten und des Arbeitgeberrisikos interpretieren.

wird dadurch aber noch nicht ausgelöst. Zu berücksichtigen ist auch, daß Art. 1 § 3 Abs. 1 Nr. 1 AÜG nur eine beispielhafte Konkretisierung des Begriffs der Unzuverlässigkeit enthält. Ungeordnete Vermögensverhältnisse oder Vorstrafen des Verleihers sind daher zwar Gründe, die zur Versagung der Erlaubnis nach Art. 1 § 3 Abs. 1 Nr. 1 AÜG führen können[51]; der notwendige vermittlungsrechtliche Bezug ist damit aber noch nicht gegeben, so daß die Vermutung der Arbeitsvermittlung hier nicht eingreift[52]. Legt man richtig die Regelung des Art. 1 § 1 Abs. 2, § 3 Abs. 1 Nr. 1 AÜG dahingehend aus, daß die Vermutung der Arbeitsvermittlung erst dann ausgelöst wird, wenn sich die Unzuverlässigkeit des Überlassenden gerade aus der fehlenden Übernahme üblicher Arbeitgeberpflichten ergibt, so ist der im Schrifttum erhobene Vorwurf sachwidriger Verknüpfung gewerberechtlicher und vermittlungsrechtlicher Aspekte unbegründet[53].

(2) Mangelhafte Gestaltung der Betriebsorganisation
(Art. 1 § 3 Abs. 1 Nr. 2 AÜG)

Der gleiche Vorwurf wird in der Literatur auch hinsichtlich der Regelung des Art. 1 § 1 Abs. 2, § 3 Abs. 1 Nr. 2 AÜG erhoben[54]. Diese Regelung trägt aber der Tatsache Rechnung, daß die Gestaltung der Betriebsorganisation (z. B. Größe, Art und Zahl der Büroräume, organisatorische Einfluß- und Überwachungsmöglichkeiten, Ausstattung mit dem erforderlichen und geeigneten Personal, ordnungsmäßige Buchführung, ausreichende Kapitaldecke)[55] Einfluß auf die Fähigkeit zur ordnungsmäßigen Erfüllung der üblichen Arbeitgeberpflichten und damit auf die vermittlungsrechtlich bedeutsame Übernahme der Arbeitgeberstellung durch den Überlassenden hat. Ist der Antragsteller wegen mangelhafter Gestaltung der Betriebsorganisation nicht zur Erfüllung der üblichen Arbeitgeberpflichten in der Lage, so ist zum einen die gewerberechtliche Erlaubnis zu versagen, zum andern ist durchaus naheliegend, zu vermuten, daß der „Arbeitnehmer“ tatsächlich erst mit dem Dritten ein Arbeitsverhältnis eingeht, also noch Arbeitsuchender im Sinne des § 13 Abs. 1 AFG ist. Wegen der Anknüpfung an die üblichen Arbeitgeberpflichten ist wiederum der vermittlungsrechtliche Bezug gegeben[56]. Dadurch wird auch die Rechtsunsicherheit gemildert, die an sich mit

[51] Vgl. *Sandmann/Marschall*, AÜG, Art. 1 § 3 Anm. 10, 12.

[52] Zutr. *Becker*, SGb 1977, 435 (438); *Franßen/Haesen*, AÜG, Art. 1 § 1 Rdnr. 77.

[53] So auch *Hempel*, Spannungsverhältnis, S. 160 f.

[54] *Becker*, SGb 1977, 435 (438); *Hempel*, Spannungsverhältnis, S. 135.

[55] Vgl. im einzelnen *Schubel/Engelbrecht*, AÜG, Art. 1 § 3 Rdnr. 11.

[56] Zutr. *Sandmann/Marschall*, AÜG, Art. 1 § 1 Anm. 59; a. A. *Becker/Wulfgramm*, AÜG, Art. 1 § 1 Rdnr. 50 a.

dem Begriff der Betriebsorganisation verbunden ist, bei dem unternehmerische Zweckmäßigkeitsgesichtspunkte eine Rolle spielen[57].

(3) Unzulässige Befristung des Leiharbeitsvertrages (Art. 1 § 3 Abs. 1 Nr. 3 AÜG)

Der Überlassende übernimmt auch dann die Arbeitgeberstellung zumindest nicht vollständig, wenn er zwar die üblichen Arbeitgeberpflichten während der Überlassung des Arbeitnehmers erfüllt, nicht aber das für die Leiharbeit typische Arbeitgeberrisiko einer zeitweise fehlenden Einsatzmöglichkeit für den Arbeitnehmer trägt. Im Hinblick auf die Definition der Arbeitsvermittlung in § 13 Abs. 1 AFG durchaus konsequent knüpft Art. 1 § 1 Abs. 2 AÜG daher die Vermutung der Arbeitsvermittlung auch an die in Art. 1 § 3 Abs. 1 Nrn. 3 bis 5 AÜG geregelten Tatbestände fehlender Übernahme des Arbeitgeberrisikos.

Art. 1 § 3 Abs. 1 Nr. 3 AÜG zwingt den Verleiher dadurch zur Tragung des Arbeitgeberrisikos, daß er grundsätzlich nur unbefristete Arbeitsverträge mit Leiharbeitnehmern zuläßt, es sei denn, daß sich aus der Person des Leiharbeitnehmers ein sachlicher Grund für die Befristung ergibt; eine danach unzulässige Befristung ist nach Art. 1 § 9 Nr. 2 AÜG unwirksam. Die Kritik, die im Schrifttum[58] an der Ausgestaltung der Leiharbeit als Dauerbeschäftigung geübt worden ist, berücksichtigt nicht hinreichend, daß der Gesetzgeber einen Kompromiß zwischen dem vermittlungsrechtlichen Erfordernis eines stabilen und dauerhaften Arbeitsverhältnisses zwischen Verleiher und Leiharbeitnehmer einerseits und der aus volkswirtschaftlichen und arbeitsmarktpolitischen Gründen gewünschten Mobilisierung von Arbeitskräften mit temporärem Arbeitsinteresse andererseits finden mußte. Die gesetzliche Regelung entspricht beiden Erfordernissen[59]. Durch sie wird zum einen der Verleiher grundsätzlich gehindert, Arbeitsverträge mit Leiharbeitnehmern auf die Dauer der Überlassung zu beschränken und so das Arbeitgeberrisiko fehlender anschließender Einsatzmöglichkeiten auf die Arbeitnehmer abzuwälzen. Zum andern ermöglicht die in Art. 1 § 3 Abs. 1 Nr. 3 AÜG vorgesehene Befristung des Leiharbeitsvertrages aus Gründen, die in der Person des Arbeitnehmers liegen, die Mobilisierung von Arbeitskräften mit nur temporärem Arbeitsinteresse[60]. Als Beispiele

---

[57] Bedenken gegen die Regelung des Art. 1 § 3 Abs. 1 Nr. 2 auch unter dem Gesichtspunkt der Rechtssicherheit äußert *Becker*, SGb 1977, 435 (438).

[58] Vgl. *Becker*, BlStSozArbR 1972, 113 (116 f.); *Hempel*, Spannungsverhältnis, S. 184 f.

[59] Vgl. BSGE 43, 100 (102); *Sandmann/Marschall*, AÜG, Art. 1 § 3 Anm. 22, 25.

[60] Zu den Anforderungen an die nach Art. 1 § 11 Abs. 1 S. 2 Nr. 4 AÜG notwendige Angabe der Gründe für eine Befristung im Arbeitsvertrag zwi-

kommen der Wunsch nach Ferienarbeit, Personen mit familiären Verpflichtungen und Arbeitseinsätze zur Überbrückung des Zeitraums bis zur Begründung eines neuen Dauerarbeitsverhältnisses in Betracht[61]. Vermittlungsrechtlich ist von Interesse, daß in allen diesen Fällen die Betroffenen wegen ihres begrenzten Arbeitsinteresses nach dem Vertragsschluß mit dem Verleiher nicht mehr als Arbeitsuchende im Sinne des § 13 Abs. 1 AFG angesehen werden können, so daß die Vermutung der Arbeitsvermittlung zu Recht nicht eingreift.

Der im Schrifttum vertretenen Auffassung, daß überhaupt nur noch befristete Leiharbeitsverhältnisse zugelassen werden sollten[62], kann dagegen nicht gefolgt werden. Eine solche Regelung wäre unpraktikabel. Um wirklich zu erreichen, daß nur noch Arbeitskräfte mit vorübergehendem Arbeitsinteresse Leiharbeitnehmer werden, müßte das Befristungsgebot durch komplizierte Wiedereinstellungsverbote ergänzt werden, die nicht nur für den ersten, sondern auch für alle weiteren Verleiher gelten müßten, deren Einhaltung aber kaum überwacht werden könnte[63].

(4) Kündigung des Arbeitsvertrages durch den Überlassenden und erneute Einstellung innerhalb von drei Monaten (Art. 1 § 3 Abs. 1 Nr. 4 AÜG)

Art. 1 § 3 Abs. 1 Nr. 4 AÜG stellt eine notwendige Ergänzung zum grundsätzlichen Befristungsverbot des Art. 1 § 3 Abs. 1 Nr. 3 AÜG dar[64]. Durch diese Vorschrift wird sichergestellt, daß der Verleiher das Arbeitgeberrisiko, den Leiharbeitnehmer auch in Zeiten fehlender Einsatzmöglichkeiten entlohnen zu müssen, nicht dadurch umgeht, daß er zwar einen unbefristeten Arbeitsvertrag mit dem Leiharbeitnehmer schließt, das Arbeitsverhältnis aber immer wieder durch Kündigung unterbricht[65]. Bei einem Verstoß gegen diese Vorschrift übernimmt der Überlassende ebenfalls nicht die volle Arbeitgeberstellung, so daß der Verdacht naheliegt, daß er Arbeitsvermittlung betreibt. Die Anknüpfung der Vermutung der Arbeitsvermittlung an diesen Tatbestand ist daher ebenfalls sachgerecht.

---

schen Verleiher und Leiharbeitnehmer vgl. BSGE 43, 100 (103); dazu *Becker*, SGb 1977, 435 (439).

[61] Vgl. *Becker/Wulfgramm*, AÜG, Art. 1 § 3 Rdnr. 39; *Sandmann/Marschall*, AÜG, Art. 1 § 3 Anm. 25.

[62] Vgl. *Hempel*, Spannungsverhältnis, S. 184 ff.

[63] Zutr. *Steinbach*, WSI-Mitteilungen 1980, 263 (270).

[64] *Becker/Wulfgramm*, AÜG, Art. 1 § 3 Rdnr. 42; *Sandmann/Marschall*, AÜG, Art. 1 § 3 Anm. 29.

[65] Vgl. die Amtl. Begr. des RegE., BT-Drucks. VI/2303, S. 12; ferner *Becker*, SGb 1977, 435 (441).

(5) Unzulässige zeitliche Synchronisierung zwischen Arbeitsvertrag und erstmaliger Überlassung (Art. 1 § 3 Abs. 1 Nr. 5 AÜG)

Das Verbot einer zeitlichen Synchronisation zwischen Arbeitsvertrag und erstmaliger Überlassung des Arbeitnehmers an einen Entleiher, unabhängig davon, mit welchen arbeitsrechtlichen Mitteln diese Dekkungsgleichheit herbeigeführt wird (Befristung, einverständliche Aufhebung des Leiharbeitsvertrages, Kündigung durch den Verleiher), knüpft an die Entscheidung des BSG vom 29. 7. 1970[66] an, nach der Arbeitnehmerüberlassung aus vermittlungsrechtlichen Gründen (§ 13 Abs. 1 AFG) u. a. voraussetzt, daß zwischen Verleiher und Leiharbeitnehmern ein die Beziehungen zwischen Entleiher und Leiharbeitnehmer überdauerndes Arbeitsverhältnis vorliegt. In der Tat würde der Überlassende andernfalls auch hier das für die Arbeitnehmerüberlassung typische Arbeitgeberrisiko nicht tragen, so daß die Vermutung der Arbeitsvermittlung trotz möglicherweise gegebener Übernahme der üblichen Arbeitgeberpflichten zutreffend ist[67].

Fraglich und umstritten ist jedoch, ob das Synchronisationsverbot auch dann gilt, wenn in der Person des Leiharbeitnehmers ein sachlicher Grund für die Beschränkung des Arbeitsverhältnisses auf die Dauer der erstmaligen Überlassung besteht[68]. Zu denken ist etwa an den Fall, daß ein Student in den Semesterferien einen Monat lang als Leiharbeitnehmer arbeiten will und der Verleiher gerade für diesen Zeitraum eine Einsatzmöglichkeit hat. Trotz der Regelung des Art. 1 § 3 Abs. 1 Nr. 3 AÜG wäre ein befristeter Arbeitsvertrag in diesem Fall nach dem Wortlaut des Art. 1 § 3 Abs. 1 Nr. 5 AÜG unzulässig und würde die Vermutung der Arbeitsvermittlung auslösen. In der Literatur[69] wird dagegen unter Hinweis auf den durch diese Vorschrift bezweckten Sozialschutz der Leiharbeitnehmer die Auffassung vertreten, daß Art. 1 § 3 Abs. 1 Nr. 5 AÜG nicht eingreift, wenn sachliche Gründe in der Person des Leiharbeitnehmers zur zeitlichen Übereinstimmung zwischen erstmaliger Überlassung und Arbeitsvertrag führen, weil dann eine Abwälzung des Risikos der Lohnfortzahlung in Zeiten fehlender Einsatzmöglichkeiten auf den Arbeitnehmer nicht befürchtet werden muß. Nun sind hier zwar wegen der Verknüpfung des Synchronisationsverbots mit Art. 1 § 1 Abs. 2 AÜG nicht nur Gesichtspunkte des

[66] BSGE 31, 235 (242).

[67] Vgl. *Sandmann/Marschall*, AÜG, Art. 1 § 3 Anm. 32; kritisch *Becker/Wulfgramm*, AÜG, Art. 1 § 3 Rdnr. 45.

[68] Dafür BSGE 48, 115; *Sandmann/Marschall*, AÜG, Art. 1 § 3 Anm. 32; dagegen *Becker/Wulfgramm*, AÜG, Art. 1 § 3 Rdnr. 46; *Becker*, SGb 1977, 435 (441); *Schubel/Engelbrecht*, AÜG, Art. 1 § 3 Rdnr. 25.

[69] *Becker/Wulfgramm*, AÜG, Art. 1 § 3 Rdnr. 46.

Arbeitnehmerschutzes, sondern auch vermittlungsrechtliche Aspekte zu beachten. Aber auch die Vermutung der Arbeitsvermittlung stellt auf die fehlende Übernahme des Arbeitgeberrisikos ab. Will ein Arbeitnehmer aus persönlichen Gründen nur einen Monat lang arbeiten und hat ein Verleiher eine solche befristete Einsatzmöglichkeit, so besteht das in Art. 1 § 1 Abs. 2 AÜG vorausgesetzte Arbeitgeberrisiko, den Leiharbeitnehmer auch dann entlohnen zu müssen, wenn keine Überlassungsmöglichkeit gegeben ist, nicht. Sinnvollerweise kann die Vermutung der Arbeitsvermittlung aber nur dann an die fehlende Übernahme des Arbeitgeberrisikos durch den Überlassenden anknüpfen, wenn ein solches Risiko besteht. Die im Schrifttum[70] verschiedentlich vertretene Angleichung des Art. 1 § 3 Abs. 1 Nr. 5 AÜG an Art. 1 § 3 Abs. 1 Nr. 3 AÜG ist daher zu befürworten. Sie läßt sich allerdings de lege lata im Wege der Rechtsfortbildung nicht durchführen[71]; für eine entsprechende teleologische Reduktion fehlt es nämlich wegen der eindeutigen gegenteiligen Stellungnahmen in den Gesetzesmaterialien[72] an der erforderlichen Regelungslücke. Es kommt daher nur eine Gesetzesänderung in Betracht.

2. Erforderlichkeit des arbeitsrechtlichen Schwerpunkts im Verhältnis zwischen Verleiher und Leiharbeitnehmer?

Im Rahmen der Grenzziehung zwischen Arbeitnehmerüberlassung und Arbeitsvermittlung begnügt sich der Gesetzgeber nicht mit der Zuweisung der Arbeitgeberstellung an den Verleiher nach Art. 1 § 1 Abs. 1 AÜG und der daran anknüpfenden Vermutungsregelung des Art. 1 § 1 Abs. 2, § 3 Abs. 1 AÜG; vielmehr übte er darüber hinaus auch große Zurückhaltung bei der Anerkennung arbeitsrechtlicher Beziehungen zwischen Entleiher und Leiharbeitnehmer. Insoweit liegt dem AÜG die vom BSG in der Entscheidung vom 29. 7. 1970[73] entwickelte Schwerpunkttheorie zugrunde, nach der der Schwerpunkt der arbeitsrechtlichen Beziehungen zur Vermeidung privater Arbeitsvermittlung im Verhältnis zwischen Verleiher und Leiharbeitsnehmer liegen muß. Diese Konzeption berücksichtigt jedoch nicht hinreichend, daß bei der Arbeitnehmerüberlassung die Arbeitgeberfunktionen auf Verleiher und Entleiher verteilt sind. Eine interessengerechte Ausgestaltung der arbeitsrechtlichen Beziehungen zwischen den Beteiligten muß ausschließlich an diese Funktionsteilung anknüpfen, während es auf das Verhältnis der Rechtsbeziehungen zwischen Verleiher und Leiharbeit-

---

[70] Vgl. *Schubel/Engelbrecht,* AÜG, Art. 1 § 3 Rdnr. 25.

[71] So aber *Becker/Wulfgramm,* AÜG, Art. 1 § 3 Rdnr. 46; *Schubel/Engelbrecht,* AÜG, Art. 1 § 3 Rdnr. 25.

[72] Vgl. den Bericht des Abgeordneten *Jaschke* zu BT-Drucks. VI/3505, S. 2.

[73] BSGE 31, 235.

nehmer einerseits zu denen zwischen Entleiher und Leiharbeitnehmer andererseits, auf das die Schwerpunkttheorie abstellt, unter dem Gesichtspunkt des Leiharbeitnehmerschutzes nicht ankommen kann. Es stellt sich daher die Frage, ob nicht auf den Schwerpunkt der arbeitsrechtlichen Beziehungen zwischen Verleiher und Leiharbeitnehmer als Voraussetzung für die vermittlungsrechtliche Zulässigkeit der Arbeitnehmerüberlassung verzichtet werden kann, ohne daß das staatliche Arbeitsvermittlungsmonopol und seine Schutzzwecke beeinträchtigt werden.

a) Wortlaut des § 13 Abs. 1 AFG

Arbeitsvermittlung ist nach § 13 Abs. 1 AFG eine Tätigkeit, die darauf gerichtet ist, Arbeitsuchende mit Arbeitgebern zur Begründung von Arbeitsverhältnissen zusammenzuführen. Das Vermittlungsmonopol nach § 4 AFG ist daher bereits dann nicht tangiert, wenn die dem Dritten überlassene Arbeitskraft schon Arbeitnehmer des Überlassenden und somit nicht mehr Arbeitsuchender ist. Das setzt zweifellos voraus, daß zwischen Verleiher und Arbeitnehmer ein Arbeitsverhältnis besteht, das von den Arbeitseinsätzen bei Dritten unabhängig ist[74]. Wenn dies der Fall ist, besteht das Bedürfnis des Arbeitsuchenden, ihm die Möglichkeit zur Begründung eines Arbeitsverhältnisses mit einem Dritten nachzuweisen, nicht, so daß die Arbeitskraft kein Arbeitsuchender mehr, sondern bereits Arbeitnehmer das Verleihers ist. Für die vom BSG in seiner Entscheidung vom 29. 7. 1970[75] vertretene Auffassung, daß über die genannten Voraussetzungen hinaus der Schwerpunkt der arbeitsrechtlichen Beziehungen im Verhältnis zwischen Verleiher und Leiharbeitnehmer liegen muß, damit die Arbeitsuche als beendet angesehen werden kann, bietet der Wortlaut des § 13 Abs. 1 AFG dagegen keinen Anhaltspunkt[76].

Es ist auch zweifelhaft, anhand welcher Kriterien der Schwerpunkt der arbeitsrechtlichen Beziehungen festzustellen ist. Das BSG ging in der Entscheidung vom 29. 7. 1970[77] davon aus, daß im konkreten Fall der Schwerpunkt der arbeitsrechtlichen Beziehungen im Verhältnis zwischen dem Dritten und den Arbeitnehmern lag mit der Konsequenz der Arbeitsvermittlung. Zur Begründung stellte das Gericht darauf ab, daß die Arbeitnehmer dem Dritten mit ihrer Arbeitskraft zur Verfügung standen, daß der Dritte die Arbeitsleistung im einzelnen bestimmte und daß diesen die arbeitsrechtliche Fürsorgepflicht traf, während dem Überlassenden nur die Lohnzahlungspflicht und die mit

[74] Insoweit zutr. BSGE 31, 235 (242); vgl. ferner *Engelbrecht*, Abgrenzung der Arbeitnehmerüberlassung, S. 96.

[75] BSGE 31, 235 (242).

[76] Zutr. *Mayer-Maly*, ZfA 1972, 1 (21).

[77] BSGE 31, 235 (244 f.).

der Auflösung der vertraglichen Beziehungen zusammenhängenden Rechte verblieben. Geht man bereits bei einer solchen Gestaltung der Rechtsbeziehungen davon aus, daß die Arbeitsuche erst mit dem Einsatz des Arbeitnehmers bei dem Dritten beendet ist und daß somit Arbeitsvermittlung vorliegt, so bleibt für die Arbeitnehmerüberlassung kaum noch Raum; eine Arbeitnehmerüberlassung, bei der der Entleiher nicht das Weisungsrecht im Hinblick auf die konkret auszuführenden Tätigkeiten und auch nicht die sog. Fürsorgepflicht hat, ist nämlich kaum vorstellbar[78]. Es leuchtet aber nicht ein, warum das Tatbestandsmerkmal des Arbeitsuchenden in § 13 Abs. 1 AFG nicht entfallen soll, wenn der Arbeitnehmer ein festes Arbeitsverhältnis mit dem Verleiher hat, nur weil zusätzlich der Entleiher arbeitsrechtliche Weisungsbefugnisse und Nebenpflichten übernimmt. Nach allem verlangt der Wortlaut des § 13 Abs. 1 AFG zur Vermeidung von Arbeitsvermittlung nicht, daß auch während der Überlassung des Arbeitnehmers an einen Dritten der arbeitsrechtliche Schwerpunkt im Verhältnis zwischen Verleiher und Leiharbeitnehmer liegen muß.

b) Sinn und Zweck des Arbeitsvermittlungsmonopols

Es bleibt allerdings zu überlegen, ob sich aus Sinn und Zweck des staatlichen Arbeitsvermittlungsmonopols etwas anderes ergibt. Das Vermittlungsmonopol bezweckt zum einen den Schutz des einzelnen, auf einen Arbeitsplatz angewiesenen Arbeitsuchenden vor einer Ausbeutung durch private Arbeitsvermittler[79]. Dieser spezifische Schutzzweck greift allerdings dann nicht ein, wenn ein Arbeitnehmer bereits in einem Arbeitsverhältnis mit einem Verleiher steht und nur zur Arbeitsleistung an Dritte überlassen wird, ohne daß es insoweit auf den Umfang der Rechtsbeziehungen zwischen Entleiher und Leiharbeitnehmer ankommt. Verträte man die gegenteilige Auffassung, so würde man — unter Berufung auf den Schutz des Arbeitsuchenden — gerade die den Arbeitnehmer besser schützende Gestaltung der Rechtsbeziehungen als private Arbeitsvermittlung und damit unzulässig qualifizieren[80].

Die Stimmen im Schrifttum, die sich aus vermittlungsrechtlichen Gründen gegen eine Verstärkung der Rechtsbeziehungen zwischen Entleiher und Leiharbeitnehmer im Sinne der Summierungstheorie aussprechen, stellen daher auch ausnahmslos auf die zweite Schutzkomponente des Vermittlungsmonopols, die Aufrechterhaltung eines funk-

---

[78] Vgl. nur BGH DB 1973, 1797 (1798); *Becker/Wulfgramm*, AÜG, Art. 1 § 1 Rdnrn. 57 f.; *Becker*, NJW 1971, 691 f.; *Franßen/Haesen*, AÜG, Einl. Rdnrn. 25 f.

[79] Vgl. *Gagel/Jülicher*, AFG, § 4 Rdnr. 1.

[80] Zutr. *Mayer-Maly*, ZfA 1972, 1 (19).

tionsfähigen Arbeitsmarkts, ab[81]. Berücksichtigt man, daß eine wirksame Arbeitsvermittlung nur durch eine zentrale Behörde erfolgen kann, die einen Überblick über die Bewegungen auf dem Arbeitsmarkt hat und umfassende gezielte Maßnahmen ergreifen kann, so trifft durchaus zu, daß die private Arbeitnehmerüberlassung, die ja eine ähnliche wirtschaftliche Zielsetzung wie die Arbeitsvermittlung verfolgt, das staatliche Arbeitsvermittlungsmonopol gefährdet[82]. Diese von der Leiharbeit ausgehende Umgehungsgefahr besteht aber unabhängig davon, wie intensiv im Einzelfall die Rechtsbeziehungen zwischen Entleiher und Leiharbeitnehmer ausgestaltet sind[83]. Ein Zusammenhang zwischen einem durch verstärkte Rechtsbeziehungen zwischen Entleiher und Leiharbeitnehmer verbesserten Arbeitnehmerschutz und einer Gefährdung des Vermittlungsmonopols und damit mittelbar der Funktionsfähigkeit des Arbeitsmarkts wäre daher allenfalls in dem Sinne denkbar, daß durch einen verbesserten Arbeitnehmerschutz Stammarbeitnehmer in großer Zahl veranlaßt werden könnten, Leiharbeitnehmer zu werden[84]. Dem ist aber entgegenzuhalten, daß es nur darum geht, in der Dreiecksbeziehung zwischen Verleiher, Entleiher und Leiharbeitnehmer das gleiche Maß an sozialer Sicherung der Arbeitnehmer zu erreichen wie im dualen Arbeitsverhältnis auch, so daß die befürchtete Anreizfunktion für die Stammarbeitnehmer nicht besteht. Die Verknüpfung der Problematik, wie die von der Leiharbeit ausgehende Umgehungsgefahr für das staatliche Arbeitsvermittlungsmonopol beseitigt werden kann, mit der Frage der Rechtsbeziehungen zwischen Entleiher und Leiharbeitnehmer ist daher nicht nur unter dem Gesichtspunkt des Arbeitnehmerschutzes, sondern auch im Hinblick auf den Schutz des Vermittlungsmonopols sachwidrig. Der Zweck des staatlichen Arbeitsvermittlungsmonopols, die Funktionsfähigkeit des Arbeitsmarkts zu gewährleisten, verlangt also ebenfalls nicht, daß während des Überlassungszeitraums der Schwerpunkt der arbeitsrechtlichen Beziehungen im Verhältnis zwischen Verleiher und Leiharbeitnehmer angesiedelt ist. Damit ist aus vermittlungsrechtlicher Sicht der Weg frei für eine ausschließlich am arbeitsrechtlichen Schutzprinzip orientierte, der tatsächlichen Verteilung der Arbeitgeberstellung auf Verleiher und Entleiher Rechnung tragende Gestaltung der Dreiecksbeziehung zwischen Verleiher, Entleiher und Leiharbeitnehmer. Die Verwirklichung dieser Konzeption setzt allerdings nicht notwendigerweise eine umfassende Novellierung des AÜG im Bereich der Rechtsbeziehungen zwischen den Beteiligten

---

[81] Vgl. etwa *Heußner*, DB 1973, 1800 (1802); *Immenga*, BB 1972, 805 (806).

[82] Vgl. vor allem *Möller-Lücking*, Das Arbeitsrecht der Gegenwart Bd. 11 (1974), S. 55 (58, 63).

[83] Zutr. *Möller-Lücking*, Das Arbeitsrecht der Gegenwart Bd. 11 (1974), S. 55 (63); *Ramm*, ZfA 1973, 263 (282).

[84] So etwa *Hempel*, Spannungsverhältnis, S. 153.

voraus. Vielmehr ist zunächst zu untersuchen, inwieweit bereits de lege lata im Wege der Rechtsfortbildung dieser Konzeption entsprechende Ergebnisse erzielt werden können, wobei selbstverständlich die durch das AÜG gesetzten Rechtsfortbildungsgrenzen beachtet werden müssen[85]. Hier ist zunächst nur festzuhalten, daß jedenfalls vermittlungsrechtliche Gründe einer verstärkten rechtlichen Einbeziehung des Entleihers im Sinne der Summierungstheorie — sei es im Wege der Rechtsfortbildung, sei es durch eine Gesetzesnovellierung — nicht entgegenstehen[86].

3. Begrenzte Eignung der Rechtsbeziehungen zur Klärung des Verhältnisses zwischen Arbeitnehmerüberlassung und Arbeitsvermittlung

Die verfehlte Verknüpfung der durch die Leiharbeit aufgeworfenen Umgehungsproblematik mit der Frage der Rechtsbeziehungen zwischen Entleiher und Leiharbeitnehmer ist auch der Grund dafür, daß vielfach die an der Ausgestaltung der Rechtsbeziehungen zwischen den Beteiligten orientierte tatbestandliche Abgrenzung der Arbeitnehmerüberlassung von der Arbeitsvermittlung für ausreichend gehalten wird, um den Schutz des staatlichen Arbeitsvermittlungsmonopols zu gewährleisten[87]. Dabei wird aber übersehen, daß die Umgehungsgefahr, die der Arbeitsvermittlung durch die Leiharbeit droht, ihre Ursache in der sehr ähnlichen wirtschaftlichen Zielsetzung beider Tatbestände hat, wobei die Ausgestaltung der Rechtsbeziehungen zwischen den Beteiligten keine Rolle spielt. Das Arbeitsvermittlungsmonopol kann daher allein durch die an der unterschiedlichen Ausgestaltung der Rechtsbeziehungen orientierte Grenzziehung zwischen Arbeitsvermittlung und Arbeitnehmerüberlassung nicht gewährleistet werden[88]. Es ist vielmehr darüber hinaus zu überlegen, ob und gegebenenfalls wie die staatliche Arbeitsvermittlung auch in ihrer Funktion geschützt werden kann, bei der optimalen Besetzung offener Arbeitsplätze mitzuwirken (vgl. §§ 1 f. AFG).

---

[85] Vgl. *Ramm*, ZfA 1973, 263 (291).

[86] Verschiedentlich lassen allerdings auch die Vertreter der Schwerpunkttheorie für die Fixierung des Schwerpunkts der arbeitsrechtlichen Beziehungen im Verhältnis zwischen Verleiher und Leiharbeitnehmer genügen, daß zwischen beiden ein von den einzelnen Arbeitseinsätzen bei Dritten unabhängiges Arbeitsverhältnis besteht, und gehen ausdrücklich von der vermittlungsrechtlichen Zulässigkeit zahlreicher Arbeitgeberpflichten des Entleihers aus, vgl. etwa *Engelbrecht*, Abgrenzung der Arbeitnehmerüberlassung, S. 95 f.; *Heußner*, DB 1973, 1800 (1802); bei dieser Betrachtungsweise ist ein sachlicher Unterschied zur Summierungstheorie von *Mayer-Maly*, ZfA 1972, 1 (21) nicht zu erkennen.

[87] Vgl. etwa *Heußner*, DB 1973, 1800 (1802); *Immenga*, BB 1972, 805 (806).

[88] Zutr. *Möller-Lücking*, Das Arbeitsrecht der Gegenwart Bd. 11 (1974), S. 55 (63).

II. Sicherung der Funktion der staatlichen Arbeitsvermittlung

Stellt man allein darauf ab, daß Arbeitnehmerüberlassung und Arbeitsvermittlung in ihrer wirtschaftlichen Zielrichtung sehr ähnlich sind, so könnte man die Auffassung vertreten, daß eine inhaltliche Abgrenzung der Arbeitnehmerüberlassung gegenüber der Arbeitsvermittlung und damit die Gewährleistung des Arbeitsvermittlungsmonopols bei Zulassung der Leiharbeit überhaupt nicht möglich sei, weil *jede* Überlassung von Leiharbeitnehmern zwar nicht der Form, wohl aber der Funktion nach Arbeitsvermittlung sei[89]. Diese Betrachtungsweise läßt jedoch außer acht, daß das Arbeitsvermittlungsmonopol nicht um seiner selbst willen geschützt werden muß, sondern deshalb, weil nur eine zentrale Behörde, die einen Überblick über die Bewegungen auf dem Arbeitsmarkt hat und umfassende gezielte Maßnahmen ergreifen kann, in der Lage ist, die Vermittlungsaufgabe sachgerecht zu bewältigen[90]. Soweit dagegen die Arbeitnehmerüberlassung die Vermittlungsaufgabe der Bundesanstalt für Arbeit nicht erschwert, besteht trotz der teilweisen funktionellen Übereinstimmung zwischen Arbeitsvermittlung und Arbeitnehmerüberlassung kein Grund, die Leiharbeit unter dem Gesichtspunkt der Wahrung des Arbeitsvermittlungsmonopols zu untersagen.

1. Erlaubnis- und Kontrollmonopol der Bundesanstalt für Arbeit für die Arbeitnehmerüberlassung?

Da die Bundesanstalt für Arbeit nicht nur nach § 4 AFG die Arbeitsvermittlung zu betreiben hat, sondern darüber hinaus nach Art. 1 §§ 1 bis 8, 17 AÜG auch das Erlaubnis- und Kontrollmonopol für die Arbeitnehmerüberlassung ausübt, könnte man erwägen, ob nicht bereits dadurch die sachgerechte Erfüllung der Arbeitsvermittlungsaufgabe sichergestellt ist[91]. Dies ist jedoch deshalb zweifelhaft, weil die Bundesanstalt für Arbeit keinen Einfluß auf die Entwicklung und den Umfang der gewerbsmäßigen Arbeitnehmerüberlassung nehmen kann, zumal jeder Antragsteller grundsätzlich einen Anspruch auf Erteilung oder Verlängerung der Erlaubnis gemäß Art. 1 §§ 1 ff. AÜG hat, soweit keine gesetzlichen Versagungsgründe vorliegen[92]. Je weiter aber die Arbeitnehmerüberlassung verbreitet ist, desto mehr wird der Bundesanstalt für Arbeit der Überblick über die jeweilige Lage in diesem Teilbereich

---

89 So *Möller-Lücking* (Fußn. 88).

90 Zutr. *Engelbrecht*, Abgrenzung der Arbeitnehmerüberlassung, S. 23, 106.

91 In diesem Sinne *Göbel*, BlStSozArbR 1973, 309 (311), der von einer funktionalen Transformation des Vermittlungsmonopols in ein Erlaubnis- und Kontrollmonopol für Arbeitnehmerüberlassungstatbestände spricht.

92 Vgl. *Becker/Wulfgramm*, AÜG, Art. 1 § 1 Rdnr. 18.

des Arbeitsmarkts erschwert[93]. Hinzu kommt, daß sie stets nur auf die entsprechenden, von privater Seite gesetzten Daten reagieren kann, so daß die Einleitung umfassender gezielter arbeitsmarktpolitischer Maßnahmen ebenfalls mit zunehmender Verbreitung der Leiharbeit immer schwieriger wird[94]. Das Erlaubnis- und Kontrollmonopol der Bundesanstalt für Arbeit für die Arbeitnehmerüberlassung ist somit nicht geeignet, die Funktion der staatlichen Arbeitsvermittlung zu sichern.

2. Gewährleistung des Ausnahmecharakters der gewerbsmäßigen Arbeitnehmerüberlassung

a) Beschränkung der Einsatzzwecke für Leiharbeitnehmer als Anknüpfungspunkt

Ein wirksamer Schutz der Arbeitsvermittlungsaufgabe der Bundesanstalt für Arbeit kann daher nur durch die Sicherstellung des Ausnahmecharakters der gewerbsmäßigen Arbeitnehmerüberlassung als Tatbestand der Personalbeschaffung erreicht werden. Ansatzpunkte hierfür enthielt bereits die Entscheidung des BVerfG zur Arbeitnehmerüberlassung vom 4. 4. 1967[95]. Das BVerfG begründete seine Auffassung, Arbeitnehmerüberlassungsverträge seien kein geeignetes Mittel, um die Arbeitsvermittlung in nennenswertem Umfang zu umgehen, damit, daß der Bereich funktioneller Gemeinsamkeiten von Arbeitnehmerüberlassung und Arbeitsvermittlung sehr begrenzt sei: Leiharbeit sei überhaupt nur in bestimmten Ausnahmesituationen, z. B. beim Ausfall von Stammarbeitnehmern infolge Urlaubs, Krankheit oder Kündigung, wirtschaftlich sinnvoll[96]. Durch eine entsprechende gesetzliche Beschränkung der zulässigen Einsatzzwecke für Leiharbeitnehmer würde die gewerbsmäßige Arbeitnehmerüberlassung auf die Beseitigung vorübergehender Personalengpässe begrenzt. Dies hätte zum einen den Vorteil, daß wegen der damit verbundenen Reduzierung des Umfangs der Arbeitnehmerüberlassung die Leiharbeit keine Gefahr für die staatliche Arbeitsvermittlung mehr darstellen würde[97]. Zum andern bliebe aber auch dem Arbeitnehmerüberlassungsgewerbe ein angemessener Tätigkeitsbereich erhalten: Gerade zur Deckung eines vorübergehenden (Mehr-)Bedarfs an Arbeitskräften, der oft unerwartet auftritt und schnell behoben werden muß, bietet sich nämlich der Einsatz von Leiharbeitnehmern als sachgerechte Form der Personalbeschaffung an[98].

---

[93] Zutr. *Möller-Lücking*, Das Arbeitsrecht der Gegenwart Bd. 11 (1974), S. 55 (58 ff.).

[94] Vgl. *Möller-Lücking* (Fußn. 93).

[95] BVerfGE 21, 261.

[96] BVerfGE 21, 261 (268).

[97] Für eine Zweckbegrenzungsklausel auch *Becker/Wulfgramm*, AÜG, Art. 1 § 3 Rdnr. 53.

Gegen die Einführung einer zweckbezogenen Einsatzbegrenzung für Leiharbeitnehmer sind jedoch im Schrifttum unter den Gesichtspunkten der Rechtssicherheit und der Effizienz einer solchen Regelung Bedenken erhoben worden[99]. Dem Erfordernis der Rechtssicherheit kann aber durch eine hinreichend präzise Formulierung der zulässigen Einsatzzwecke für Leiharbeitnehmer Rechnung getragen werden. Auch das Problem, wie die Einhaltung einer solchen Regelung sichergestellt werden könnte, erscheint lösbar. So würde sich zunächst die bereits de lege lata in Art. 1 § 7 Abs. 2 AÜG normierte Auskunftspflicht des Verleihers gegenüber der Erlaubnisbehörde auch darauf erstrecken, zu welchen Zwecken die Leiharbeitnehmer an Dritte überlassen werden; erfüllt der Verleiher die Auskunftspflicht nicht richtig und vollständig, so begeht er nach Art. 1 § 16 Abs. 1 Nr. 5 AÜG eine Ordnungswidrigkeit. Ferner kommt die Einführung von Kontrollmöglichkeiten im Entleiherbetrieb in Betracht, um die Richtigkeit der Angaben des Verleihers überprüfen zu können[100]. Schließlich könnten auch die Betriebsräte des Verleiherbetriebes und vor allem des Entleiherbetriebes eine Kontrollfunktion hinsichtlich der jeweiligen Einsatzzwecke wahrnehmen[101]. Die Einführung einer Zweckbegrenzungsklausel erscheint daher durchaus als geeignetes und auch erforderliches Mittel, um den Ausnahmecharakter der Leiharbeit sicherzustellen und so die Erfüllung der staatlichen Arbeitsvermittlungsaufgabe zu gewährleisten[102].

b) Inhaltliche Ausgestaltung der Zweckbegrenzungsklausel

Aus Gründen der Rechtssicherheit sollte die Zweckbegrenzungsformel nicht als reine Generalklausel ausgestaltet werden, etwa in dem Sinne, daß Leiharbeitnehmer nur zu vorübergehenden Zwecken überlassen werden dürfen. Andererseits ist aber auch die Normierung eines abschließenden Kataloges zulässiger Einsatzzwecke problematisch, weil eine Erfassung sämtlicher in Frage kommender Fälle kaum möglich erscheint. Eine sachgerechte Kompromißlösung stellt daher die Ausgestaltung der Zweckbegrenzungsformel als Generalklausel dar, konkretisiert durch eine Normierung besonders wichtiger und häufig auftretender Einsatzzwecke. Hier ist vor allem die Beseitigung von Personalengpäs-

---

[98] Vgl. *Becker/Wulfgramm*, AÜG, Einl. Rdnr. 72; *Oltmanns*, Personalleasing, S. 2 f.

[99] Vgl. *Hempel*, Spannungsverhältnis, S. 159 f.; vgl. auch *Möller-Lücking*, Das Arbeitsrecht der Gegenwart Bd. 11 (1974), S. 55 (69 ff.).

[100] Skeptisch insoweit allerdings *Hempel*, Spannungsverhältnis, S. 159.

[101] Vgl. dazu *Frerichs/Möller/Ulber*, Leiharbeit, S. 63 ff.

[102] Eine solche Einschränkung der gewerbsmäßigen Arbeitnehmerüberlassung wäre also verfassungsrechtlich unbedenklich. Zu den Grenzen der verfassungsrechtlichen Gewährleistung der Arbeitnehmerüberlassung vgl. oben § 5.

sen im Entleiherbetrieb bei Krankheit, Urlaub, Schwangerschaft oder Kündigung von Stammarbeitnehmern zu nennen[103]. Abgesehen von den Fällen, in denen mit Hilfe der Arbeitnehmerüberlassung der Ausfall eines Stammarbeitnehmers ausgeglichen werden soll, kommt ein Einsatz von Leiharbeitnehmern auch bei einem vorübergehend erhöhten Arbeitskräftebedarf des Entleihers, etwa aufgrund vermehrter Auftragseingänge, in Betracht[104].

Die Zweckbegrenzungsklausel müßte durch eine Regelung ergänzt werden, nach der ein Arbeitsplatz im Entleiherbetrieb ohne Unterbrechung nicht länger als sechs Monate mit Leiharbeitnehmern besetzt werden darf[105]. Eine solche Regelung ist zur Vermeidung einer permanenten oder zumindest langfristigen Besetzung von Dauerarbeitsplätzen mit wechselnden Leiharbeitnehmern erforderlich, weil den Einsatzzwekken selbst nicht immer eine hinreichende zeitliche Begrenzung für den Leiharbeitnehmereinsatz entnommen werden kann[106].

Die Zweckbegrenzungsklausel könnte danach etwa wie folgt lauten[107]:

„Gewerbsmäßige Überlassung von Arbeitnehmern an Dritte ist nur zulässig, um eine vorübergehende Verringerung der Stammbelegschaft des Entleiherbetriebes, insbesondere bei Krankheit, Urlaub, Schwangerschaft und Kündigung von Stammarbeitnehmern, oder einen vorübergehend erhöhten Arbeitskräftebedarf im Entleiherbetrieb, insbesondere bei vermehrten Auftragseingängen, auszugleichen. Ein Arbeitsplatz im Entleiherbetrieb darf ohne Unterbrechung nicht länger als sechs Monate mit Leiharbeitnehmern besetzt sein."

c) Rechtstechnische Durchführung

Da die Begrenzung der zulässigen Einsatzzwecke für Leiharbeitnehmer die Berufsfreiheit der Beteiligten einschränken würde, könnte eine solche Maßnahme gemäß Art. 12 Abs. 1 S. 2 GG nur durch Gesetz oder

---

[103] Vgl. BVerfGE 21, 261 (268); vgl. auch die Leitlinien der EG-Kommission vom 27. Juni 1980 für eine gemeinschaftliche Aktion im Bereich der gewerbsmäßigen Arbeitnehmerüberlassung, abgedruckt bei *Becker/Wulfgramm*, AÜG, Anhang II, 2.

[104] Vgl. die Nachweise bei Fußn. 103.

[105] Vgl. bereits oben § 7 C. I. 1 b) aa) a. E.

[106] So könnte beispielsweise im Falle der Erkrankung eines Stammarbeitnehmers dessen Arbeitsplatz u. U. langfristig mit verschiedenen Leiharbeitnehmern besetzt werden.

[107] Eine ähnliche Regelung enthält bereits das französische Gesetz über die Zeitarbeit Nr. 72—1 vom 3. 1. 1972 (loi sur le travail temporaire, Journal officiel de la République Française vom 5. 1. 1972, S. 141 ff.); vgl. dazu *Becker/Wulfgramm*, AÜG, Einl. Rdnrn. 83 ff.; vgl. ferner *Becker/Bader*, RdA 1983, 1 (11) zu Art. 3 des Vorschlags der EG-Kommission für eine Richtlinie des Rates zur Regelung der Zeitarbeit (BR-Drucks. 211/82).

auf Grund eines Gesetzes verwirklicht werden. Sachgerecht erscheint insoweit die Einführung der Zweckbegrenzungsklausel in Art. 1 § 1 AÜG, wo auch der Tatbestand der gewerbsmäßigen Arbeitnehmerüberlassung geregelt ist. Ferner sollte Art. 1 § 3 Abs. 1 AÜG dahingehend ergänzt werden, daß die Erlaubnis oder ihre Verlängerung zu versagen ist, wenn Tatsachen die Annahme rechtfertigen, daß der Antragsteller Leiharbeitnehmer zu anderen als den zulässigen Zwecken an Dritte überläßt oder überlassen wird.

D. Ergebnis

Das AÜG weist zu Recht dem Verleiher die volle Arbeitgeberstellung zu. Auf diese Weise kann die Arbeitnehmerüberlassung tatbestandlich von der der Bundesanstalt für Arbeit vorbehaltenen Arbeitsvermittlung abgegrenzt werden, bei der ein Arbeitsverhältnis erst zwischen dem Dritten und dem Arbeitsuchenden zustande kommt. Da aber in der Praxis wegen des ähnlichen Erscheinungsbildes beider Tatbestände der Personalgestellung erhebliche Abgrenzungsprobleme bestehen, erscheint auch die in Art. 1 § 1 Abs. 2, § 3 Abs. 1 AÜG geregelte widerlegbare Vermutung der Arbeitsvermittlung sachgerecht, wobei im Hinblick auf die Legaldefinition der Arbeitsvermittlung in § 13 Abs. 1 AFG zutreffend die fehlende Übernahme der üblichen Arbeitgeberpflichten und des Arbeitgeberrisikos durch den angeblichen Verleiher als Anknüpfungspunkte für die Vermutung gewählt wurden. Das gleiche gilt für die Anknüpfung der Vermutung an die Dauer der Überlassung im Einzelfall; allerdings sollte die in Art. 1 § 1 Abs. 2, § 3 Abs. 1 Nr. 6 AÜG vorgesehene Dreimonatsfrist im Interesse eines flexibleren Leiharbeitnehmereinsatzes auf sechs Monate verlängert werden. Auch die Konkretisierung der fehlenden Übernahme der üblichen Arbeitgeberpflichten und des Arbeitgeberrisikos durch Art. 1 § 3 Abs. 1 Nrn. 1 bis 5 AÜG ist sachgerecht. De lege ferenda sollte lediglich klargestellt werden, daß es sich dabei um alternative, nicht kumulative Voraussetzungen für das Eingreifen der Vermutung handelt. Ferner sollte der Vermutungstatbestand der zeitlichen Synchronisierung zwischen der Dauer des Leiharbeitsverhältnisses und dem Zeitraum der erstmaligen Überlassung (Art. 1 § 3 Abs. 1 Nr. 5 AÜG) der Befristungsregelung des Art. 1 § 3 Abs. 1 Nr. 3 AÜG angepaßt werden, so daß die Vermutung der Arbeitsvermittlung dann nicht eingreift, wenn in der Person des Leiharbeitnehmers ein sachlicher Grund für die Beschränkung des Arbeitsverhältnisses auf die Dauer der erstmaligen Überlassung besteht.

Die Zurückhaltung, die der Gesetzgeber bei der Anerkennung arbeitsrechtlicher Beziehungen zwischen Entleiher und Leiharbeitnehmer geübt hat, ist dagegen zum Schutz des Arbeitsvermittlungsmonopols der Bundesanstalt für Arbeit nicht erforderlich, weil der Tatbestand der Arbeitsvermittlung bereits dann nicht vorliegt, wenn zwischen Verleiher und Leiharbeitnehmer ein vollständiges, von den Rechtsbeziehungen zwischen dem Dritten und dem Arbeitnehmer unabhängiges Arbeitsverhältnis besteht; auf den Umfang der arbeitsrechtlichen Beziehungen zwischen Entleiher und Leiharbeitnehmer kommt es dann nicht mehr an. Zutreffend ist zwar, daß die Arbeitnehmerüberlassung eine ähnliche wirtschaftliche Zielsetzung wie die Arbeitsvermittlung verfolgt und daß somit die Leiharbeit eine Umgehungsgefahr für das Arbeitsvermittlungsmonopol darstellt. Diese Gefahr besteht aber unabhängig von der Ausgestaltung der Rechtsbeziehungen zwischen dem Dritten und dem Leiharbeitnehmer, so daß sie durch eine besondere Zurückhaltung bei der Anerkennung arbeitsrechtlicher Beziehungen zwischen beiden nicht beseitigt werden kann; insoweit fehlt jeglicher Sachzusammenhang.

Daraus folgt zum einen, daß vermittlungsrechtliche Gründe einer ausschließlich am arbeitsrechtlichen Schutzprinzip orientierten, der tatsächlichen Verteilung der Arbeitgeberstellung auf Verleiher und Entleiher Rechnung tragenden Gestaltung der Rechtsbeziehungen zwischen den Beteiligten, vor allem zwischen Entleiher und Leiharbeitnehmer, nicht entgegenstehen. Zum andern muß berücksichtigt werden, daß die ausschließlich an die Ausgestaltung der Rechtsbeziehungen anknüpfende tatbestandliche Abgrenzung der Arbeitnehmerüberlassung von der Arbeitsvermittlung nicht die von der Leiharbeit ausgehende Umgehungsgefahr für das Arbeitsvermittlungsmonopol beseitigen kann. Hierzu ist vielmehr die Sicherstellung des Ausnahmecharakters der gewerbsmäßigen Arbeitnehmerüberlassung als Tatbestand der Personalbeschaffung erforderlich. Dieses Ziel kann durch eine in Art. 1 § 1 AÜG einzufügende Zweckbegrenzungsklausel erreicht werden, nach der Leiharbeitnehmer nur noch zur Beseitigung von Personalengpässen in Ausnahmesituationen, insbesondere bei Krankheit, Urlaub, Schwangerschaft oder Kündigung von Stammarbeitnehmern oder bei einem vorübergehend erhöhten Arbeitskräftebedarf des Entleihers, z. B. bei vermehrten Auftragseingängen, eingesetzt werden dürfen. Zur Vermeidung einer auch danach noch möglichen langfristigen Besetzung von Dauerarbeitsplätzen im Entleiherbetrieb mit wechselnden Leiharbeitnehmern sollte die Zweckbegrenzungsklausel durch eine Regelung ergänzt werden, nach der kein Arbeitsplatz im Entleiherbetrieb ohne Unterbrechung länger als sechs Monate mit Leiharbeitnehmern besetzt werden darf. Durch die Beschränkung der gewerbsmäßigen Arbeitnehmerüberlassung auf die Beseitigung vorübergehender Personalengpässe und die damit verbundene Reduzierung des Umfangs der Leiharbeit wird der Zweck des Arbeitsvermittlungsmonopols, der Bundesanstalt für Arbeit einen Überblick über die Bewegungen auf dem Arbeitsmarkt und die Einleitung umfassender gezielter Maßnahmen zu ermöglichen, trotz der Funktionsverwandtschaft von Arbeitsvermittlung und Arbeitnehmerüberlassung gewahrt.

§ 8 Beseitigung weiterer negativer Auswirkungen der gewerbsmäßigen Arbeitnehmerüberlassung auf den Arbeitsmarkt

Die Funktionsfähigkeit des Arbeitsmarkts wird in besonders schwerwiegender Weise beeinträchtigt, wenn einzelne Verleihunternehmen wegen des höheren Lohnniveaus für Leiharbeitnehmer in immer größerem Ausmaß qualifizierte Arbeitskräfte einer bestimmten Berufssparte, insbesondere durch Abwerbung von Stammarbeitnehmern der Entleiherbetriebe, an sich ziehen, so daß es zu einer Konzentrierung oder gar Monopolisierung solcher Arbeitskräfte bei einem oder mehreren Verleihunternehmen kommt[108]. Wenn dies dazu führt, daß Produzenten Arbeitskräfte einer bestimmten Berufssparte nur entweder wiederum im Wege der Abwerbung durch überhöhte Lohnzusagen oder über den Umweg eines Verleihunternehmens erhalten können, so bedeutet dies eine volkswirtschaftlich unerwünschte Verteuerung des Produktionsfaktors Arbeit und gefährdet die Stabilität des Preisniveaus[109]. Diese keineswegs nur theoretische Gefahr einer Konzentrierung spezialisierter Arbeitskräfte bei einzelnen Verleihern wird durch die Verteilung der Tätigkeitbereiche der Leiharbeitnehmer belegt. Eindeutige Tätigkeitsschwerpunkte bildeten nämlich beispielsweise jeweils am 30. Juni 1979 die Bauberufe (22,8 %) sowie der Berufsbereich Schlosser, Mechaniker und diesen zugeordnete Berufe (21,8 %)[110]. Hinzu kommt eine regionale Konzentration der Verleihunternehmen in den industriellen Ballungsräumen und Großstädten[111]. Diese Fakten werfen die Frage auf, wie solchen Konzentrierungstendenzen und insbesondere der Gefahr einer Abwerbung qualifizierter Arbeitskräfte durch Ver-

[108] Vgl. dazu *Becker/Wulfgramm*, AÜG, Einl. Rdnr. 71; *Becker*, BlStSozArbR 1974, 305 (310); *Hempel*, Spannungsverhältnis, S. 150; *Vielhaber*, Arbeit und Sozialpolitik 1970, 275 (276).

[109] Vgl. *Becker/Wulfgramm*, AÜG, Einl. Rdnr. 72.

[110] Vgl. den 4. Bericht der BReg. über Erfahrungen bei der Anwendung des AÜG, BT-Drucks. 8/4479, S. 7 und Tabelle 3 a.

[111] Vgl. den 4. Bericht der BReg. über Erfahrungen bei der Anwendung des AÜG, BT-Drucks. 8/4479, S. 9.

leihunternehmen unterhalb der Schwelle sektoraler und regionaler Verbote begegnet werden kann. Im Schrifttum wird für diese negativen Erscheinungen insbesondere die Ausgestaltung der Arbeitnehmerüberlassung grundsätzlich als Dauerbeschäftigung (vgl. Art. 1 §§ 3 Abs. 1 Nr. 3; 9 Nr. 2 AÜG) verantwortlich gemacht; durch sie würden die Verleiher dazu gezwungen, sich um die Einstellung von Personen zu bemühen, die an einer Dauerstellung interessiert seien; da dieser Personalbedarf nicht durch die Mobilisierung bisher nicht Erwerbstätiger gedeckt werden könne, komme es zwangsläufig zu der Abwerbung von Stammarbeitnehmern der Entleiher[112]. Um dies zu vermeiden, wird vereinzelt die Einführung eines gesetzlichen Höchstbefristungsgebots für Leiharbeitsverträge befürwortet[113]. Es ist aber bereits oben darauf hingewiesen worden, daß dieser Lösungsansatz wegen des Erfordernisses zusätzlicher komplizierter Wiedereinstellungsverbote, deren Einhaltung kaum überwacht werden könnte, unpraktikabel ist[114]. Unter dem Gesichtspunkt der Praktikabilität ebenfalls nicht zu empfehlende Maßnahmen stellen an den Verleiher gerichtete Verbote dar, über die Tariflöhne der betreffenden Berufsgruppen hinausgehende Löhne an die Leiharbeitnehmer zu zahlen[115] oder mit solchen höheren Löhnen zu werben[116].

Es ist jedoch zu überlegen, ob nicht die oben vorgeschlagene Zweckbegrenzungsklausel auch zur Beseitigung der Abwerbungs- und Monopolisierungsgefahren geeignet ist. Die Einschränkung der zulässigen Einsatzzwecke für Leiharbeitnehmer hätte nämlich eine erhebliche Reduzierung der Überlassungsmöglichkeiten zur Folge. Aus wirtschaftlichen Gründen wären daher die Verleiher gezwungen, die Zahl der Dauerleiharbeitnehmer gering zu halten und den zeitlich begrenzten Arbeitseinsätzen entsprechend möglichst nur Personen mit temporärem Arbeitsinteresse zu mobilisieren[117]. Die Zweckbegrenzungsklausel würde danach zwar nicht unmittelbar die Abwerbung von Stammarbeitnehmern der produzierenden Betriebe und die Konzentrierung von qualifizierten Arbeitskräften bei einem oder mehreren Verleihunternehmen untersagen, mittelbar wäre sie jedoch durchaus geeignet, die beschriebenen negativen Auswirkungen der Arbeitnehmerüberlassung auf den Arbeitsmarkt zu beseitigen[118].

---

[112] Vgl. *Becker*, DB 1971, 1354 (1359); *Hempel*, Spannungsverhältnis, S. 148.

[113] So *Hempel*, Spannungsverhältnis, S. 184 ff.

[114] Vgl. oben § 7 C. I. 1 b) bb) (3); so auch *Steinbach*, WSI-Mitteilungen 1980, 263 (270).

[115] So auch *Hempel*, Spannungsverhältnis, S. 186.

[116] a. A. *Hempel*, Spannungsverhältnis, S. 188.

[117] Dies ist die eigentliche Funktion der gewerbsmäßigen Arbeitnehmerüberlassung, vgl. bereits BVerfGE 21, 261 (269); *Becker*, DB 1971, 1354 (1359).

[118] Zutr. *Becker/Wulfgramm*, AÜG, Einl. Rdnr. 72; *Becker*, ZRP 1972, 54 (56).

4. Kapitel

Gewährleistung des arbeits- und sozialversicherungsrechtlichen Schutzes der Leiharbeitnehmer

Die Problematik der Gewährleistung des arbeits- und sozialversicherungsrechtlichen Schutzes der Leiharbeitnehmer liegt darin begründet, daß das Arbeits- und Sozialversicherungsrecht an die Zweierbeziehung zwischen einem Arbeitgeber und einem Arbeitnehmer anknüpft und daß daher die einschlägigen Normen und Rechtsinstitute nicht ohne weiteres auf die Dreieckskonstellation zwischen Verleiher, Entleiher und Leiharbeitnehmer übertragbar sind[1]. Es stellt sich somit die Frage, wie trotz dieser strukturellen Diskrepanz auch für Leiharbeitnehmer der gleiche Schutz wie im dualen Arbeitsverhältnis gewährleistet werden kann. Diese Problematik soll im folgenden, ausgehend von der arbeits- und sozialversicherungsrechtlichen Konzeption des AÜG, zunächst für die erlaubte Arbeitnehmerüberlassung untersucht werden. Die Klärung der dogmatischen Grundlagen und des Umfangs der Rechtsbeziehungen zwischen Verleiher, Entleiher und Leiharbeitnehmer ist dabei Voraussetzung für die Erörterung aller weiteren individual- und kollektivarbeitsrechtlichen sowie sozialversicherungsrechtlichen Probleme in diesem Bereich[2]. Im Anschluß daran werden die entsprechenden Fragestellungen für die unerlaubte Arbeitnehmerüberlassung untersucht.

---

[1] Vgl. *Becker/Wulfgramm*, AÜG, Einl. Rdnrn. 4 ff., Art. 1 § 11 Rdnr. 33; *Mayer*, AuR 1974, 353 (357 ff.).

[2] Vgl. *Becker*, NJW 1974, 1968; *G. Hueck*, Anm. zu BAG SAE 1975, 145 (148 f.); *Kraft*, Anm. zu BAG AP Nr. 2 zu § 99 BetrVG 1972 Bl. 4 R; *Mumot*, Die betriebsverfassungsrechtlichen Beteiligungsrechte, S. 73; *Weber*, Anm. zu BAG AP Nr. 2 zu § 1 AÜG.

§ 9 Erlaubte gewerbsmäßige Arbeitnehmerüberlassung

A. Dogmatische Erfassung und inhaltliche Ausgestaltung der Dreiecksbeziehung zwischen Verleiher, Entleiher und Leiharbeitnehmer

I. Normative Ausgangslage

1. Leiharbeitsvertrag zwischen Verleiher und Leiharbeitnehmer

Nach der vertragsrechtlichen Konzeption des AÜG besteht zwischen Verleiher und Leiharbeitnehmer ein Arbeitsverhältnis (vgl. Art. 1 § 1 Abs. 1, § 11 Abs. 1 AÜG), das inhaltlich durch den zwischen beiden bestehenden Arbeitsvertrag sowie durch den vom Verleiher mit dem Entleiher abzuschließenden Arbeitnehmerüberlassungsvertrag konkretisiert wird[3]. Im übrigen trägt das AÜG dem besonderen Schutzbedürfnis der Leiharbeitnehmer durch eine Einschränkung der grundsätzlich auch für den Arbeitsvertrag geltenden Vertragsfreiheit[4] und durch die Statuierung besonderer Rechtspflichten des Verleihers[5] Rechnung. Der Leiharbeitnehmer verpflichtet sich gegenüber dem Verleiher zur Arbeitsleistung wie jeder andere Arbeitnehmer auch; die Besonderheit besteht nur darin, daß der Leiharbeitnehmer dem Verleiher verspricht, seine Arbeitsleistung bei Dritten zu erbringen. Ob der Leiharbeitnehmer zusätzlich verpflichtet ist, beim Verleiher selbst zu arbeiten, hängt von den vertraglichen Vereinbarungen ab[6]. Da auch im Leiharbeitsvertrag die Arbeitspflicht nur rahmenmäßig umschrieben werden kann[7], hat der Verleiher ebenfalls das arbeitrechtliche Weisungsrecht, das hier allerdings einen atypischen, über den Normalfall hinausgehenden Inhalt aufweist, indem es nämlich nicht nur konkret auf die Arbeitsleistung bezogene Weisungen, sondern auch die Zuweisung des Arbeitnehmers an den jeweiligen Entleiherbetrieb und die Abberufung des Arbeitnehmers von dort umfaßt[8].

---

[3] Vgl. im einzelnen *Becker/Wulfgramm,* AÜG, Art. 1 § 11 Rdnrn. 25 ff.

[4] Der Verleiher ist durch die Regelung des Art. 1 § 1 AÜG bereits gehindert, einen anderen Vertragstyp als den Arbeitsvertrag zu wählen, so daß etwa der Abschluß sog. freier Mitarbeiterverträge ausgeschlossen ist, vgl. *Becker/Wulfgramm,* AÜG, Art. 1 § 1 Rdnr. 54; vgl. ferner die zwingenden Vorschriften über die inhaltliche Ausgestaltung des Leiharbeitsvertrages in Art. 1 § 3 Abs. 1 Nrn. 3 bis 5, § 9 Nr. 5, § 11 Abs. 4 AÜG.

[5] Vgl. dazu Art. 1 § 11 Abs. 1 bis 3, 5 S. 2 AÜG.

[6] Eine zusätzliche Verpflichtung zur Arbeitsleistung beim Verleiher kommt bei gemischten Unternehmen mit eigenem Fertigungs- oder Produktionsbetrieb in Betracht, vgl. dazu *Becker/Wulfgramm,* AÜG, Einl. Rdnr. 67.

[7] Vgl. Art. 1 § 11 Abs. 1 Nr. 3 AÜG.

[8] *Becker/Wulfgramm,* AÜG, Art. 1 § 11 Rdnr. 35.

Als Konsequenz aus der Zuweisung der Arbeitgeberstellung an den Verleiher ergibt sich, daß den Verleiher grundsätzlich alle an die Arbeitgebereigenschaft anknüpfenden arbeitsrechtlichen, sozialversicherungsrechtlichen und steuerrechtlichen Pflichten treffen[9]. Er ist also insbesondere zur Lohnzahlung, zur Entrichtung der Sozialversicherungsbeiträge sowie zur Einbehaltung und Abführung der Lohnsteuer verpflichtet[10]. Alle Arbeitgeberpflichten des Verleihers bestehen selbstverständlich auch für Zeiten, in denen der Leiharbeitnehmer nicht bei Dritten eingesetzt werden kann[11].

Die atypische Ausgestaltung des Leiharbeitsverhältnisses, wonach der Leiharbeitnehmer seine Arbeitsleistung regelmäßig bei Dritten erbringt, bedingt jedoch nach den Grundsätzen von Treu und Glauben (§ 242 BGB) gewisse Modifizierungen im Bereich der Nebenleistungs- und Schutzpflichten[12]. Dies gilt etwa für die Beschäftigungspflicht des Verleihers, die dahingehend modifiziert ist, daß der Verleiher den Leiharbeitnehmer lediglich an beschäftigungsbereite Entleiher zu überlassen und auf diese Weise dem Arbeitnehmer Gelegenheit zur Ausübung der vereinbarten Tätigkeit zu geben hat[13]. Als weiteres Beispiel einer modifizierten Nebenleistungspflicht sei hier die Pflicht zur Erteilung eines qualifizierten Zeugnisses genannt (vgl. § 630 S. 2 BGB). Die dazu erforderlichen Angaben über die Leistungen des Leiharbeitnehmers und dessen Führung im Dienst kann der Verleiher naturgemäß aus eigener Kenntnis nicht machen. Da aber die Zeugnispflicht nur eine arbeitsverhältnisspezifische Konkretisierung der Grundsätze von Treu und Glau-

---

[9] Vgl. im einzelnen *Becker/Wulfgramm*, AÜG, Art. 1 § 11 Rdnrn. 49 ff.; *Franßen/Haesen*, AÜG, Einl. Rdnrn. 17 ff.

[10] Vgl. *Becker/Kreikebaum*, Zeitarbeit, S. 197, 201; *Becker*, BlStSozArbR 1981, 241; *Heußner*, DB 1973, 1800 (1803).

[11] Vgl. *Franßen/Haesen*, AÜG, Einl. Rdnr. 18.

[12] Während die Nebenleistungspflichten der Sicherung und Verwirklichung des Leistungsinteresses und des Vertragszwecks dienen, bezwecken die Schutzpflichten den Schutz des Integritätsinteresses der am Schuldverhältnis Beteiligten; zur Abgrenzung der beiden Pflichtengruppen vgl. etwa *Heinrich Stoll*, Die Lehre von den Leistungsstörungen, S. 27; *Canaris*, JZ 1965, 475 (477); *Gerhardt*, JuS 1970, 597 (598); *Thiele*, JZ 1967, 649 (650 f.). Bei den herkömmlicherweise verwendeten Begriffen der Fürsorge- und Treuepflichten handelt es sich demgegenüber um Sammelbezeichnungen ohne spezifischen Aussagegehalt, die Pflichten ganz unterschiedlicher Art umfassen; sie werden daher im folgenden nicht verwendet. Gegen die Qualifizierung der Nebenpflichten im Arbeitsverhältnis als Fürsorge- und Treuepflichten vor allem *MünchKomm/Söllner*, BGB, § 611 Rdnrn. 374 ff.; *Schwerdtner*, Fürsorgetheorie und Entgelttheorie im Recht der Arbeitsbedingungen, passim; *Schwerdtner*, ZRP 1970, 62 ff. und ZfA 1979, 1 (18).

[13] Die Beschäftigungspflicht des Arbeitgebers ist heute im Grundsatz allgemein anerkannt und wird überwiegend auf § 242 BGB gestützt, vgl. BAG AP Nr. 13 zu § 102 BetrVG 1972 = DB 1977, 2099 = AuR 1978, 155; BAG AP Nr. 2 zu § 611 BGB Beschäftigungspflicht; *Dütz*, BAG-Festschrift, S. 71 (81); *Fabricius*, ZfA 1972, 35 (44 ff.); *Zöllner*, Arbeitsrecht, § 16 II 1.

ben ist, paßt § 242 BGB die Zeugnispflicht des Verleihers den Gegebenheiten bei der Arbeitnehmerüberlassung dahingehend an, daß er von den einzelnen Entleihern Verhaltens- und Leistungsbeurteilungen einholen und sodann ein qualifiziertes Gesamtzeugnis erstellen muß[14]. Die atypische Struktur des Leiharbeitsverhältnisses wirkt sich auch im Bereich der Schutzpflichten aus. Zwar hat auch der Verleiher wie jeder Arbeitgeber den Arbeitnehmer vor Schäden an Leben und Gesundheit zu bewahren (§ 618 BGB, § 62 HGB)[15], die Persönlichkeitsbelange des Arbeitnehmers vor Beeinträchtigungen zu schützen[16] und für die eingebrachten Sachen des Arbeitnehmers zu sorgen[17]; die sich aus den öffentlich-rechtlichen Vorschriften des Arbeitsschutzrechts ergebenden Pflichten, die zugleich als Konkretisierungsmaßstab für die privatrechtlichen Schutzpflichten des Arbeitgebers dienen[18], obliegen ebenfalls dem Verleiher[19]. Alle diese Pflichten beschränken sich jedoch wegen der Besonderheit des drittbezogenen Personaleinsatzes primär auf Kontroll- und Überwachungsfunktionen gegenüber dem Entleiher[20]. Der Verleiher ist daher zur sorgfältigen Auswahl der Entleiherbetriebe verpflichtet, wobei er auf die schützenswerten Belange des Leiharbeitnehmers Rücksicht nehmen muß[21]. Er darf beispielsweise nicht eine Arbeitnehmerin zu Tätigkeiten überlassen, die nach den §§ 3 ff. MuSchG untersagt sind[22]. Ferner ist er zur ständigen Kontrolle und Überwachung des jeweiligen Entleihers verpflichtet und hat vor allem auf einen der fachlichen und beruflichen Qualifikation des Leiharbeitnehmers entsprechenden Einsatz sowie die Einhaltung der Vorschriften des Arbeitsschutzes durch den Entleiher zu achten[23].

2. Arbeitnehmerüberlassungsvertrag zwischen Verleiher und Entleiher

Das AÜG enthält nur eine sehr lückenhafte Regelung der Rechtsbeziehungen zwischen Verleiher und Entleiher. Art. 1 § 12 AÜG beschränkt sich auf die Festlegung des Schriftformerfordernisses (§ 126 BGB) für den Arbeitnehmerüberlassungsvertrag sowie auf die Be-

[14] *Becker/Wulfgramm*, AÜG, Art. 1 § 11 Rdnr. 68.
[15] Vgl. *Becker/Wulfgramm*, AÜG, Art. 1 § 11 Rdnr. 56 a.
[16] Vgl. dazu allgemein *Zöllner*, Arbeitsrecht, § 16 I 2.
[17] Vgl. dazu allgemein *Zöllner*, Arbeitsrecht, § 16 I 3.
[18] Vgl. *MünchKomm/Lorenz*, BGB, § 618 Rdnrn. 6 f. (m. w. N.).
[19] Vgl. Art. 1 § 3 Abs. 1 Nr. 1, § 11 Abs. 6 AÜG.
[20] *Becker/Wulfgramm*, AÜG, Art. 1 § 11 Rdnr. 56 a; *Becker*, HzA, Gruppe 16, S. 65.
[21] *Becker/Wulfgramm*, AÜG, Art. 1 § 11 Rdnr. 56 b.
[22] Vgl. *Bulla/Buchner*, MuSchG, § 1 Rdnr. 37.
[23] Vgl. *Becker/Wulfgramm*, AÜG, Art. 1 § 11 Rdnr. 56 a.

gründung bestimmter Unterrichtungs- und Hinweispflichten des Verleihers (vgl. Art. 1 § 12 Abs. 2, 3 AÜG)[24]. Von einer ausdrücklichen gesetzlichen Normierung des Leistungsinhalts des Arbeitnehmerüberlassungsvertrags hat der Gesetzgeber demgegenüber abgesehen[25]. Immerhin läßt sich dieser aber mittelbar der Vorschrift des Art. 1 § 1 Abs. 1 AÜG entnehmen. Leistungsgegenstand des Arbeitnehmerüberlassungsvertrags ist danach die entgeltliche Überlassung von Arbeitnehmern an Dritte zum Zwecke der Arbeitsleistung[26]. Damit gibt das Gesetz zu verstehen, daß der Entleiher berechtigt sein soll, seine Betriebszwecke mit den Leiharbeitnehmern wie mit eigenen Arbeitskräften zu verfolgen und das dazu notwendige Weisungsrecht auch den Leiharbeitnehmern gegenüber auszuüben[27]. Wie diese Einbeziehung des Entleihers rechtsdogmatisch verwirklicht werden kann, klärt allerdings auch Art. 1 § 1 Abs. 1 AÜG nicht.

3. Rechtsbeziehungen zwischen Entleiher und Leiharbeitnehmer

Das AÜG hat arbeitsrechtliche Beziehungen zwischen Entleiher und Leiharbeitnehmer nur punktuell geregelt (vgl. etwa Art. 1 § 11 Abs. 6 und 7[28]). Berücksichtigt man, daß der Leiharbeitnehmer seine Arbeitsleistung beim Entleiher erbringt und dort in gleicher Weise wie die Stammarbeitnehmer in den Betriebsablauf eingeordnet ist, so liegt auf der Hand, daß zur Verwirklichung des arbeitsrechtlichen Schutzprinzips auch für Leiharbeitnehmer eine über die gesetzliche Regelung

---

[24] Vgl. dazu *Becker/Kreikebaum*, Zeitarbeit, S. 117 f.

[25] Zum Inhalt des Arbeitnehmerüberlassungsvertrags vgl. vor allem *Bekker*, ZfA 1978, 131 (133 ff.); inhaltliche Schranken für den Arbeitnehmerüberlassungsvertrag enthält Art. 1 § 1 Abs. 2, § 9 Nr. 4 AÜG.

[26] Der Verleiher erfüllt also seine Leistungspflicht mit der bloßen Zurverfügungstellung eines arbeitsbereiten Arbeitnehmers, der gemessen an der im Arbeitnehmerüberlassungsvertrag festgelegten beruflichen und fachlichen Qualifikation zumindest durchschnittlich qualifiziert sein muß (§ 243 Abs. 1 BGB analog), vgl. *Becker/Wulfgramm*, AÜG, Art. 1 § 12 Rdnr. 21. Aus dieser Beschränkung des Leistungsgegenstandes des Arbeitnehmerüberlassungsvertrages folgt, daß der Leiharbeitnehmer bei der Arbeitsleistung im Entleiherbetrieb nicht Erfüllungsgehilfe des Verleihers i. S. d. § 278 BGB ist, dieser also nicht für ein Verschulden des Leiharbeitnehmers bei der Durchführung der Arbeitsleistung haftet; den Verleiher trifft vielmehr nur die Pflicht, den Leiharbeitnehmer auf seine persönliche und fachliche Eignung hin auszusuchen und zu überprüfen, vgl. dazu im einzelnen BGH NJW 1975, 1695 (m. zust. Anm. *Händel*) = DB 1975, 1312 = BB 1975, 969; OLG Hamburg BB 1973, 891; *Becker*, ZfA 1978, 131 (135 f.); *dens.*, NJW 1976, 1827; *dens.*, BlStSozArbR 1980, 369 (372).

[27] Allg. Ansicht, vgl. nur *Becker*, ZfA 1978, 131 (134 f.).

[28] s. o. § 2; zur Kritik an dieser Konzeption vgl. *Becker/Wulfgramm*, AÜG, Einl. Rdnr. 124; *Heußner*, DB 1973, 1800 (1802 f.); *Mayer-Maly*, ZfA 1972, 1 (30 ff.); *Ramm*, ZfA 1973, 263 (281 ff.); a. A. allerdings *Marschall*, DB 1975, 303 ff.; *Säcker/Joost*, Betriebszugehörigkeit, S. 52 f.

hinausgehende arbeitsrechtliche Einbeziehung des Entleihers erforderlich ist[29]. Damit stellt sich die Frage, ob die Normierung der Rechtsbeziehungen zwischen Entleiher und Leiharbeitnehmer durch das AÜG abschließenden Charakter hat oder ob insoweit ausfüllungsbedürftige Regelungslücken vorliegen. Nur im letztgenannten Fall besteht grundsätzlich de lege lata die Möglichkeit einer Ausweitung der Rechtsbeziehungen zwischen Entleiher und Leiharbeitnehmer im Wege der Rechtsfortbildung[30].

Unter einer Gesetzeslücke ist eine planwidrige Unvollständigkeit des Gesetzes zu verstehen; ob ein Gesetz lückenhaft ist, beurteilt sich also nach dem ihm zugrunde liegenden Regelungsplan, der im Wege der historischen und teleologischen Auslegung aus dem Gesetz selbst zu erschließen ist[31]. Eine der Regelungsabsichten, die der Gesetzgeber mit dem AÜG verfolgte, war die Wahrung des staatlichen Arbeitsvermittlungsmonopols, die seiner Ansicht nach die Fixierung des Schwerpunkts der arbeitsrechtlichen Beziehungen bei der Arbeitnehmerüberlassung im Verhältnis zwischen Verleiher und Leiharbeitnehmer voraussetzt. Das könnte für den abschließenden Charakter der nur punktuell im AÜG geregelten Rechtsbeziehungen zwischen Entleiher und Leiharbeitnehmer sprechen. Zwingend ist dies jedoch nicht, weil nicht jede Ausweitung der arbeitsrechtlichen Beziehungen zwischen Entleiher und Leiharbeitnehmer über den gesetzlich geregelten Rahmen hinaus zwangsläufig zu einer Verlagerung des arbeitsrechtlichen Schwerpunkts auf das Verhältnis zwischen Entleiher und Leiharbeitnehmer führt[32]. Darüber hinaus ist zu berücksichtigen, daß eines der zentralen Anliegen des Gesetzgebers auch die Gewährleistung des Schutzes der Leiharbeitnehmer war. Ursprünglich versuchte er zwar, dieses Ziel in erster Linie durch die Zuweisung der Arbeitgeberstellung an den Verleiher und weniger durch Rechtsbeziehungen zwischen Entleiher und Leiharbeitnehmer zu erreichen. Zunehmend ist er jedoch zu der richtigen Erkenntnis gelangt, daß eine Ausweitung der Rechtsbeziehungen zwischen Entleiher und Leiharbeitnehmer über den ursprünglich normierten Rahmen hinaus zur Verwirklichung des arbeitsrechtlichen Schutzprinzips für Leiharbeitnehmer erforderlich ist; dies wird insbesondere durch die Regelung des Art. 1 § 14 AÜG belegt[33]. Im übrigen spricht gegen den

---

[29] Nahezu einhellige Ansicht, vgl. nur *Becker/Wulfgramm*, AÜG, Art. 1 § 1 Rdnr. 58; *Hempel*, Spannungsverhältnis, S. 162; *Konzen*, ZfA 1982, 259 (274); *Martens*, BAG-Festschrift, S. 367 (372); *Mayer-Maly*, ZfA 1972, 1 (30 ff.); *Ramm*, ZfA 1973, 263 (281 ff.).

[30] Zur Abgrenzung der Gesetzeslücke von einem Fehler des Gesetzes in rechtspolitischer Sicht, der grundsätzlich nur im Wege der Gesetzesnovellierung beseitigt werden kann, vgl. *Larenz*, Methodenlehre, S. 359.

[31] Vgl. *Larenz*, Methodenlehre, S. 358.

[32] Zutr. etwa *Konzen*, ZfA 1982, 259 (274).

abschließenden Charakter der im AÜG geregelten Rechtsbeziehungen zwischen Entleiher und Leiharbeitnehmer, daß der Gesetzgeber mit dem AÜG keine umfassende Kodifikation für den Bereich der Arbeitnehmerüberlassung schaffen wollte[34]. Das AÜG enthält Einzelregelungen, die ganz unterschiedlichen Rechtsgebieten angehören und deren Schwerpunkt zudem im öffentlichen Recht und nicht im Zivilrecht liegt. Dies läßt den Schluß zu, daß der Gesetzgeber für den Bereich der Rechtsbeziehungen zwischen Entleiher und Leiharbeitnehmer nur einige, ihm besonders wichtig erscheinende Regelungen schaffen wollte[35]. Es ist nach allem davon auszugehen, daß das AÜG, gemessen an der Regelungsabsicht des Gesetzgebers, den Leiharbeitnehmerschutz zu gewährleisten, im Hinblick auf die Rechtsbeziehungen zwischen Entleiher und Leiharbeitnehmer eine planwidrige Unvollständigkeit, also eine Gesetzeslücke, aufweist[36].

Der somit bereits de lege lata möglichen verstärkten arbeitsrechtlichen Einbeziehung des Entleihers etwa im Wege der Rechtsfortbildung sind jedoch Grenzen gesetzt. Aus der Bezeichnung des Entleihers als Dritten in Art. 1 § 1 Abs. 1 AÜG und der Regelung einzelner Rechtsbeziehungen zwischen Entleiher und Leiharbeitnehmer im AÜG folgt nämlich, daß zwischen beiden bei erlaubter gewerbsmäßiger Arbeitnehmerüberlassung kein zweites vollständiges Arbeitsverhältnis, sei es auf vertraglicher oder gesetzlicher Grundlage, besteht[37]. Diese Wertung wird durch einen Umkehrschluß aus Art. 1 § 10 Abs. 1 AÜG bestätigt, der ein Arbeitsverhältnis zwischen Entleiher und Leiharbeitnehmer (nur) für den Fall fingiert, daß der Vertrag zwischen Verleiher und

---

[33] Eingefügt durch das Gesetz zur Bekämpfung der illegalen Beschäftigung vom 15. Dezember 1981 BGBl. I S. 1390; vgl. im übrigen die Begründung des RegE eines Gesetzes zur Bekämpfung der illegalen Beschäftigung, BT-Drucks. 9/847, S. 8 f. (9), die ausdrücklich die Regelung des Art. 1 § 14 AÜG für nicht abschließend erklärt, so daß die Feststellung etwaiger weiterer Beteiligungsrechte des Betriebsrats im Entleiherbetrieb durch die Rechtsprechung unberührt bleibt; vgl. auch *Marschall*, NJW 1982, 1363 (1366).

[34] Vgl. *Hempel*, Spannungsverhältnis, S. 162; *Sandmann/Marschall*, AÜG, Einl. Anm. 23; *Schnapp*, BlStSozArbR 1973, 247 (248).

[35] Vgl. auch *Engelbrecht*, Abgrenzung der Arbeitnehmerüberlassung, S. 93, der zu Recht darauf hinweist, daß das AÜG in Art. 1 § 11 Abs. 6 AÜG den von *Mayer-Maly*, ZfA 1972, 1 (21) entwickelten Gedanken der Summierung des sozialen Schutzes im Verleiher- und Entleiherbetrieb übernommen hat. Dies ist durch die Regelung des Art. 1 § 14 AÜG bestätigt worden.

[36] Vgl. BAG AP Nr. 2 zu § 99 BetrVG 1972 (m. Anm. *Kraft*) = NJW 1974, 1966 (m. Anm. *Becker*) = SAE 1975, 145 (m. Anm. *G. Hueck*); *Becker/Wulfgramm*, AÜG, Art. 1 § 1 Rdnr. 58; *Hempel*, Spannungsverhältnis, S. 162; *Konzen*, ZfA 1982, 259 (274); *Martens*, BAG-Festschrift, S. 367 (372); *Mayer-Maly*, AuR 1973, 376 (377); *Ramm*, ZfA 1973, 263 (291).

[37] Allg. Ansicht, vgl. *Becker/Wulfgramm*, AÜG, Art. 1 § 1 Rdnr. 53; *Becker/Kreikebaum*, Zeitarbeit, S. 114; *Franßen/Haesen*, AÜG, Einl. Rdnr. 24; *Konzen*, ZfA 1982, 259 (266); *Mayer-Maly*, ZfA 1972, 1 (30); *Säcker/Joost*, Betriebszugehörigkeit, S. 53.

Leiharbeitnehmer nach Art. 1 § 9 Nr. 1 AÜG wegen fehlender Erlaubnis des Verleihers unwirksam ist.

4. *Zwischenergebnis*

Der Gesetzgeber hat zwar mit der Zuweisung der Arbeitgeberstellung an den Verleiher und der teilweisen arbeits- und sozialversicherungsrechtlichen Einbeziehung des Entleihers für die erlaubte Arbeitnehmerüberlassung grundlegende Entscheidungen getroffen; er hat aber eine umfassende Regelung der Rechtsverhältnisse der an der Arbeitnehmerüberlassung Beteiligten vermieden. Auf diese Weise sind eine Reihe von Fragen ungeklärt geblieben. Fraglich ist zunächst, auf welche Weise der Entleiher am Anspruch auf die Arbeitsleistung und am Direktionsrecht des Verleihers gegenüber dem Leiharbeitnehmer partizipiert. Zur Verwirklichung des arbeitsrechtlichen Schutzprinzips für Leiharbeitnehmer ist darüber hinaus erforderlich, daß der Entleiher in dem Maße arbeitsrechtlich einbezogen wird, in dem er Arbeitgeberfunktionen, insbesondere also das Weisungsrecht, dem Leiharbeitnehmer gegenüber ausübt. Dies setzt erheblich mehr arbeitsrechtliche Beziehungen zwischen Entleiher und Leiharbeitnehmer voraus als das AÜG selbst regelt. Immerhin ist aber festzuhalten, daß das AÜG einer Ausweitung dieser Beziehungen etwa im Wege der Rechtsfortbildung nicht entgegensteht. Zur Schließung der aufgezeigten Regelungslücken muß somit auf die einschlägigen, in der Rechtsprechung und vor allem im Schrifttum entwickelten Lösungsansätze zurückgegriffen werden.

II. Lösungsansätze

Die Frage der dogmatischen Einordnung der Dreiecksbeziehung zwischen Verleiher, Entleiher und Leiharbeitnehmer wird seit langem kontrovers diskutiert[38]. Das Meinungsspektrum reichte ursprünglich von der Annahme arbeitsrechtlicher Beziehungen ausschließlich im Verhältnis zwischen Entleiher und Leiharbeitnehmer[39] über die Auffassung, die Arbeitgeberfunktionen seien zum Teil sektoral, zum Teil konkurrierend oder auch nur sektoral auf Verleiher und Entleiher verteilt, wobei im einzelnen die rechtliche Begründung schwankte[40], bis hin zur An-

---

[38] Vgl. zum Streitstand BSG EzAÜG Nr. 41; *Becker/Kreikebaum*, Zeitarbeit, S. 114; *Becker/Wulfgramm*, AÜG, Art. 1 § 1 Rdnr. 53; *Becker*, NJW 1971, 691; *Hempel*, Spannungsverhältnis, S. 161 ff.; *Müllner*, Aufgespaltene Arbeitgeberstellung, S. 51, insbes. S. 56 ff.; *Mumot*, Die betriebsverfassungsrechtlichen Beteiligungsrechte, S. 74 ff.; zur nicht gewerbsmäßigen Arbeitnehmerüberlassung (sog. „echtes“ Leiharbeitsverhältnis) vgl. *Heinze*, ZfA 1976, 183.

[39] So *Hessel*, BB 1970, 307 (308); *Kindereit*, AuR 1971, 327 (329); *Sturn*, BB 1969, 1436 (1437); *Trieschmann*, DB 1956, Beilage Nr. 16 unter III 2 a) b).

nahme zweier Arbeitsverhältnisse oder eines Doppelarbeitsverhältnisses mit allen Rechtsbeziehungen eines normalen Arbeitsverhältnisses sowohl zum Verleiher als auch zum Entleiher[41]. Das AÜG stellte insoweit in dieser Diskussion für die gewerbsmäßige Arbeitnehmerüberlassung eine Zäsur dar, als die genannten Extrempositionen unvereinbar mit der Regelung der Rechtsbeziehungen im AÜG und damit schon deshalb nicht mehr vertretbar sind[42]. Nach wie vor ringen jedoch die verschiedenen Auffassungen um Anerkennung, die von einer Verteilung der Arbeitgeberfunktionen auf Verleiher und Entleiher ausgehen, ohne daß zwischen Entleiher und Leiharbeitnehmer ein vollständiges Arbeitsverhältnis besteht[43]. Eine über die gesetzliche Regelung im AÜG hinausgehende arbeitsrechtliche Einbeziehung des Entleihers ist sowohl auf rechtsgeschäftlichem als auch auf gesetzlichem Wege denkbar[44].

---

[40] *Becker,* NJW 1971, 691 f.; *Becker/Wulfgramm,* AÜG, Art. 1 § 1 Rdnrn. 57 f.; *Hempel,* Spannungsverhältnis, S. 162 ff.; *Mayer-Maly,* ZfA 1972, 1 (23); *Müllner,* Aufgespaltene Arbeitgeberstellung, S. 59 ff.; *Mumot,* Die betriebsverfassungsrechtlichen Beteiligungsrechte, S. 79 f.; *Ramm,* ZfA 1973, 263 (291 ff.).

[41] Vgl. etwa *Nikisch,* Arbeitsrecht I, S. 245.

[42] Zutr. *Becker/Wulfgramm,* AÜG, Einl. Rdnr. 12; *Mumot,* Die betriebsverfassungsrechtlichen Beteiligungsrechte, S. 74.

[43] Vgl. etwa *Becker/Wulfgramm,* AÜG, Art. 1 § 1 Rdnr. 57; *Hempel,* Spannungsverhältnis, S. 162 ff.; *Konzen,* ZfA 1982, 259 (272 ff.); *Mayer-Maly,* ZfA 1972, 1 (23); *Müllner,* Aufgespaltene Arbeitgeberstellung, S. 56 ff.; *Ramm,* ZfA 1973, 263 (291 ff.); *Weber,* Anm. zu BAG AP Nr. 2 zu § 1 AÜG. Die Rechtsprechung hat bisher eine grundsätzliche Stellungnahme zur Frage der dogmatischen Einordnung der Rechtsbeziehungen zwischen Entleiher und Leiharbeitnehmer vermieden, vgl. BAG AP Nr. 2 zu § 99 BetrVG 1972 (m. Anm. *Kraft*) = NJW 1974, 1966 (m. Anm. *Becker*) = DB 1974, 1580; BAG AP Nr. 6 zu § 99 BetrVG 1972 (m. Anm. *Löwisch*) = DB 1978, 1841 („zumindest faktische Arbeitgeberstellung des Entleihers, vor allem hinsichtlich des Weisungsrechts für die Arbeitsleistung"); vgl. ferner BSGE 45, 142 („tatsächliche und rechtliche Beziehungen zwischen Entleiher und Leiharbeitnehmer, die auch als Arbeitsverhältnis qualifiziert werden könnten"); BSG EzAÜG Nr. 41; BGH DB 1973, 1797.

[44] Die Eingliederung des Leiharbeitnehmers in den Entleiherbetrieb scheidet demgegenüber als maßgeblicher Tatbestand für die Begründung von Rechtsbeziehungen zwischen Entleiher und Leiharbeitnehmer von vornherein aus. Der Wiederbelebung der Eingliederungstheorie für die Arbeitnehmerüberlassung stehen zum einen bereits die dogmatischen Einwände entgegen, die in der allgemeinen Diskussion zur Anerkennung der Vertragstheorie geführt haben: Das Abstellen auf die Eingliederung des Arbeitnehmers in den Betrieb als Entstehungstatbestand für das Arbeitsverhältnis trägt nicht der Bedeutung der privatautonomen Entscheidung der Parteien des Arbeitsverhältnisses Rechnung; darüber hinaus konnte über den Eingliederungsbegriff bis heute keine dem Gebot der Rechtssicherheit entsprechende Klarheit gewonnen werden, vgl. dazu *Immenga,* BB 1972, 805 (808); *Mayer-Maly,* ZfA 1972, 1 (10 ff.); *Seiter,* JurA 1971, 204 (212 Fußn. 24). Zum andern steht auch das AÜG eindeutig auf dem Boden der heute allgemein anerkannten Vertragstheorie (Art. 1 § 10 Abs. 1, § 11 Abs. 1 AÜG), vgl. *Becker/Wulfgramm,* AÜG, Art. 1 § 10 Rdnr. 9; zur Eingliederungstheorie im Zusammenhang mit arbeitsrechtlichen Drittbeziehungen vgl. ferner *Konzen,* ZfA 1982, 259 (275 ff.).

1. *Rechtsgeschäftliche Lösungsansätze*

a) Dreiseitiges Arbeitsverhältnis?

Mit der Rechtsfigur eines dreiseitigen Arbeitsverhältnisses auf der Grundlage arbeitsvertraglicher Beziehungen zwischen allen drei Beteiligten erklärt Weber[45] die Dreieckskonstellation bei der Arbeitnehmerüberlassung. Nach dieser Auffassung kommt dem Einverständnis des Leiharbeitnehmers mit der Verrichtung der Arbeitsleistung im Entleiherbetrieb die Qualität einer Vertragsofferte gegenüber dem Entleiher zu. Diese Ansicht begegnet jedoch erheblichen Bedenken. Wie Weber[46] selbst zutreffend bemerkt, geht das AÜG, das den Entleiher in Art. 1 § 1 Abs. 1 AÜG ausdrücklich als Dritten bezeichnet, davon aus, daß nur zwischen Verleiher und Leiharbeitnehmer arbeitsvertragliche Beziehungen bestehen. Die Annahme eines dreiseitigen Arbeitsvertrages ist damit aber unvereinbar. Die Regelung des Art. 1 § 10 Abs. 1 AÜG versucht Weber[47] dadurch mit seiner Auffassung in Einklang zu bringen, daß er bei Nichtigkeit eines Teiles des dreiseitigen Arbeitsverhältnisses, wobei er vor allem das Verhältnis zwischen Verleiher und Leiharbeitnehmer im Auge hat, in Übereinstimmung mit § 139 BGB nach dem mutmaßlichen Willen der Beteiligten vom Fortbestand des Arbeitsverhältnisses zwischen Entleiher und Leiharbeitnehmer ausgeht; insofern lege Art. 1 § 10 Abs. 1 AÜG den mutmaßlichen Willen der beiden Parteien richtig fest. Dabei wird aber übersehen, daß Art. 1 § 10 Abs. 1 AÜG bei Unwirksamkeit des Vertrages zwischen Verleiher und Leiharbeitnehmer nach Art. 1 § 9 Nr. 1 AÜG nicht ein ohnehin bestehendes (vertragliches) Arbeitsverhältnis zwischen Entleiher und Leiharbeitnehmer nur deklaratorisch bestätigen, sondern ein vollständiges Arbeitsverhältnis überhaupt erst begründen will[48].

Schließlich ist auch der Abschluß eines dreiseitigen Arbeitsvertrages mit der Willensrichtung der Beteiligten unvereinbar. Das in dem Arbeitsvertrag mit dem Verleiher zum Ausdruck kommende Einverständnis des Leiharbeitnehmers mit der Erbringung der Arbeitsleistung im Entleiherbetrieb ist erforderlich, weil das allgemeine Direktionsrecht des Arbeitgebers die Zuweisung einer Tätigkeit im Entleiherbetrieb nicht umfassen würde[49]; in dem Einverständnis des Leiharbeitnehmers kann dagegen kein darüber hinausgehendes, an den Entleiher gerich-

---

[45] *Weber*, Anm. zu BAG AP Nr. 2 zu § 1 AÜG, Bl. 7.

[46] *Weber* (Fußn. 45), Bl. 6.

[47] *Weber* (Fußn. 45), Bl. 7 R.

[48] Vgl. *Becker/Wulfgramm*, AÜG, Art. 1 § 10 Rdnrn. 9 f.; *Säcker/Joost*, Betriebszugehörigkeit, S. 53.

[49] Vgl. *Becker*, ZfA 1978, 131 (134); *Böttner*, Das Direktionsrecht des Arbeitgebers, S. 84.

tetes Vertragsangebot gesehen werden[50]. Alle Beteiligten gehen vielmehr davon aus, daß der Leiharbeitnehmer nur in arbeitsvertraglichen Beziehungen zum Verleiher steht und der Entleiher an dem dadurch begründeten Arbeitsverhältnis partizipiert, ohne selbst mit dem Leiharbeitnehmer Vertragsbeziehungen einzugehen[51]. Ein dreiseitiges Arbeitsverhältnis zwischen Verleiher, Entleiher und Leiharbeitnehmer auf vertraglicher Grundlage kann nicht angenommen werden.

b) Vertragsbeitritt des Entleihers?

Heinze[52] befürwortet für die nicht gewerbsmäßige, sog. echte Arbeitnehmerüberlassung die Einbeziehung des Entleihers in das Arbeitsverhältnis zwischen Verleiher und Leiharbeitnehmer mit Hilfe des Rechtsinstituts des Vertragsbeitritts in dem Sinne, daß der beitretende Entleiher die volle rechtliche Stellung eines Vertragspartners erhält und nur im Rahmen der Beitrittsvereinbarung (§ 305 BGB) eine Verteilung der verschiedenen, aus den beiden Arbeitgeberstellungen folgenden Rechte und Pflichten stattfindet. Auch dieser Lösungsansatz ist aber mit der vertragsrechtlichen Konzeption des AÜG nicht vereinbar, nach der der Entleiher nur Dritter ist (Art. 1 § 1 Abs. 1 AÜG)[53]. Bei Annahme eines Vertragsbeitritts des Entleihers ließe sich darüber hinaus nicht die punktuelle Anerkennung arbeitsrechtlicher Beziehungen zwischen Entleiher und Leiharbeitnehmer im AÜG erklären, weil diese Arbeitgeberfunktionen dann ohnehin dem Entleiher als beigetretenem Arbeitgeber kraft Rechtsgeschäfts zukommen würden. Schließlich entspricht auch die Konsequenz der Gesamtschuldner- und Gesamtgläubigerschaft von Verleiher und Entleiher beim Vertragsbeitritt weder der Grundstruktur des AÜG noch der Willensrichtung der Beteiligten[54]. Der Entleiher wird vom AÜG nicht als Lohnschuldner angesehen und will dies auch nicht sein. Der Leiharbeitnehmer will von vornherein die Arbeitsleistung nur bei Dritten erbringen und auf diese Weise die ihm gegenüber dem Verleiher obliegenden arbeitsvertraglichen Pflichten erfüllen (§ 362 Abs. 2 BGB). Das Rechtsinstitut des Vertragsbeitritts ist somit ebenfalls nicht zur Klärung der Rechtsbeziehungen zwischen Entleiher und Leiharbeitnehmer bei der gewerbsmäßigen Arbeitnehmerüberlassung geeignet[55].

---

[50] Zutr. *Heinze*, ZfA 1976, 183 (198).

[51] Vgl. *Becker/Wulfgramm*, AÜG, Art. 1 § 1 Rdnr. 60. Dies schließt allerdings nicht aus, daß auch im Verhältnis zwischen Entleiher und Leiharbeitnehmer einzelne Rechtsbeziehungen vertraglich begründet werden können, vgl. dazu *Franßen/Haesen*, AÜG, Einl. Rdnr. 34.

[52] *Heinze*, ZfA 1976, 183 (201 ff.); kritisch *Müllner*, Aufgespaltene Arbeitgeberstellung, S. 59; *Weber*, Anm. zu BAG AP Nr. 2 zu § 1 AÜG, Bl. 6 R, 7.

[53] Vgl. *Heinze*, ZfA 1976, 183 (213) selbst.

[54] Zutr. *Müllner* (Fußn. 52); *Weber* (Fußn. 52); *Zöllner*, Arbeitsrecht, § 27 III 1 Fußn. 5; vgl. auch *Konzen*, ZfA 1982, 259 (280).

c) Partielle Vertragsübernahme?

Müllner begründet die Verteilung der Arbeitgeberstellung auf Verleiher und Entleiher mit einer partiellen Arbeitsvertragsübernahme durch den Entleiher[56]. Die Vertragsübernahme ist zwar allgemein im BGB nicht geregelt[57], sie stellt aber heute ein in Rechtsprechung[58] und Schrifttum[59] im Grundsatz anerkanntes Rechtsinstitut dar, das dem wirtschaftlichen Bedürfnis Rechnung trägt, das ganze Schuldverhältnis also solches einschließlich der mittels bloßer Forderungsabtretung und Schuldübernahme nicht erfaßbaren vertraglichen Nebenrechte und -pflichten auf eine andere Person übergehen zu lassen.

Aus der grundsätzlichen Anerkennung der vollständigen Vertragsübernahme läßt sich jedoch keinesfalls ohne weiteres auch auf die Zulässigkeit einer partiellen Vertragsübernahme schließen. Ein von Müllner[60] für die Arbeitnehmerüberlassung befürworteter entsprechender Erst-recht-Schluß trägt den bestehenden Unterschieden in keiner Weise Rechnung. Während nämlich bei der anerkannten Vertragsübernahme ein vollständiger Wechsel auf der Seite einer Vertragspartei eintritt, würde bei der partiellen Vertragsübernahme eine weitere Vertragspartei zu der bisherigen hinzutreten mit der Folge, daß nicht etwa wie beim Vertragsbeitritt beide Gesamtschuldner und Gesamtgläubiger sind, sondern daß jeder nur für einen Teilbereich des Vertrages Gläubiger und Schuldner und Inhaber aller Nebenrechte und -pflichten wäre. Die sich somit stellende Frage, in welchem Umfang auf seiten einer Vertragspartei ein Wechsel stattfindet, läßt sich gerade beim Arbeitsvertrag mit seinen ausgeprägten Nebenpflichten kaum in einer mit dem Bestimmtheitsgrundsatz[61] zu vereinbarenden Weise beantworten. Für die gewerbsmäßige Arbeitnehmerüberlassung kommt hinzu, daß die bei Annahme einer partiellen Vertragsübernahme zweifellos gegebene Unklarheit über die Rechtsstellung von Verleiher und Entleiher zu Kollisionen mit dem AÜG führen kann, nach dem zwingend der Verleiher die üblichen Arbeitgeberpflichten zu tragen hat.

Gegen den Lösungsansatz von Müllner sprechen auch folgende Überlegungen: Die Vertragsübernahme bewirkt stets nur eine Auswechslung

---

[55] Vgl. auch *Heinze*, ZfA 1976, 183 (213) selbst.

[56] *Müllner*, Aufgespaltene Arbeitgeberstellung, S. 63.

[57] Immerhin kennt das BGB den gesetzlichen Übergang von Vertragsverhältnissen, vgl. §§ 571, 613 a BGB; ferner § 69 VVG.

[58] Vgl. BGH NJW 1966, 499 (500); BAG DB 1973, 924.

[59] Vgl. *Coester*, MDR 1974, 803; *Fabricius*, JZ 1967, 144 (146); *MünchKomm/Roth*, BGB, § 398 Rdnr. 4; *MünchKomm/Möschel*, BGB, vor § 414 Rdnrn. 8 f.; *Pieper*, Vertragsübernahme und Vertragsbeitritt, S. 176 ff.

[60] *Müllner*, Aufgespaltene Arbeitgeberstellung, S. 63.

[61] Vgl. dazu *MünchKomm/Roth*, BGB, § 398 Rdnr. 49.

einer Vertragspartei und läßt den Inhalt des Schuldverhältnisses unberührt[62]. Für die Arbeitnehmerüberlassung würde dies bedeuten, daß zwischen Entleiher und Leiharbeitnehmer ausschließlich aus dem Verhältnis zwischen Verleiher und Leiharbeitnehmer abgeleitete Rechtsbeziehungen bestehen könnten. Demgegenüber kann aber nicht von vornherein ausgeschlossen werden, daß zwischen Entleiher und Leiharbeitnehmer auch originäre Rechtsbeziehungen bestehen. So ist beispielsweise nach allgemeiner Ansicht der Leiharbeitnehmer verpflichtet, Betriebsgeheimnisse des Entleihers auch gegenüber seinem Verleiher-Arbeitgeber zu wahren[63], eine Verpflichtung, die zweifellos nicht aus dem Verhältnis zwischen Verleiher und Leiharbeitnehmer abgeleitet, sondern unmittelbar im Verhältnis zwischen Entleiher und Leiharbeitnehmer entstanden ist. Dies zeigt, daß es hier nicht nur um den (teilweisen) Austausch einer Vertragspartei geht, sondern daß auch eine Änderung der Identität der Rechtsbeziehungen eintritt[64]. Das Rechtsinstitut der (partiellen) Vertragsübernahme ist somit ebenfalls nicht zur dogmatischen Klärung der Dreiecksbeziehung zwischen Verleiher, Entleiher und Leiharbeitnehmer geeignet.

d) Teilhabe des Entleihers am Anspruch auf die Arbeitsleistung und am Weisungsrecht

Wenn auch die pauschale Begründung von Rechtsbeziehungen zwischen Entleiher und Leiharbeitnehmer auf rechtsgeschäftlichem Wege mittels dreiseitigen Arbeitsvertrages, Vertragsbeitritts oder partieller Vertragsübernahme nicht möglich erscheint, so bleibt doch zu überlegen, ob nicht einzelne Rechtsbeziehungen zwischen Entleiher und Leiharbeitnehmer vertraglich begründet werden können. Insofern ist zunächst auf die Frage der Teilhabe des Entleihers am Anspruch auf die Arbeitsleistung und am Weisungsrecht einzugehen.

aa) Leiharbeitsvertrag als echter Vertrag zugunsten Dritter?

Da der Leiharbeitnehmer sich gegenüber dem Verleiher verpflichtet, seine Arbeitsleistung regelmäßig bei Dritten zu erbringen, könnte man erwägen, ob es sich bei dem Leiharbeitsvertrag um einen echten Vertrag zugunsten der jeweiligen Entleiher im Sinne des § 328 Abs. 1 BGB

---

[62] Allg. Ansicht; vgl. BAG DB 1973, 924 (925); *Pieper* (Fußn. 59), S. 118, 120. Bei fehlender inhaltlicher Identität kommt nur die Begründung eines neuen Schuldverhältnisses in Betracht.

[63] Vgl. *Becker/Wulfgramm*, AÜG, Art. 1 § 11 Rdnr. 36; ferner *Mittmann*, Rechtliche Probleme der Leiharbeit, S. 83.

[64] Die partielle Vertragsübernahme ist also kein bloßes Minus im Verhältnis zur vollständigen Vertragsübernahme, so daß der von *Müllner* befürwortete Erst-recht-Schluß unzulässig ist.

handelt mit der Wirkung, daß diese unmittelbar aufgrund des Leiharbeitsvertrages den Anspruch auf die Arbeitsleistung und das Weisungsrecht erwerben. Ob das der Fall ist, hängt mangels ausdrücklicher Bestimmung von der Auslegung des Leiharbeitsvertrages ab (vgl. § 328 Abs. 2 BGB). Insoweit ist vor allem auf den Zweck der Vereinbarung abzustellen. Sinn der Erklärung des Leiharbeitnehmers, seine Arbeitsleistung regelmäßig bei Dritten erbringen zu wollen, ist lediglich, die Arbeitseinsätze bei den Entleihern, die allein aufgrund des allgemeinen Weisungsrechts des Verleihers nicht durchführbar wären[65], zu ermöglichen. Dazu genügt aber das bloße Einverständnis des Leiharbeitnehmers mit den Arbeitseinsätzen in den Drittbetrieben; einer Zuweisung des Anspruchs auf die Arbeitsleistung an die späteren Entleiher bereits im Leiharbeitsvertrag bedarf es dagegen nicht. Da davon auszugehen ist, daß Verleiher und Leiharbeitnehmer im Regelfall den Entleihern im Leiharbeitsvertrag keine Rechte zuweisen wollen, die zur Erreichung des Vertragszwecks nicht erforderlich sind, kann der Leiharbeitsvertrag nicht als echter Vertrag zugunsten der Entleiher qualifiziert werden, soweit eine entsprechende Vertragsbestimmung fehlt[66]. Die Einbeziehung des Entleihers in das Leiharbeitsverhältnis soll vielmehr regelmäßig erst durch den Arbeitnehmerüberlassungsvertrag erfolgen[67].

bb) Abtretung des Anspruchs auf die Arbeitsleistung an den Entleiher

Erwirbt der Entleiher nicht unmittelbar aus dem Leiharbeitsvertrag den Anspruch auf die Arbeitsleistung, so liegt es nahe, eine Abtretung dieses Anspruchs durch den Verleiher an den Entleiher in Betracht zu ziehen. Die Abtretung des Anspruchs auf die Arbeitsleistung ist wegen der Dispositivität des § 613 S. 2 BGB rechtlich möglich[68]. Die dazu erforderliche Zustimmung des Leiharbeitnehmers könnte im Abschluß des Leiharbeitsvertrages zu sehen sein[69]. Mit der Abtretung des Anspruchs auf die Arbeitsleistung ginge zugleich das darauf bezogene Weisungsrecht in entsprechender Anwendung des § 401 BGB auf den Zessionar über[70].

---

65 Vgl. *Böttner*, Das Direktionsrecht des Arbeitgebers, S. 84.

66 Zutr. *Becker/Wulfgramm*, AÜG, Einl. Rdnr. 13; *Konzen*, ZfA 1982, 259 (280).

67 *Becker/Wulfgramm*, AÜG, Einl. Rdnr. 13; *Seiter*, JurA 1971, 204 (213 f.).

68 Vgl. *Becker/Wulfgramm*, AÜG, Art. 1 § 11 Rdnr. 34; *MünchKomm/Schaub*, BGB, § 613 Rdnr. 27; gegen die Annahme einer Übertragung des Anspruchs auf die Arbeitsleistung bei der Arbeitnehmerüberlassung *Birk*, Die arbeitsrechtliche Leitungsmacht, S. 186; *Bollinger*, Die Arbeitnehmerüberlassung, S. 90.

69 Vgl. *Becker/Wulfgramm*, AÜG, Art. 1 § 11 Rdnr. 59.

70 Vgl. *Hueck/Nipperdey*, Lehrbuch des Arbeitsrechts, Bd. I, S. 524; zum Teil wird auch die isolierte Übertragung des Weisungsrechts für möglich ge-

Fraglich ist aber auch hier, ob dieser Lösungsansatz der Interessenlage und dem Willen der Beteiligten entspricht. Den Verleihern ist nämlich regelmäßig an einem flexiblen Einsatz der Leiharbeitnehmer gelegen, und zwar dergestalt, daß sie die Leiharbeitnehmer jederzeit von einem Einsatzort abberufen und im Rahmen der im Leiharbeitsvertrag getroffenen Vereinbarungen anderweitig einsetzen können[71]. Dies ist aber nur bei einseitiger Widerrufbarkeit der überlassenen Leitungsmacht bezüglich eines bestimmten Leiharbeitnehmers möglich, während die Abtretung des Anspruchs auf die Arbeitsleistung an den Entleiher nur wiederum durch einen Abtretungsvertrag rückgängig gemacht werden könnte. Dem Entleiher hingegen kommt es nur darauf an, daß er entsprechend den Vereinbarungen im Arbeitnehmerüberlassungsvertrag Arbeitnehmer zur Verfügung gestellt bekommt und diesen gegenüber den Anspruch auf die Arbeitsleistung und das Weisungsrecht ausüben kann; auf die Forderungsinhaberschaft wird er regelmäßig keinen Wert legen. Die Abtretung des Anspruchs auf die Arbeitsleistung entspricht daher in der Regel nicht dem Parteiwillen[72].

cc) Bloße Ausübungsbefugnis des Entleihers hinsichtlich des Anspruchs auf die Arbeitsleistung und des Weisungsrechts

(1) Bevollmächtigung des Entleihers?

Berücksichtigt man, daß der Entleiher regelmäßig nur die Möglichkeit erhalten soll, den Anspruch auf die Arbeitsleistung und das Weisungsrecht auszuüben, ohne selbst Inhaber dieser Rechte zu werden, so bietet sich zunächst an, insoweit von einer Bevollmächtigung des Entleihers durch den Verleiher auszugehen. Dieser Lösungsansatz, der zur Klärung der Verteilung der arbeitsrechtlichen Leitungsmacht im Rahmen der betrieblichen Hierarchie ganz überwiegend vertreten wird[73], ist jedoch bei der Arbeitnehmerüberlassung problematisch, weil der Entleiher seine Betriebszwecke mit den Leiharbeitnehmern wie mit eigenen Stammarbeitnehmern verfolgen will. Dem entspricht nicht die vertretungsweise Ausübung des Anspruchs auf die Arbeitsleistung und des Direktionsrechts. Der Entleiher will diese Rechte vielmehr im eige-

---

halten, vgl. *Seiter*, JurA 1971, 204 (213 f.) unter Hinweis auf § 413 BGB (Weisungsrecht als Gestaltungsrecht!); a. A. *Bydlinski*, ZfA 1970, 249 (282).

[71] Vgl. *Becker/Wulfgramm*, AÜG, Art. 1 § 11 Rdnr. 23; *Becker*, ZfA 1978, 131 (134); *Bollinger*, Die Arbeitnehmerüberlassung, S. 88; *Konzen*, ZfA 1982, 259 (281 f.).

[72] Zutr. *Becker/Wulfgramm*, AÜG, Art. 1 § 11 Rdnr. 34; *Bollinger*, Die Arbeitnehmerüberlassung, S. 88; *Franßen/Haesen*, AÜG, Einl. Rdnr. 29.

[73] Vgl. *Adomeit*, Rechtsquellenfragen im Arbeitsrecht, S. 108 f.; *Birk*, Die arbeitsrechtliche Leitungsmacht, S. 159 ff.; *Bydlinski*, ZfA 1970, 249 (281 ff.).

nen Namen ausüben, so daß nicht von einer Bevollmächtigung des Entleihers ausgegangen werden kann[74].

(2) Ausübungsermächtigung

Zur rechtlichen Begründung einer Gestaltung der Rechtsbeziehungen zwischen Verleiher und Entleiher in der Weise, daß der Entleiher zwar den Anspruch auf die Arbeitsleistung und das Weisungsrecht im eigenen Namen ausüben kann, daß aber der Verleiher Inhaber dieser Rechte bleibt, bietet sich schließlich das Rechtsinstitut der Einziehungs- bzw. Ausübungsermächtigung an. Inhalt dieses Instituts ist die Ermächtigung eines Dritten, eine Forderung im eigenen Namen gegenüber dem Schuldner geltendzumachen, ohne daß ihm die Forderung übertragen wird[75]. Die Einziehungs- bzw. Ausübungsermächtigung ist im BGB als solche nicht geregelt, sie ist jedoch in der Rechtsprechung[76] und ganz überwiegend auch im Schrifttum[77] seit langem anerkannt. Die rechtliche Begründung ist allerdings nicht einheitlich. Überwiegend wird entweder auf § 185 BGB abgestellt und die Einziehungsermächtigung als Ermächtigung zu einer Verfügung über die Forderung im Sinne dieser Vorschrift angesehen[78], oder die Zulässigkeit der Einziehungsermächtigung wird per argumentum a maiore ad minus aus §§ 398 ff. BGB abgeleitet[79]. Die in der allgemeinen Diskussion um die Zulässigkeit der Einziehungsermächtigung viel erörterte Frage der Begründung einer Verpflichtung des Schuldners, nunmehr auch an einen Dritten leisten zu müssen[80], ist bei der Arbeitnehmerüberlassung unproblematisch, weil diese, unabhängig von ihrer rechtlichen Konstruktion, immer nur mit Zustimmung des Leiharbeitnehmers erfolgen kann[81]. Gegen die

---

[74] Vgl. nur *Birk*, Die arbeitsrechtliche Leitungsmacht, S. 186; *Bollinger*, Die Arbeitnehmerüberlassung, S. 97.

[75] Allgemein zur Einziehungsermächtigung vgl. BGHZ 4, 153 (164); *MünchKomm/Roth*, BGB, § 398 Rdnrn. 34 ff.; *Larenz*, Lehrbuch des Schuldrechts, Bd. I, Allg. Teil, § 34 V c; *Rüssmann*, JuS 1972, 169 ff.; *Stathopoulos*, Die Einziehungsermächtigung, passim.

[76] Vgl. RGZ 73, 308; 91, 390; 133, 241; 146, 400; BGHZ 4, 153 (164); 32, 357 (360).

[77] Vgl. *Larenz* (Fußn. 75); *Rüssmann*, JuS 1972, 169 (172 ff.); *Stathopoulos*, Die Einziehungsermächtigung, S. 71 ff.; kritisch *Esser/Schmidt*, Schuldrecht, Bd. I, Allg. Teil, Teilband 2, § 37 I 5. 3.

[78] Vgl. BGHZ 4, 153 (164); *Fikentscher*, Schuldrecht, § 57 IV 8; vgl. auch *Stathopoulos*, Die Einziehungsermächtigung, S. 92 ff.

[79] Vgl. *MünchKomm/Roth*, BGB, § 398 Rdnr. 34.

[80] Vgl. *Larenz* (Fußn. 75); *Rüssmann*, JuS 1972, 169 f.

[81] Vgl. *Becker/Wulfgramm*, AÜG, Art. 1 § 11 Rdnr. 34; zu beachten ist, daß eine Einziehungs- bzw. Ausübungsermächtigung nur für abtretbare Forderungen erteilt werden kann, vgl. BGHZ 4, 153 (165); beim Anspruch auf die Arbeitsleistung hängt die Abtretbarkeit aber von der Zustimmung des Arbeitnehmers ab (§ 613 S. 2 BGB).

Ermächtigung des Entleihers, den Anspruch auf die Arbeitsleistung und die zur Konkretisierung der Arbeitsleistungspflicht notwendigen Weisungsbefugnisse gegenüber dem Leiharbeitnehmer geltendzumachen, bestehen daher keine rechtlichen Bedenken[82]. Die Annahme einer Ausübungsermächtigung des Entleihers bezüglich des Anspruchs auf die Arbeitsleistung und des Weisungsrechts entspricht darüber hinaus der Interessenlage der Beteiligten, indem sie den Einsatz der Leiharbeitnehmer im Drittbetrieb ermöglicht, ohne daß dem Entleiher mehr Rechte als zum Arbeitseinsatz erforderlich übertragen werden müssen. Verleiher und Entleiher sind so in der Lage, die Ausübung des Weisungsrechts entsprechend den jeweiligen Bedürfnissen im Einzelfall untereinander aufzuteilen[83].

e) Vertragliche Begründung arbeitsrechtlicher Nebenpflichten im Verhältnis zwischen Entleiher und Leiharbeitnehmer

aa) Nebenleistungspflichten

Denkbar ist, daß Entleiher und Leiharbeitnehmer bestimmte Nebenleistungspflichten[84] im Verhältnis zueinander vereinbaren[85]. Möglich ist auch, daß der Leiharbeitnehmer im Leiharbeitsvertrag und der Entleiher im Arbeitnehmerüberlassungsvertrag solche Pflichten gegenüber dem jeweiligen Dritten (Entleiher bzw. Leiharbeitnehmer) übernehmen, § 328 Abs. 1 BGB[86]. Beides wird jedoch äußerst selten der Fall sein.

bb) Schutzpflichten

Eine unmittelbare Vereinbarung bestimmter Schutzpflichten im Verhältnis zwischen Entleiher und Leiharbeitnehmer wird ebenfalls kaum vorkommen. Auch die Qualifikation des Arbeitnehmerüberlassungsvertrages als Vertrag mit Schutzwirkung für den Leiharbeitnehmer und des Leiharbeitsvertrages als Vertrag mit Schutzwirkung für den Entleiher ist fraglich[87]. Häufig werden nämlich entsprechende ausdrück-

---

[82] So vor allem *Becker/Wulfgramm*, AÜG, Art. 1 § 11 Rdnr. 34; *Becker*, ZfA 1978, 131 (134 f.); *Bollinger*, Die Arbeitnehmerüberlassung, S. 97 ff.; *Konzen*, ZfA 1982, 259 (282).

[83] Vgl. *Becker/Wulfgramm*, AÜG, Art. 1 § 11 Rdnrn. 57, 59 a.

[84] In Betracht kommen etwa die Pflicht des Entleihers zur Erteilung eines einfachen oder qualifizierten Teilzeugnisses sowie auf das Leistungsinteresse gerichtete Auskunfts-, Rechenschafts-, Mitteilungs- und Obhutspflichten des Leiharbeitnehmers.

[85] Vgl. *Franßen/Haesen*, AÜG, Einl. Rdnr. 34; vgl. auch BAG DB 1971, 1822.

[86] Vgl. *Franßen/Haesen* (Fußn. 85).

[87] Die Zulässigkeit der vertraglichen Begründung eines unmittelbaren Drittschutzes läßt sich mittels eines Erst-recht-Schlusses aus § 328 Abs. 1 BGB ableiten. Wenn schon die unmittelbare Begründung eines Forderungsrechts

liche oder zumindest stillschweigende Abreden fehlen. Gerade die Einbeziehung des jeweiligen Dritten (Entleihers bzw. Leiharbeitnehmers) etwa im Wege ergänzender Vertragsauslegung in den Schutzbereich der Verträge ist dann aber problematisch, weil sie vielfach davon abhängig gemacht wird, daß der Dritte typischerweise mit der geschuldeten Hauptleistung in Berührung kommt und daß der Vertragsgläubiger an der sorgfältigen Ausführung der Leistung nicht nur ein eigenes, sondern auch ein berechtigtes Interesse zugunsten des Dritten hat[88]: Soweit es um die Begründung von Schutzpflichten des Entleihers gegenüber dem Leiharbeitnehmer im Arbeitnehmerüberlassungsvertrag geht, besteht zwar die verlangte „persönliche Fürsorge- und Obhutspflicht" des Verleihers gegenüber dem Leiharbeitnehmer, es fehlt jedoch an einer Leistung des Entleihers, mit der der Leiharbeitnehmer als Dritter in einer ihn gefährdenden Weise in Kontakt kommen könnte, weil die Hauptleistungspflicht des Entleihers nur in der Zahlung des Überlassungsentgelts besteht[89]; soweit es um die Begründung von Schutzpflichten des Leiharbeitnehmers gegenüber dem Entleiher geht, ist zwar der erforderliche Leistungskontakt des Dritten (Entleihers) typischerweise gegeben, hier wird es aber vielfach am Vertragsinteresse des Hauptgläubigers am Drittschutz fehlen[90].

f) Zwischenergebnis

Auf rechtsgeschäftlichem Wege läßt sich lediglich die Frage der Teilhabe des Entleihers am Anspruch auf die Arbeitsleistung und am Weisungsrecht des Verleihers zufriedenstellend beantworten. Regelmäßig ist davon auszugehen, daß der Entleiher vom Verleiher lediglich zur Ausübung dieser Rechte gegenüber dem Leiharbeitnehmer ermächtigt wird; alle anderen zur Begründung der Weisungsbefugnisse des Entleihers in Betracht kommenden rechtlichen Möglichkeiten — Leiharbeitsvertrag als echter Vertrag zugunsten Dritter, Abtretung des Anspruchs auf die Arbeitsleistung durch den Verleiher, isolierte Übertragung von Teilen des Weisungsrechts — entsprechen nicht dem Willen und der Interessenlage der Beteiligten.

---

in der Person des Dritten zulässig ist, muß dies erst recht für die schwächere Wirkung einer bloßen Einbeziehung des Dritten in den vertraglichen Schutzbereich gelten, vgl. dazu *Larenz*, NJW 1960, 78 (79); a. A. *Kümmeth*, Die dogmatische Begründung des Rechtsinstituts des Vertrages mit Schutzwirkung zugunsten Dritter, S. 66 ff.

[88] Vgl. dazu BGHZ 49, 350 (354); 51, 91 (96); BGH NJW 1976, 1843 (1844); BGH NJW 1977, 2208 (2209); *MünchKomm/Gottwald*, BGB, § 328 Rdnrn. 68 f. (m. w. N.).

[89] Zutr. *Bollinger*, Die Arbeitnehmerüberlassung, S. 114 f.

[90] Zutr. *Konzen*, ZfA 1982, 259 (284).

Arbeitsrechtliche Nebenpflichten (Nebenleistungs- und Schutzpflichten) im Verhältnis zwischen Entleiher und Leiharbeitnehmer sind zwar vertraglich begründbar. Da es jedoch regelmäßig an entsprechenden Vereinbarungen fehlt und der Schutz der Leiharbeitnehmer im übrigen auch nicht vom Vorhandensein solcher Vereinbarungen abhängen darf, kommt der Frage besondere Bedeutung zu, in welchem Umfang arbeitsrechtliche Beziehungen zwischen Entleiher und Leiharbeitnehmer über die Regelungen im AÜG hinaus gesetzlich begründet sind.

2. Gesetzlich begründete Rechtsbeziehungen zwischen Entleiher und Leiharbeitnehmer

a) Lehre vom einheitlichen gesetzlichen Schutzverhältnis

Eine vertragsunabhängige Begründung von Schutzpflichten ermöglicht die Lehre vom einheitlichen gesetzlichen Schutzverhältnis[91]. Sie beruht auf der Überlegung, daß die Interessenlage im Hinblick auf den Schutz der persönlichen Integrität und den Vermögensschutz im vorvertraglichen, vertraglichen und nachvertraglichen Bereich, bei nichtigen Verträgen und schließlich auch, bei allen genannten Konstellationen, bei der Einbeziehung Dritter die gleiche ist: Das besondere Schutzbedürfnis ist in allen Fällen vom Parteiwillen und dem Bestehen von Leistungspflichten unabhängig; Haftungsgrund ist vielmehr, daß im Rahmen einer rechtlichen Sonderverbindung die Beteiligten aufgrund des engeren Kontakts ihre Rechtsgütersphäre verstärkten Einwirkungsmöglichkeiten durch den Partner aussetzen müssen und gezwungen sind, in höherem Maße als sonst auf die Wahrung ihres Rechtskreises durch den Partner zu vertrauen[92]. Die Schutzpflichten sind danach, auch bei bestehendem Vertrag, aus einem einheitlichen gesetzlichen Schuldverhältnis abzuleiten, das seine positivrechtliche Absicherung in § 242 BGB findet, soweit keine speziellen gesetzlichen Regelungen eingreifen[93].

Diese Auffassung ist allerdings umstritten. Die Gegenansicht[94], die zwar für den vorvertraglichen Bereich unter dem Gesichtspunkt des Verschuldens bei Vertragsschluß von einem gesetzlichen Schutzverhältnis ausgeht, die gleichen Schutzpflichten aber nach Vertragsschluß

---

[91] Vgl. grundlegend *Canaris*, JZ 1965, 475 ff.; ferner beispielsweise *Gerhardt*, JuS 1970, 597 ff.; *Konzen*, ZfA 1982, 259 (285 ff.); *Müller*, NJW 1969, 2169 (2172 ff.); *Thiele*, JZ 1967, 649 ff.

[92] Vgl. insbes. *Canaris*, JZ 1965, 475 (476 ff.); *Konzen*, ZfA 1982, 259 (285); *MünchKomm/Roth*, BGB, § 242 Rdnr. 129; *Zöllner*, in: Tomandl, Treue- und Fürsorgepflicht im Arbeitsrecht, S. 91 (98 ff.).

[93] *Canaris*, JZ 1965, 475 (476 ff.).

[94] Vgl. *U. Huber*, AcP 177, 281 (296 ff., 316 ff.); *Larenz*, Lehrbuch des Schuldrechts, Bd. I, Allg. Teil, § 9 II; *Palandt/Heinrichs*, BGB, § 276 Anm. 7 a) bb); *Stoll*, AcP 176, 145 (150 f.); vgl. auch *Weber*, RdA 1980, 289 (297 f.).

als rechtsgeschäftlich begründet ansieht, die im Wege der ergänzenden Auslegung zu ermitteln seien, vermag diese Wandlung des Geltungsgrundes aber nicht zu erklären[95]. Dogmatisch widersprüchlich ist es auch, wenn man einerseits die Erstreckung des Schutzbereichs eines Vertrages auf Dritte im Wege der ergänzenden Auslegung dem Vertrag entnimmt, andererseits aber zu Recht die gleiche Drittschutzwirkung bei nichtigem oder noch nicht abgeschlossenem Vertrag anerkennt[96]. Ein ernstzunehmender Einwand gegen die Lehre vom einheitlichen gesetzlichen Schutzverhältnis ist allerdings, daß durch sie die Grenze zwischen vertraglicher und deliktischer Haftung verwischt werde[97]. Dem kann aber im Rahmen der Voraussetzungen für das Vorliegen des gesetzlichen Schutzverhältnisses Rechnung getragen werden: Erforderlich ist der Bezug zu einem Schuldverhältnis; die verstärkten Einwirkungsmöglichkeiten auf die Rechtsgüter des Partners oder eines Dritten, dessen damit verbundene erhöhte Gefährdung und der dadurch begründete Vertrauenstatbestand müssen gerade an die Teilnahme am rechtsgeschäftlichen Verkehr anknüpfen bzw. sich aus ihr ergeben[98], ein bloßer „sozialer Kontakt“ genügt nicht[99]. Die Anerkennung eines einheitlichen gesetzlichen Schutzverhältnisses ist schließlich auch unter dem Gesichtspunkt der Vertragsfreiheit unbedenklich, weil das gesamte Schuldrecht auf der Zweiteilung in rechtsgeschäftliche und gesetzliche Schuldverhältnisse beruht und die Voraussetzungen des Schutzverhältnisses genügend substantiiert sind, so daß nicht unter Hinweis auf die Grundsätze von Treu und Glauben eine verdeckte Ermächtigung zur richterlichen Gestaltung des jeweiligen Rechtsverhältnisses erfolgt[100]. Im übrigen kann selbstverständlich im Rahmen des dispositiven Rechts die gesetzliche Haftung vertraglich modifiziert werden[101].

Die Lehre vom einheitlichen gesetzlichen Schutzverhältnis erklärt auch hervorragend den besonderen Umfang der Schutzpflichten im Arbeitsverhältnis: Die Einordnung des Arbeitnehmers mit seiner Person in einen fremdbestimmten Organisationsbereich führt zu erhöhten Einwirkungsmöglichkeiten des Arbeitgebers auf die Rechtsgüter des Arbeitnehmers (Leben, Gesundheit, Persönlichkeit, Vermögen) und somit zu einem erhöhten Schutzbedürfnis des Arbeitnehmers; für den Arbeitnehmer bestehen ebenfalls Möglichkeiten einer verstärkten Einwirkung

95 Vgl. *Canaris*, JZ 1965, 475 (479); *MünchKomm/Roth*, BGB, § 242 Rdnr. 130.

96 Zutr. *MünchKomm/Roth*, BGB, § 242 Rdnr. 130.

97 Vgl. *Palandt/Heinrichs*, BGB, § 276 Anm. 7 a) bb).

98 So zutr. *Canaris*, JZ 1965, 475 (478); *Müller-Graff*, JZ 1976, 153 (155).

99 Zutr. *Canaris*, JZ 1965, 475 (478 f.).

100 Vgl. dazu *Canaris*, Die Vertrauenshaftung im deutschen Privatrecht, S. 432.

101 Vgl. *Konzen*, ZfA 1982, 259 (285); *MünchKomm/Roth*, BGB, § 242 Rdnr. 130.

auf die Rechtsgüter des Arbeitgebers, beispielsweise dann, wenn der Arbeitgeber ihm wertvolle Maschinen anvertraut. Diese gegenseitigen Einwirkungsmöglichkeiten auf die Interessen des Partners verlangen eine entsprechende Teilidentifikation mit den Interessen des anderen, die ihren Ausdruck in gesteigerten Schutzpflichten findet[102].

Die Lehre vom gesetzlichen Schutzverhältnis ist auch zur Klärung der Schutzpflichten im Verhältnis zwischen Entleiher und Leiharbeitnehmer heranzuziehen[103]. Durch die faktische Einordnung in den Entleiherbetrieb begibt sich der Leiharbeitnehmer nämlich zwangsläufig in gleicher Weise wie die Stammarbeitnehmer in einen vom Entleiher beherrschten und gestalteten Gefahrenbereich[104]. Dies bewirkt die gleiche erhöhte Gefährdung der Körper- und Vermögensintegrität des Leiharbeitnehmers, die allgemein im Recht des Arbeitsverhältnisses zur Ausbildung zahlreicher Schutzpflichten führte. Umgekehrt muß auch der Entleiher eine Gefährdung seiner Rechtsgüter durch den Leiharbeitnehmer in Kauf nehmen, etwa dann, wenn er ihm zur Erbringung der Arbeitsleistung wertvolle Geräte anvertraut. Da das AÜG im Hinblick auf Schutzpflichten im Verhältnis zwischen Entleiher und Leiharbeitnehmer, vor allem gemessen an der gesetzgeberischen Regelungsabsicht der Gewährleistung des Leiharbeitnehmerschutzes, planwidrig unvollständig ist, besteht insoweit eine Gesetzeslücke, die durch die Annahme eines gesetzlichen Schutzverhältnisses zwischen Entleiher und Leiharbeitnehmer geschlossen werden kann[105].

Der Entleiher hat somit den Leiharbeitnehmer insbesondere vor Gefahren für Leben und Gesundheit zu schützen (§ 618 BGB analog)[106].

---

102 Zutr. *Mayer-Maly*, in: Tomandl, Treue- und Fürsorgepflicht im Arbeitsrecht, S. 71 (82); *Söllner*, ZfA 1976, 363 (365).

103 Vgl. *Canaris*, JZ 1965, 475 (480); *Konzen*, ZfA 1982, 259 (286); *Seiter*, JurA 1971, 204 (214 Fußn. 27).

104 Zutr. *Bollinger*, Die Arbeitnehmerüberlassung, S. 115 f.; *Canaris*, JZ 1965, 475 (480); *Hempel*, Spannungsverhältnis, S. 163 ff.; *Konzen*, ZfA 1982, 259 (285 f.).

105 Zutr. *Bollinger*, Die Arbeitnehmerüberlassung, S. 115 f.; *Konzen*, ZfA 1982, 259 (285 f.). Art. 1 § 11 Abs. 6 AÜG ist nur zu entnehmen, daß die sich aus den öffentlich-rechtlichen Vorschriften des Arbeitsschutzrechts ergebenden Pflichten für den Arbeitgeber auch dem Entleiher obliegen; privatrechtliche Beziehungen zwischen Entleiher und Leiharbeitnehmer sind dort also nicht geregelt. Nach allgemeiner Ansicht dienen die Normen des staatlichen Arbeitsschutzes aber zugleich als Konkretisierungsmaßstab für die privatrechtlichen Schutzpflichten, vgl. *MünchKomm/Lorenz*, BGB, § 618 Rdnrn. 6 f.; vgl. auch *Franßen/Haesen*, AÜG, Art. 1 § 11 Rdnr. 49. Eine spezialgesetzliche Konkretisierung des Schutzverhältnisses zwischen Entleiher und Leiharbeitnehmer stellt nunmehr die Regelung des Art. 1 § 14 Abs. 2 S. 3 AÜG i. V. m. § 81 Abs. 1 S. 2 BetrVG dar, nach der der Entleiher den Leiharbeitnehmer vor Beginn der Beschäftigung über die Unfall- und Gesundheitsgefahren und deren Abwehr zu belehren hat.

106 Zutr. *Becker/Wulfgramm*, AÜG, Art. 1 § 11 Rdnr. 60 a; *Franßen/Haesen*, AÜG, Einl. Rdnr. 33; *Konzen*, ZfA 1982, 259 (286).

Den Entleiher trifft ferner beispielweise die Pflicht zur Gewährung des Mutterschutzes, soweit dieser die Beschäftigung in dessen Betrieb betrifft (§§ 2 bis 8, 18 MuSchG)[107]. Der Leiharbeitnehmer unterliegt auch im Entleiherbetrieb dem Arbeitszeitschutz nach der Arbeitszeitordnung[108]. Der Entleiher muß schließlich die Persönlichkeitsbelange des Leiharbeitnehmers beachten[109] und für die eingebrachten Sachen des Leiharbeitnehmers Sorge tragen[110]. Der Leiharbeitnehmer ist dem Entleiher gegenüber vor allem verpflichtet, ruf- und kreditschädigende Äußerungen zu unterlassen sowie Geschäfts- und Betriebsgeheimnisse, die ihm während der Tätigkeit im Entleiherbetrieb bekannt werden, zu wahren, und zwar sowohl dem eigenen Verleiher-Arbeitgeber als auch anderen Entleihern gegenüber, die oft miteinander in Konkurrenz stehen[111]. Ferner ist er beispielsweise verpflichtet, drohende Schäden anzuzeigen und u. U. selbst abzuwenden[112]. Schließlich ist dem Leiharbeitnehmer verboten, Stammarbeitnehmer des Entleihers abzuwerben[113].

Ein gesetzliches Schutzverhältnis besteht auch zwischen Verleiher und Leiharbeitnehmer. Im Unterschied zu sonstigen Arbeitsverhältnissen beruhen hier die das gesetzliche Schutzverhältnis begründenden Einwirkungsmöglichkeiten des Verleihers auf die Rechtsgüter des Leiharbeitnehmers aber weniger auf dessen Einordnung in die Verleiherorganisation, als vielmehr auf der Möglichkeit des Verleihers, den Leiharbeitnehmer ständig neuen Entleiherbetrieben zuzuweisen. Dies hat Konsequenzen für den Inhalt der Schutzpflichten, die sich hier im wesentlichen auf Kontroll- und Überwachungsfunktionen gegenüber dem Entleiher beschränken[114]. Der Schutz des Integritätsinteresses des Leiharbeitnehmers ist somit durch die Kumulation von Schutzpflichten des Verleihers und des Entleihers bereits de lege lata lückenlos gewährleistet.

b) Sonstige Nebenpflichten

Fraglich ist aber, ob auf diese Weise bereits eine am arbeitsrechtlichen Schutzprinzip orientierte, der tatsächlichen Verteilung der Arbeit-

---

107 *Bulla/Buchner*, MuSchG, § 1 Rdnr. 37.

108 *Denecke/Neumann*, AZO, § 1 Rdnr. 7.

109 Vgl. dazu allgemein *Zöllner*, Arbeitsrecht, § 16 I 2.

110 *Becker*, HzA, Gruppe 16, S. 69; *Becker/Wulfgramm*, AÜG, Art. 1 § 11 Rdnr. 60 a; *Konzen*, ZfA 1982, 259 (286).

111 *Becker/Wulfgramm*, AÜG, Art. 1 § 11 Rdnr. 36; *Konzen*, ZfA 1982, 259 (286).

112 *Konzen*, ZfA 1982, 259 (286); vgl. allgemein *MünchKomm/Roth*, BGB, § 242 Rdnr. 185.

113 Vgl. dazu allgemein *MünchKomm/Roth*, BGB, § 242 Rdnr. 185.

114 s. o. § 9 A. I. 1.

geberstellung auf Verleiher und Entleiher Rechnung tragende Gestaltung der Rechtsbeziehungen zwischen Entleiher und Leiharbeitnehmer verwirklicht ist. Allgemein hat der Arbeitgeber nämlich nicht nur den Arbeitnehmer vor Beeinträchtigungen der Körper- und Vermögensintegrität zu schützen, ihn treffen vielmehr darüber hinaus Nebenleistungspflichten, etwa Förderungspflichten wie die Beschäftigungspflicht und die Pflicht zur Zeugniserteilung[115]. Es ist daher zu überlegen, ob auch den Entleiher solche Nebenpflichten treffen[116].

Als gesetzliche Anknüpfungspunkte für entsprechende Überlegungen bieten sich die Regelungen des Art. 1 § 11 Abs. 7, § 14 Abs. 2 S. 3 AÜG an. Nach Art. 1 § 11 Abs. 7 AÜG gilt der Entleiher als Arbeitgeber im Sinne des Gesetzes über Arbeitnehmererfindungen, wenn der Leiharbeitnehmer während der Dauer der Tätigkeit bei dem Entleiher eine Erfindung oder einen technischen Verbesserungsvorschlag macht. Die im Gesetz über Arbeitnehmererfindungen geregelten Pflichten, etwa die Melde-, Vergütungs- und Mitteilungspflichten nach §§ 5, 9, 10, 18, bestehen insoweit also auch im Verhältnis zwischen Entleiher und Leiharbeitnehmer[117]. Nach Art. 1 § 14 Abs. 2 S. 3 AÜG gelten die §§ 81, 82 Abs. 1, 84 bis 86 BetrVG im Entleiherbetrieb auch in bezug auf die dort tätigen Leiharbeitnehmer. Der Entleiher hat danach gegenüber dem Leiharbeitnehmer die in § 81 BetrVG normierten Unterrichtungspflichten. Der Leiharbeitnehmer hat weiterhin gegenüber dem Entleiher das Recht, in betrieblichen Angelegenheiten, die seine Person betreffen, gehört zu werden; er kann ferner zu Maßnahmen des Entleihers, die ihn betreffen, Stellung nehmen und Vorschläge für die Gestaltung des Arbeitsplatzes und des Arbeitsablaufs machen (§ 82 Abs. 1 BetrVG). Schließlich steht ihm das in §§ 84 bis 86 BetrVG normierte Beschwerderecht zu. Der Entleiher hat den Leiharbeitnehmer über die Behandlung einer von diesem erhobenen Beschwerde zu unterrichten und ihr, soweit er sie für berechtigt erachtet, abzuhelfen (§ 84 Abs. 2 BetrVG).

Es stellt sich die Frage, ob darüber hinaus weitere Nebenleistungspflichten im Verhältnis zwischen Entleiher und Leiharbeitnehmer im Wege der Rechtsanalogie zu den Vorschriften des Art. 1 § 11 Abs. 7, § 14 Abs. 2 S. 3 AÜG begründbar sind. Bei der Rechtsanalogie geht es darum,

---

[115] Vgl. dazu *Zöllner*, Arbeitsrecht, § 16 II 1. 2.

[116] Der Nachweis von Nebenleistungspflichten im Verhältnis zwischen Entleiher und Leiharbeitnehmer ist dann unproblematisch, wenn dem Entleiher der Anspruch auf die Arbeitsleistung zugewandt worden ist; bereits aufgrund der Gläubigerstellung des Entleihers entstehen dann nämlich zwischen diesem und dem Leiharbeitnehmer alle Nebenpflichten, die sich auf die Hauptleistung beziehen, vgl. *Konzen*, ZfA 1982, 259 (283). Regelmäßig ermächtigt der Verleiher den Entleiher jedoch lediglich zur Ausübung des Anspruchs auf die Arbeitsleistung und des Weisungsrechts, vgl. oben § 9 II 1 d) cc).

[117] Vgl. im einzelnen *Franßen/Haesen*, AÜG, Art. 1 § 11 Rdnrn. 51 ff.

aus mehreren Einzelvorschriften mit einer gemeinsamen ratio legis einen allgemeinen Rechtsgrundsatz abzuleiten, der auf die im Gesetz nicht geregelten Tatbestände wertungsmäßig ebenso zutrifft wie auf die geregelten Tatbestände; die gesetzlich geregelten Fälle stellen dann lediglich die positiv-rechtliche Bestätigung dieses allgemeinen Grundsatzes dar[118].

Den Vorschriften des Art. 1 § 11 Abs. 7, § 14 Abs. 2 S. 3 AÜG liegt die Wertung des Gesetzgebers zugrunde, daß die jeweils betroffenen Leistungspflichten aus dem Arbeitsverhältnis wegen der Erbringung der Arbeitsleistung im Drittbetrieb und der Weisungsunterworfenheit des Leiharbeitnehmers gegenüber dem Entleiher sinnvollerweise auch im Verhältnis zwischen Entleiher und Leiharbeitnehmer bestehen müssen[119]. Diese Überlegung trifft aber in gleicher Weise für eine Reihe weiterer Leistungspflichten, etwa die Beschäftigungs- und die Zeugnispflicht, zu. Es ist auch kein sachlicher Grund ersichtlich für eine Differenzierung zwischen den in Art. 1 § 11 Abs. 7, § 14 Abs. 2 S. 3 AÜG erfaßten Pflichten und sonstigen Leistungspflichten, die im Zusammenhang mit der Erbringung der Arbeitsleistung im Drittbetrieb und der Weisungsunterworfenheit des Leiharbeitnehmers gegenüber dem Entleiher stehen. Dem naheliegenden Einwand, daß es sich bei Art. 1 § 11 Abs. 7, § 14 Abs. 2 S. 3 AÜG um nicht verallgemeinerungsfähige Sondertatbestände handele, ist entgegenzuhalten, daß der Gesetzgeber hier für ganz unterschiedliche Bereiche die Arbeitgebereigenschaft des Entleihers in bezug auf den Leiharbeitnehmer anerkannt hat; es wäre daher durchaus willkürlich und widersprüchlich, wollte man diese Wertung auf die geregelten Fälle beschränken. Es ist aber davon auszugehen, daß die Rechtsordnung im Zweifel möglichst sinnvolle und widerspruchsfreie Regelungen treffen will[120]. Im Hinblick auf Art. 1 § 14 AÜG ist im Gesetzgebungsverfahren sogar ausdrücklich die Auffassung vertreten worden, daß die Regelung keinen abschließenden Charakter hat[121]. Da schließlich die mit der Verallgemeinerung des Art. 1 § 11 Abs. 7, § 14 Abs. 2 S. 3 AÜG verbundene Ausweitung der Rechtsbeziehungen zwischen Entleiher und Leiharbeitnehmer die üblichen Arbeitgeberpflichten des Verleihers (Art. 1 § 1 Abs. 2 AÜG!) unberührt

---

118 *Larenz*, Methodenlehre, S. 370 f.

119 Vgl. die Begründung des RegE eines Gesetzes zur Bekämpfung der illegalen Beschäftigung, BT-Drucks. 9/847, S. 8; vgl. ferner *Franßen/Haesen*, AÜG, Art. 1 § 11 Rdnr. 51. Es kommt dabei nicht darauf an, ob der Entleiher Inhaber des Anspruchs auf die Arbeitsleistung ist oder nicht.

120 Vgl. *Canaris*, Die Feststellung von Lücken im Gesetz, S. 97, 120.

121 Vgl. die Begründung des RegE eines Gesetzes zur Bekämpfung der illegalen Beschäftigung, BT-Drucks. 9/847, S. 8 f. Zu den Regelungslücken im AÜG, soweit es um die Rechtsbeziehungen zwischen Entleiher und Leiharbeitnehmer geht, vgl. oben § 9 A. I. 3.

läßt und auch noch nicht zu einem vollständigen Arbeitsverhältnis zwischen Entleiher und Leiharbeitnehmer führt, sind die insoweit der Rechtsfortbildung gesetzten Grenzen nicht tangiert. Aus Art. 1 § 11 Abs. 7, § 14 Abs. 2 S. 3 AÜG ist somit der in den genannten Vorschriften nur unvollkommen verwirklichte allgemeine Grundsatz abzuleiten, daß alle die Leistungspflichten aus dem Arbeitsverhältnis, die mit der Erbringung der Arbeitsleistung im Entleiherbetrieb und der Ausübung des Weisungsrechts durch den Entleiher zusammenhängen, auch im Verhältnis zwischen Entleiher und Leiharbeitnehmer angesiedelt sind[122].

Das bedeutet zunächst, daß den Entleiher die in den §§ 81, 82 Abs. 1, 84 bis 86 BetrVG geregelten individualrechtlichen Pflichten auch außerhalb des unmittelbaren Geltungsbereichs des Betriebsverfassungsgesetzes treffen[123]. Der Entleiher ist ferner nach § 242 BGB verpflichtet, den Leiharbeitnehmer tatsächlich im Rahmen der im Arbeitnehmerüberlassungsvertrag vereinbarten Tätigkeit zu beschäftigen. Im Hinblick auf das vom Verleiher zu erstellende qualifizierte Zeugnis hat der Entleiher eine Mitwirkungspflicht gegenüber dem Leiharbeitnehmer in Form von Leistungs- und Verhaltensbeurteilungen[124]. Darüber hinaus hat der Leiharbeitnehmer gegen den Entleiher in entsprechender Anwendung der §§ 630 BGB, 73 HGB, 113 GewO einen Anspruch auf ein einfaches oder qualifiziertes Teilzeugnis[125]. Dementsprechend wird man dem Leiharbeitnehmer auch ein Erörterungsrecht im Hinblick auf die Beurteilung seiner Leistungen einräumen müssen (vgl. § 82 Abs. 2 BetrVG). Als Nebenleistungspflichten des Leiharbeitnehmers gegenüber dem Entleiher kommen vor allem auf das Leistungsinteresse gerichtete Auskunfts-, Rechenschafts-, Mitteilungs- und Obhutspflichten in Betracht; er ist ferner verpflichtet, im Zusammenhang mit der Arbeitsleistung erlangte Gegenstände herauszugeben[126].

III. Ergebnis

Bei erlaubter gewerbsmäßiger Arbeitnehmerüberlassung bestehen trotz der gegebenen Dreieckskonstellation vertragliche Beziehungen

[122] Vgl. auch *Hempel*, Spannungsverhältnis, S. 166; *Mittmann*, Rechtliche Probleme der Leiharbeit, S. 83.

[123] Vgl. dazu allgemein *Dietz/Richardi*, BetrVG, Bd. 2, Vorbem. zu § 81 Rdnrn. 1 f.

[124] So auch *Becker/Wulfgramm*, AÜG, Art. 1 § 11 Rdnr. 68.

[125] Zutr. *Becker/Wulfgramm*, AÜG, Art. 1 § 11 Rdnr. 68; *Hessel*, AuR 1975, 49 (50).

[126] Vgl. allgemein *Zöllner*, Arbeitsrecht, § 13 II 1; die Auskunfts-, Rechenschafts- und Herausgabepflichten lassen sich auch aus einer analogen Anwendung der einschlägigen Vorschriften des Auftragsrechts (§§ 666, 667 BGB) herleiten.

regelmäßig nur in zweifacher Richtung, nämlich zwischen Verleiher und Leiharbeitnehmer sowie zwischen Verleiher und Entleiher. Die Vertragsbeziehung zwischen Verleiher und Leiharbeitnehmer wird vom AÜG als Arbeitsvertrag qualifiziert mit der Besonderheit, daß der Leiharbeitnehmer seine Arbeitsleistung bei Dritten (Entleihern) erbringt. Daraus folgt zunächst, daß den Verleiher grundsätzlich alle an die Arbeitgebereigenschaft anknüpfenden arbeitsrechtlichen, sozialversicherungsrechtlichen und steuerrechtlichen Pflichten treffen. Die atypische Ausgestaltung der Hauptleistungspflicht des Leiharbeitnehmers bedingt jedoch nach den Grundsätzen von Treu und Glauben (§ 242 BGB) gewisse Modifizierungen im Bereich der Nebenleistungs- und Schutzpflichten. Dies gilt etwa für die Beschäftigungspflicht des Verleihers, die hier nur darauf gerichtet ist, den Leiharbeitnehmer an beschäftigungsbereite Entleiher zu überlassen; als weiteres Beispiel ist die Pflicht des Verleihers zur Erteilung eines qualifizierten Zeugnisses zu nennen, die dahingehend modifiziert ist, daß der Verleiher von den einzelnen Entleihern Leistungs- und Verhaltensbeurteilungen einholen muß. Die Schutzpflichten des Verleihers gegenüber dem Leiharbeitnehmer beinhalten primär Kontroll- und Überwachungsfunktionen hinsichtlich der Entleiherbetriebe.

Die Rechtsbeziehungen zwischen Entleiher und Leiharbeitnehmer sind heterogen: Der Entleiher hat zunächst vom Verleiher abgeleitete, auf die Arbeitsleistung bezogene Weisungsbefugnisse gegenüber dem Leiharbeitnehmer, wobei von einer bloßen Ausübungsermächtigung bezüglich des Anspruchs auf die Arbeitsleistung und des Weisungsrechts auszugehen ist. Ferner bestehen auf gesetzlicher Grundlage auch im Verhältnis zwischen Entleiher und Leiharbeitnehmer arbeitsrechtliche Nebenpflichten. Dabei ist die Begründung von Schutzpflichten heute unproblematisch: Durch die faktische Einordnung in den Entleiherbetrieb begibt sich der Leiharbeitnehmer in gleicher Weise wie die Stammarbeitnehmer in einen vom Entleiher beherrschten und gestalteten Gefahrenbereich mit der Konsequenz einer erhöhten Gefährdung seiner Körper- und Vermögensintegrität. Umgekehrt bestehen auch für den Leiharbeitnehmer gesteigerte Einwirkungsmöglichkeiten auf das Integritätsinteresse des Entleihers, so daß beide gehalten sind, in besonderem Maße auf die Wahrung ihres Rechtskreises durch den Partner zu vertrauen. Diese Umstände führen nach heute ganz überwiegender Auffassung zur Annahme eines vertragsunabhängigen, gesetzlichen Schutzverhältnisses mit zahlreichen Schutzpflichten, die, soweit nicht die analoge Anwendung von Spezialvorschriften in Betracht kommt (z. B. § 618 BGB), anhand der Grundsätze von Treu und Glauben (§ 242 BGB) zu konkretisieren sind. Die Annahme eines gesetzlichen Schutzverhältnisses auch zwischen Entleiher und Leiharbeitnehmer steht im übrigen im Einklang mit der Regelung des Art. 1 § 11 Abs. 6 AÜG, nach der dem Entleiher die sich aus den öffentlich-rechtlichen Vorschriften des Arbeitsschutzrechts ergebenden Pflichten für den Arbeitgeber unbeschadet der Pflichten des Verleihers obliegen.

Problematischer ist die Frage, inwieweit sonstige Nebenpflichten (Nebenleistungspflichten) im Verhältnis zwischen Entleiher und Leiharbeitnehmer bestehen. Der Gesetzgeber hat in Art. 1 § 11 Abs. 7, § 14 Abs. 2 S. 2 AÜG anerkannt, daß die Erbringung der Arbeitsleistung im Entleiherbetrieb und die Ausübung des Weisungsrechts durch den Entleiher Nebenleistungspflichten auch im Verhältnis zwischen Entleiher und Leiharbeitnehmer bedingen. Im Wege der Rechtsanalogie zu den genannten Vorschriften sind über die gesetzliche Regelung hinaus weitere Nebenleistungspflichten begründbar. So treffen den Entleiher beispielsweise die Beschäftigungspflicht und die Pflicht zur Abgabe von Leistungs- und Verhaltensbeurteilungen für das vom Verleiher zu erteilende qualifizierte Zeugnis; den Leiharbeitnehmer treffen etwa auf das Leistungsinteresse bezogene Auskunfts-, Rechenschafts- und Mitteilungspflichten.

B. Individualarbeitsrechtliche Folgerungen

I. Schutz des Leiharbeitnehmers bei Leistungsstörungen

Die atypische Struktur der arbeitnehmerüberlassungsrechtlichen Dreiecksbeziehung mit ihrer eigenartigen Verteilung der Arbeitgeberfunktionen auf Verleiher und Entleiher wirft die Frage auf, wie dem dadurch bedingten besonderen Schutzbedürfnis der Leiharbeitnehmer im Falle von Leistungsstörungen Rechnung getragen werden kann[127]. Unter dem Gesichtspunkt des Arbeitnehmerschutzes stellt sich dabei vordringlich das Problem der Sicherung des existenzerhaltenden Lohnanspruchs des Leiharbeitnehmers gegen den Verleiher. Problematisch ist des weiteren, wie die mit dem Arbeitsverhältnis in Zusammenhang stehenden Schadensrisiken bei der Arbeitnehmerüberlassung verteilt sind.

1. Sicherung des Lohnanspruchs des Leiharbeitnehmers

a) Zahlungsunfähigkeit des Verleihers

Das Risiko der Zahlungsunfähigkeit ist bei Verleihunternehmen besonders groß, weil diese Unternehmen im Gegensatz zu Arbeitgebern

---

[127] Der Begriff „Leistungsstörung" ist hier i. w. S. zu verstehen, so daß auch die Verletzung von Schutzpflichten darunter fällt, vgl. dazu *MünchKomm/Kramer*, BGB, § 242 Rdnr. 16, Fußn. 26.

mit eigener Produktionstätigkeit auch bei erheblichem Geschäftsumfang nur eine geringe Kapitalbasis benötigen[128]. Die Gefahren, die sich ursprünglich aus einer solchen Unterkapitalisierung der Verleihunternehmen für die Lohnansprüche der Leiharbeitnehmer ergaben, sind jedoch im wesentlichen durch das Gesetz über das Konkursausfallgeld vom 17. Juli 1974[129] beseitigt worden; danach können alle Arbeitnehmer, also auch Leiharbeitnehmer, bei Zahlungsunfähigkeit ihres Arbeitgebers Konkursausfallgeld nach den §§ 141a ff. AFG beim Arbeitsamt beantragen[130]. Andere Lösungsansätze zur Bekämpfung der von der Unterkapitalisierung der Verleihunternehmen ausgehenden Gefahren, wie die Einführung eines Rechtsformzwanges für Verleihunternehmen (z. B. Kapitalgesellschaften mit Mindestkapitalausstattung)[131] oder die Einführung einer subsidiären Haftung der Entleiher für die auf den jeweiligen Überlassungszeitraum entfallenden Lohnansprüche[132], sind daher nicht mehr aktuell. Der letztgenannte Vorschlag ist allerdings auch nach Inkrafttreten des Konkursausfallgeldgesetzes aufrechterhalten worden, konsequenterweise aber weniger im Hinblick auf den Schutz der Lohnansprüche als vielmehr mit der Intention, die Entleiher zu einer genauen Prüfung der Verleihunternehmen zu veranlassen[133]. Gegen eine subsidiäre Lohnhaftung der Entleiher spricht aber, daß sie zum Schutz der Lohnansprüche der Leiharbeitnehmer nicht nur nicht notwendig ist, sondern darüber hinaus zu einer Privilegierung der Leiharbeitnehmer gegenüber den Stammarbeitnehmern der Entleiherbetriebe führen würde. Im übrigen ist sehr zweifelhaft, ob der mit der subsidiären Lohnhaftung des Entleihers bezweckte Interessengegensatz zwischen Verleiher und Entleiher tatsächlich zu einer Verdrängung unseriöser Verleiher führen würde.

b) Lohnrisiko bei fehlender Einsatzmöglichkeit im Entleiherbetrieb

aa) Art. 1 § 11 Abs. 4 S. 2 AÜG i. V. m. § 615 BGB

Ein für die Arbeitnehmerüberlassung typisches Arbeitgeberrisiko ist das einer zeitweise fehlenden Einsatzmöglichkeit für die Leiharbeit-

---

[128] Vgl. dazu *Hempel*, Spannungsverhältnis, S. 82, 167 f.; *Ramm*, ZfA 1973, 263 (282).

[129] BGBl. I S. 1481.

[130] Auch die rückständigen Sozialversicherungsbeiträge werden abgedeckt, vgl. § 141 n AFG.

[131] Vgl. dazu *Hempel*, Spannungsverhältnis, S. 167.

[132] So *Becker*, BlStSozArbR 1974, 305 (308); *Göbel*, BlStSozArbR 1973, 309 (311 f.); *Heußner*, DB 1973, 1800 (1803); *Mayer*, AuR 1974, 353 (358); *Ramm*, DB 1973, 1170 (1176).

[133] So *Becker*, ZRP 1976, 288 (290); *Becker/Wulfgramm*, AÜG, Einl. Rdnr. 119.

nehmer[134]. Um eine Verlagerung dieses Risikos auf die Arbeitnehmer durch eine Abbedingung des § 615 S. 1 BGB, der im Falle des Annahmeverzuges des Arbeitgebers die Lohnzahlungspflicht auch ohne Arbeitsleistung vorsieht, zu verhindern, erklärt Art. 1 § 11 Abs. 4 S. 2 AÜG diese Vorschrift für zwingend[135]. Der Leiharbeitnehmer behält also unabdingbar seinen Anspruch auf das Arbeitsentgelt im Falle fehlender Anschlußaufträge, wenn sich der Verleiher durch ein Angebot des Leiharbeitnehmers zur Arbeitsleistung bei Dritten nach §§ 293 ff. BGB im Annahmeverzug befindet[136]. Die Anrechnungsvorschrift des § 615 S. 2 BGB bleibt unberührt (Art. 1 § 11 Abs. 4 S. 2 Halbs. 2 AÜG).

bb) Betriebsrisikolehre im Recht der Arbeitnehmerüberlassung

Fraglich ist allerdings, ob diese Lohnrisikoverteilung zugunsten der Leiharbeitnehmer uneingeschränkt gilt. Zweifel ergeben sich für den Fall, daß die Leiharbeitnehmer im vorgesehenen Entleiherbetrieb wegen eines dort stattfindenden Arbeitskampfes nicht eingesetzt werden können und auch keine anderen Einsatzmöglichkeiten bestehen. Es ist zu überlegen, ob die unter dem Stichwort der Betriebsrisikolehre entwickelten Grundsätze auch hier zu einer Verlagerung des Lohnrisikos auf die Leiharbeitnehmer führen[137].

Hier stellt sich zunächst das Problem, ob einer Übertragung der Betriebsrisikolehre auf das Leiharbeitsverhältnis nicht bereits die Regelung des Art. 1 § 11 Abs. 4 S. 2 AÜG i.V.m. § 615 BGB entgegensteht. Die Betriebsrisikolehre beruht jedoch auf der These, daß in den Fällen, in denen der Arbeitnehmer zur Arbeit fähig und bereit ist, der Arbeitgeber ihn aber aus tatsächlichen oder zwingenden rechtlichen Gründen nicht beschäftigen kann, die Leistungsstörungsregeln der §§ 323, 615 BGB keine interessengerechten Lösungen ermöglichen; es ist insoweit eine Regelungslücke gegeben, die praeter legem durch eine gerechte Risikoverteilung zu schließen ist, und zwar gerade auch bei Fernwirkungen von Arbeitskämpfen[138]. Die Betriebsrisikolehre betrifft also

---

[134] Vgl. *Franßen/Haesen*, AÜG, Einl. Rdnr. 18.

[135] Die gleiche Zielsetzung, eine Verlagerung des Risikos fehlender Einsatzmöglichkeiten auf den Leiharbeitnehmer zu verhindern, verfolgen auch die Regelungen des Art. 1 § 9 Nrn. 2, 3, § 10 Abs. 3, § 11 Abs. 4 S. 1 AÜG.

[136] Vgl. *Becker/Kreikebaum*, Zeitarbeit, S. 162.

[137] Zu dieser Problematik vgl. BAG AP Nr. 29 zu § 615 BGB Betriebsrisiko (m. Anm. *Mayer-Maly*) = AR-Blattei, D, Arbeitskampf I, Entsch. 6 (m. Anm. *Löwisch*) = SAE 1975, 11 (m. Anm. *Buchner*) = NJW 1973, 1295 = DB 1973, 827; *Becker*, NJW 1973, 1629; *Reuter*, JuS 1973, 452; *Schmid*, JuS 1977, 92.

[138] Vgl. *Kalb*, Rechtsgrundlage und Reichweite der Betriebsrisikolehre, S. 97 ff.; *Lieb*, BAG-Festschrift, S. 327.

einen Bereich, in dem § 615 BGB gar nicht anwendbar ist. Daran hat Art. 1 § 11 Abs. 4 S. 2 AÜG, der ja nur § 615 S. 1 BGB für dessen Anwendungsbereich für zwingend erklärt, nichts geändert. Art. 1 § 11 Abs. 4 S. 2 AÜG steht also einer besonderen Lohnrisikoverteilung im Verhältnis zwischen Verleiher und Leiharbeitnehmer bei Arbeitskämpfen im Entleiherbetrieb nicht von vornherein entgegen.

Das BAG hat indessen in der sog. Personal-Leasing-Entscheidung die Auffassung vertreten, daß Verleihunternehmen in der Regel das Lohnrisiko tragen, wenn bei ihnen angestellte Arbeitnehmer infolge Streiks in einem Entleiherbetrieb dort nicht beschäftigt werden können[139]. Zur Begründung stellt das BAG auf Wesen und Struktur eines Verleihunternehmens ab: Der wirtschaftliche Zweck solcher Unternehmen sei weder auf die Produktion von Gütern noch darauf gerichtet, Waren oder Dienstleistungen in irgendeiner Form auf dem Markt anzubieten; er erschöpfe sich darin, eigene Arbeitskräfte an Dritte zur Wahrnehmung fremder betrieblicher Zwecke auszuleihen. Mangels eigenen auf den Markt hin ausgerichteten Betriebszwecks kann es nach Ansicht des BAG im Verleihunternehmen begrifflich überhaupt keine Betriebsstörung im Sinne der Betriebsrisikolehre geben; alle von außen wirkenden Faktoren, die die vertragsgemäße Nutzung der Leiharbeitnehmer verhindern oder erschweren, und dazu gehören auch Arbeitskämpfe in den potentiellen Entleiherbetrieben, seien wegen der besonderen Struktur der Verleihunternehmen wirtschaftliche Vorgänge, die als Verwirklichung des allgemeinen Wirtschaftsrisikos anzusehen seien, das ausschließlich der Verleiher zu tragen habe[140]. In einem obiter dictum erwägt das BAG, daß etwas anderes dann gelten könnte, wenn infolge Streiks sämtliche vertraglich vorgesehenen Beschäftigungsmöglichkeiten für die Leiharbeitnehmer entfielen; im übrigen geht das BAG davon aus, daß das Lohnrisiko im Leiharbeitsvertrag abweichend von diesen Grundsätzen geregelt werden könne[141].

Allein mit dem Hinweis auf Wesen und Struktur der Verleihunternehmen kann jedoch nicht die Wertung begründet werden, daß bei Arbeitskämpfen im Entleiherbetrieb und dem dadurch unmöglich gewordenen Einsatz der Leiharbeitnehmer der Verleiher das Lohnrisiko tragen muß[142]. Gegen die Argumentation des BAG spricht bereits, daß auch Verleihunternehmen durchaus einen spezifischen Betriebszweck haben, nämlich den, andere Unternehmen mit der vom Leiharbeitneh-

---

[139] BAG AP Nr. 29 zu § 615 BGB Betriebsrisiko (m. Anm. *Mayer-Maly*); vgl. auch die übrigen Nachweise bei Fußn. 137.

[140] BAG AP Nr. 29 zu § 615 BGB Betriebsrisiko Bl. 2 R, 3.

[141] BAG AP Nr. 29 zu § 615 BGB Betriebsrisiko Bl. 3.

[142] So zutr. *Buchner*, Anm. zu BAG SAE 1975, 11 (13); *Löwisch*, Anm. zu BAG AR-Blattei, D, Arbeitskampf I, Entsch. 6.

mer versprochenen Arbeitsleistung im Arbeitsprozeß zu unterstützen[143]. Die Leiharbeitnehmer sind aufgrund ihres Arbeitsverhältnisses mit dem Verleiher zur Leistung von diesem Betriebszweck dienenden Arbeiten im Entleiherbetrieb verpflichtet und unterscheiden sich insoweit nicht von gewöhnlichen Arbeitnehmern[144]. Die Frage, wer bei Arbeitskämpfen im Entleiherbetrieb und einem dadurch vereitelten Leiharbeitnehmereinsatz das Lohnrisiko zu tragen hat, kann nur im Wege einer Interessenanalyse und -bewertung anhand der Grundsätze der Betriebsrisikolehre, nicht aber mit einer rein begrifflichen Argumentation wie der des BAG in der Personal-Leasing-Entscheidung beantwortet werden[145].

Die vom BAG in der Grundsatzentscheidung vom 22. 12. 1980 entwickelte neue Konzeption der Betriebsrisikolehre stellt dem allgemeinen Betriebs- und Wirtschaftsrisiko das besondere Risiko gegenüber, das legitime Arbeitskämpfe darstellen (Arbeitskampfrisiko)[146]. Grundsätzlich trägt danach der Arbeitgeber das Betriebs- und Wirtschaftsrisiko; er ist also auch dann zur Lohnzahlung verpflichtet, wenn er die Belegschaft ohne sein Verschulden aus betriebstechnischen Gründen nicht beschäftigen kann oder wenn die Fortsetzung des Betriebes wegen Auftrags- oder Absatzmangels wirtschaftlich sinnlos wird. Beruht dagegen die Betriebsstörung auf einem Arbeitskampf in Drittbetrieben, so kommt eine Entlastung des Arbeitgebers von der Beschäftigungs- und Lohnzahlungspflicht in Betracht[147]. Die Rechtfertigung dafür wird heute ganz überwiegend in dem in der Tarifautonomie wurzelnden Grundsatz der Kampfparität gesehen: Über die bloße Kausalität zwischen Arbeitskampf und mittelbarer Betriebsstörung hinaus setzt danach das Lohnverweigerungsrecht voraus, daß die Fernwirkungen des Arbeitskampfes unmittelbar oder mittelbar zu einer Störung des Kräfteverhältnisses zwischen den Kampfparteien führen können[148].

Wendet man diese Grundsätze auf das Leiharbeitsverhältnis an, so ergibt sich zunächst im Hinblick auf das Kausalitätserfordernis das Problem, daß kaum jemals alle im Leiharbeitsvertrag vorgesehenen

---

[143] Vgl. *Buchner* (Fußn. 142).

[144] Zutr. *Buchner* (Fußn. 142).

[145] So zutr. *Becker*, NJW 1973, 1629 (1630); *Mayer-Maly*, Anm. zu BAG AP Nr. 29 zu § 615 BGB Betriebsrisiko Bl. 3 R, 4.

[146] BAG DB 1981, 321 (322); vgl. dazu auch *Seiter*, DB 1981, 578 ff.

[147] BAG (Fußn. 146); vgl. ferner BAG DB 1981, 327.

[148] Vgl. BAG DB 1981, 321 (323); *Bertelsmann*, Aussperrung, S. 208; *Dütz*, DB 1979, Beil. Nr. 14, S. 10 ff.; *Mayer-Maly*, BB 1979, 1305 (1309); *Scholz/Konzen*, Die Aussperrung im System von Arbeitsverfassung und kollektivem Arbeitsrecht, S. 214 ff.; vgl. auch *Seiter*, DB 1981, 578 (580 ff.). Der Gedanke der Solidarität der Arbeitnehmer überzeugt dagegen als Begründungsansatz für eine Verlagerung des Lohnrisikos bei arbeitskampfbedingten Betriebsstörungen nicht, vgl. nur *Scholz/Konzen* ebd., S. 209 (m. w. N.).

Einsatzmöglichkeiten für den Leiharbeitnehmer[149] allein wegen eines Arbeitskampfes in Entleiherbetrieben entfallen; vielmehr befindet sich unter den potentiellen Nachfragern nach Leiharbeitnehmern regelmäßig eine ganze Reihe von Unternehmen, die durch den Arbeitskampf nicht betroffen sind und bereits aus anderen Gründen keinen Bedarf an Leiharbeitnehmern haben. Kann ein Leiharbeitnehmer dann nicht eingesetzt werden, so ist die Betriebsstörung beim Verleiher nicht nur arbeitskampfbedingt, sondern stellt zugleich auch eine Realisierung des allgemeinen Wirtschaftsrisikos dar[150]. Die Belastung des Leiharbeitnehmers mit dem Lohnrisiko würde hier stets gleichzeitig eine Befreiung des Verleihers von dessen allgemeinem Wirtschaftsrisiko im Hinblick auf nicht durch den Arbeitskampf gestörte, sondern vielmehr aus anderen Gründen nicht zu verwirklichende Beschäftigungsmöglichkeiten bedeuten[151]. Abgesehen von diesen Bedenken ist auch nicht ersichtlich, inwiefern die Belastung des Verleihers mit der Lohnzahlungspflicht die Kampfparität beeinflussen könnte. Nach Ansicht des BAG kann sich eine Einwirkung der mittelbaren Störungen auf die Kräfteverhältnisse im Arbeitskampf aus den unterschiedlichsten Interessenverbindungen zwischen den unmittelbar und den mittelbar vom Arbeitskampf betroffenen Unternehmen ergeben; in Betracht kommen koalitionspolitische Verbindungen und wirtschaftliche Abhängigkeiten, aufgrund deren die mittelbar betroffenen Arbeitgeber auf die unmittelbar im Arbeitskampf befindlichen Arbeitgeber Druck ausüben können mit dem Ziel einer schnellen Beendigung des Arbeitskampfes[152]. Eine solche paritätsrelevante Interessenverbindung besteht aber zwischen Verleiher und Entleiher regelmäßig nicht. Eine Verlagerung des Lohnrisikos auf die Leiharbeitnehmer nach den Grundsätzen der Betriebsrisikolehre ist somit in der Regel ausgeschlossen[153].

Damit stellt sich die Frage, ob abweichend von den genannten Grundsätzen eine Entlastung des Verleihers vom Lohnrisiko im Leiharbeitsvertrag vereinbart werden kann. Soweit jedoch die Voraussetzungen der Betriebsrisikolehre nicht erfüllt sind, bleibt es bei der Anwendbarkeit der Regeln über den Annahmeverzug[154]. Daraus folgt, daß gemäß

---

149 Diese umfassen regelmäßig die Betriebe aller potentiell an Leiharbeitnehmern interessierten Nachfrager der einschlägigen Berufsgruppe und in einem bestimmten Gebiet.

150 Vgl. *Reuter*, JuS 1973, 452 (453).

151 Zutr. *Reuter* (Fußn. 150); vgl. aber auch *Ehmann*, DB 1978, 2023 (2030), der unter Heranziehung der causa-proxima-Lehre darauf abstellen will, ob der Arbeitskampf die wesentliche Bedingung für die Unmöglichkeit der Beschäftigung war.

152 BAG DB 1981, 321 (324); vgl. auch *Seiter*, DB 1981, 578 (580 ff.).

153 Vgl. auch *Reuter*, JuS 1973, 452 (453).

154 Zutr. *Birk*, ZfA 1974, 441 (495).

Art. 1 § 11 Abs. 4 S. 2 AÜG i. V. m. § 615 BGB eine Abbedingung der Lohnzahlungspflicht ausgeschlossen ist[155].

c) Arbeitsverweigerungsrechte des Leiharbeitnehmers

Das AÜG sieht in Art. 1 § 11 Abs. 5 S. 1 ein Leistungsverweigerungsrecht des Leiharbeitnehmers für den Fall vor, daß er bei einem Entleiher eingesetzt werden soll, der durch einen Arbeitskampf unmittelbar betroffen ist[156]. Abgesehen von diesem Spezialfall stellt sich aber allgemein die Frage, inwieweit dem Leiharbeitnehmer Leistungsverweigerungsrechte zustehen, ohne daß sein Lohnanspruch entfällt. Gründe zur Leistungsverweigerung können sowohl im Verhältnis zum Verleiher als auch im Verhältnis zum Entleiher gegeben sein.

aa) Arbeitsverweigerung bei Pflichtverletzungen des Verleihers

Soweit es um das Verhältnis zwischen Verleiher und Leiharbeitnehmer geht, kommen als Gründe für eine Arbeitsverweigerung in erster Linie Lohnrückstände und sonstige unerfüllte Zahlungsansprüche des Leiharbeitnehmers in Betracht. Im Hinblick auf Lohnrückstände ist allerdings vereinzelt die Auffassung vertreten worden, daß dem Arbeitnehmer kein Zurückbehaltungsrecht zustehe, weil die einschlägigen Vorschriften der §§ 273, 320 BGB die Leistungsverweigerungsrechte auf nachholbare Leistungen beschränkten; die Abwicklung des Schuldverhältnisses werde durch die Geltendmachung dieser Rechte lediglich verschoben; demgegenüber sei eine Nachholung der versäumten Arbeitsleistung häufig nicht mehr möglich, so daß der Arbeitnehmer bei Anerkennung eines Zurückbehaltungsrechts den gesamten Lohn auch bei nur teilweise erbrachter Arbeitsleistung erhielte[157].

Dem ist zunächst entgegenzuhalten, daß §§ 273, 320 BGB sich nicht ausdrücklich auf nachholbare Leistungen beschränken[158]. Entscheidend ist aber, daß die Verweigerung eines Zurückbehaltungsrechts dem Arbeitnehmer das Risiko aufbürden würde, auf unbestimmte Zeit die Arbeitsleistung ohne Gegenleistung erbringen zu müssen[159]. Eine Verweisung des Arbeitnehmers auf den Rechtsweg und auf das Kündigungsrecht nach § 626 BGB würde dieses Risiko nur unwesentlich

---

155 Zutr. *Schubel/Engelbrecht*, AÜG, Art. 1 § 11 Rdnr. 17; a. A. BAG AP Nr. 29 zu § 615 BGB Betriebsrisiko Bl. 3; *Becker/Kreikebaum*, Zeitarbeit, S. 165.

156 Auch hier behält der Leiharbeitnehmer seinen Anspruch auf das Arbeitsentgelt; vgl. im einzelnen *Franßen/Haesen*, AÜG, Art. 1 § 11 Rdnr. 41.

157 Vgl. *Grunsky*, JuS 1967, 60 (61).

158 Vgl. *Hueck/Nipperdey*, Lehrbuch des Arbeitsrechts, Bd. I, S. 222.

159 Zutr. *Söllner*, ZfA 1973, 1 (6).

mildern oder hätte andere Nachteile (z. B. Verlust von Anwartschaften) für den Arbeitnehmer zur Folge[160]. Mit der h. M. ist daher dem Arbeitnehmer und damit auch dem Leiharbeitnehmer ein Zurückbehaltungsrecht bei nicht ganz unerheblichen Lohnrückständen (vgl. § 320 Abs. 2 BGB) zu gewähren[161]. Während der Ausübung des Zurückbehaltungsrechts befindet sich der Arbeitgeber in Annahmeverzug; das dazu erforderliche Angebot des Arbeitnehmers zur Arbeitsleistung ist in der ausdrücklichen oder konkludenten Erklärung des Arbeitnehmers zu sehen, er verweigere die Arbeit nur wegen des rückständigen Lohns[162]. Als Folge bleibt der Arbeitgeber (Verleiher) nach § 615 S. 1 BGB zur Lohnzahlung verpflichtet. Auch bei Verstößen des Verleihers gegen ihm obliegende Nebenleistungs- und Schutzpflichten besteht nach erfolgloser Abmahnung ein Arbeitsverweigerungsrecht des Leiharbeitnehmers[163]. Der Verleiher gerät hier ebenfalls in Annahmeverzug und bleibt nach § 615 S. 1 BGB zur Lohnzahlung verpflichtet.

Die Arbeitsverweigerungsrechte stehen dem Leiharbeitnehmer nicht nur gegenüber dem Verleiher, sondern auch gegenüber dem Entleiher zu, weil dieser nur zur Ausübung des Anspruchs auf die Arbeitsleistung und des Weisungsrechts ermächtigt ist. Der Entleiher macht also keine eigenen Rechte, sondern nur die des Verleihers geltend und ist somit den gleichen Gegenrechten des Leiharbeitnehmers ausgesetzt wie der Verleiher[164]. Eine entsprechende Anwendung des § 404 BGB ist dazu nicht erforderlich, so daß auch die in dieser Vorschrift enthaltene zeitliche Beschränkung auf Einwendungen, die im Zeitpunkt der Abtretung begründet gewesen sind, hier entfällt[165]. Der Leiharbeitnehmer kann demnach dem Entleiher auch solche Gründe zur Arbeitsverweigerung entgegenhalten, die erst nach Einräumung der Ausübungsermächtigung im Verhältnis zum Verleiher entstanden sind. Hält der Leiharbeitnehmer seine Arbeitsleistung gegenüber dem Entleiher zurück, so ist dieser berechtigt, die Überlassungsvergütung zurückzuhalten (§ 320 BGB), bis

---

160 *Söllner*, ZfA 1973, 1 (7).

161 Vgl. *Hueck/Nipperdey*, Lehrbuch des Arbeitsrechts, Bd. I, S. 222; *Münch-Komm/Schaub*, BGB, § 614 Rdnr. 14; *Söllner*, ZfA 1973, 1 (7 ff.); *Zöllner*, Arbeitsrecht, S. 163. Es mag hier dahinstehen, ob im Hinblick auf die regelmäßig nach § 614 BGB bestehende Vorleistungspflicht des Arbeitnehmers § 273 Abs. 1 BGB oder aber § 320 Abs. 1 BGB anzuwenden ist.

162 Zutr. *Söllner*, ZfA 1973, 1 (10).

163 Vgl. dazu *Herschel*, RdA 1978, 69 (72 f.); *Söllner*, ZfA 1973, 1 (15 ff.).

164 Vgl. *Stathopoulos*, Die Einziehungsermächtigung, S. 159; vgl. aber BAG AP Nr. 2 zu § 611 BGB Leiharbeitsverhältnis (Zurückbehaltungsrecht des Leiharbeitnehmers gegenüber dem Entleiher nur bei Verletzung der Lohnzahlungspflicht durch den Verleiher), dagegen zu Recht *Söllner*, Anm. zu BAG AP Nr. 2 zu § 611 BGB Leiharbeitsverhältnis.

165 Vgl. *Larenz*, Lehrbuch des Schuldrechts, Bd. I, Allg. Teil, § 34 V; vgl. auch *Söllner*, Anm. zu BAG AP Nr. 2 zu § 611 BGB Leiharbeitsverhältnis.

der Verleiher ihm gegenüber seine Verpflichtung zur Überlassung eines arbeitsbereiten Leiharbeitnehmers erfüllt; der Druck des Zurückbehaltungsrechts wird auf diese Weise an den für die Leistungsstörung verantwortlichen Verleiher weitergereicht.

bb) Arbeitsverweigerung bei Pflichtverletzungen des Entleihers

Entsprechen Räume, Gerätschaften oder der Arbeitsablauf nicht den Arbeitsschutzvorschriften oder verstößt der Entleiher sonst gegen ihm obliegende Pflichten, so kann der Leiharbeitnehmer ebenfalls nach den allgemeinen Grundsätzen gegenüber dem Entleiher die Arbeitsleistung verweigern, ohne seinen Lohnanspruch gegenüber dem Verleiher zu verlieren[166]. Da in diesem Fall der Entleiher selbstverständlich die Überlassungsvergütung an den Verleiher zahlen muß, treffen die Folgen der berechtigten Arbeitsverweigerung wiederum den für die Leistungsstörung Verantwortlichen, hier also den Entleiher.

2. *Verteilung der Schadensrisiken*

Unter dem Gesichtspunkt des Leiharbeitnehmerschutzes ist im Rahmen der Verteilung der Schadensrisiken bei der Arbeitnehmerüberlassung zu untersuchen, ob der Leiharbeitnehmer bei Arbeitsunfällen hinreichend geschützt ist, wie dem Bedürfnis des Leiharbeitnehmers nach Haftungsfreistellung oder -minderung bei Schädigung des Verleihers, des Entleihers oder Dritter bei gefahrgeneigter Arbeit entsprochen werden kann und schließlich, unter welchen Gesichtspunkten dem Leiharbeitnehmer Ansprüche auf Ersatz eigener arbeitsbedingter Sachschäden zustehen.

a) Haftungsfragen bei Arbeitsunfällen

Erleidet der Leiharbeitnehmer einen Arbeitsunfall (§ 548 RVO), so stellt sich zunächst die Frage, inwieweit die in den §§ 636, 637 RVO geregelten Haftungsbeschränkungen auch hier gelten. Allgemein hängt die Anwendbarkeit der §§ 636, 637 RVO nach ganz überwiegender Ansicht von der Eingliederung des Arbeitnehmers in die Betriebsorganisation des Arbeitgebers ab, die dann gegeben sein soll, wenn der Arbeitnehmer nach den tatsächlichen Verhältnissen bei Eintritt des Arbeitsunfalls eine die Zwecke des Betriebs zu fördern bestimmte Tätigkeit ausgeführt hat und wenn der Unternehmer ihm gegenüber weisungsberechtigt und zur Fürsorge verpflichtet war[167]. Unabhängig von diesen

---

[166] Vgl. allgemein *Söllner*, ZfA 1973, 1 (15 ff.).

[167] Vgl. BAG AP Nr. 9 zu § 637 RVO = DB 1978, 1504 = BB 1978, 1522; BAG AP Nr. 7 zu § 637 RVO = AR-Blattei, D, Leiharbeitsverhältnis, Entsch.

Voraussetzungen ist aber § 636 Abs. 1 RVO im Verhältnis zwischen Verleiher und Leiharbeitnehmer bereits deshalb anzuwenden, weil Art. 1 § 1 Abs. 1 AÜG ausdrücklich die Arbeitgeberstellung, auch für den sozialversicherungsrechtlichen Bereich, dem Verleiher zuweist[168]. Soweit es um das Verhältnis zwischen Entleiher und Leiharbeitnehmer geht, ist zu berücksichtigen, daß der Einsatz des Arbeitnehmers zur Förderung der Zwecke des Entleiherbetriebes erfolgt und daß der Entleiher gegenüber dem Leiharbeitnehmer stets weisungsbefugt und zur Wahrung der Schutzbelange des Leiharbeitnehmers verpflichtet ist[169]; die erforderliche Eingliederung ist also gegeben, so daß gemäß § 636 Abs. 2 RVO die in § 636 Abs. 1 RVO vorgesehene Haftungsbeschränkung für den Entleiher ebenfalls gilt[170]. Folgerichtig besteht auch im Verhältnis zwischen Leiharbeitnehmer und Stammarbeitnehmer des Entleihers gemäß § 637 Abs. 1 RVO eine entsprechende Haftungsbeschränkung[171].

Nach § 708 Abs. 3, § 648 RVO hat die Berufsgenossenschaft des Verleihers einen Arbeitsunfall des Leiharbeitnehmers zu entschädigen, den dieser im Entleiherbetrieb erleidet[172]. Sowohl der Verleiher als auch der Entleiher sind verpflichtet, den Arbeitsunfall unverzüglich der Berufsgenossenschaft des Verleihers zu melden (§§ 1552, 1553 Abs. 4 RVO)[173].

---

8 = SAE 1974, 261 = AuR 1975, 58; *Gitter*, Sozialrecht, § 13 I, II; *Heußner*, DB 1973, 1800 (1801); vgl. auch *Becker*, BlStSozArbR 1981, 241 (243); abl. *Mayer-Maly*, ZfA 1972, 1 (10 ff., 24 f.); auch *Sandmann/Marschall*, AÜG, Art. 3 § 1 Anm. 25 messen dem Kriterium der Eingliederung keine haftungsrechtliche Bedeutung bei.

168 Zutr. *Becker*, BlStSozArbR 1981, 241; vgl. auch *Becker/Wulfgramm*, AÜG, Art. 1 § 1 Rdnr. 65.

169 s. o. § 9 A. II. 1 d) cc) (2), 2 a) b).

170 Im Ergebnis einhellige Ansicht, vgl. *Becker*, BlStSozArbR 1981, 241 (243); *Bollinger*, Die Arbeitnehmerüberlassung, S. 121 f.; *Gitter*, Sozialrecht, § 13 I, II; *Heußner*, DB 1973, 1800 (1801); *Sandmann/Marschall*, AÜG, Art. 1 § 9 Anm. 7; *Schubel/Engelbrecht*, AÜG, Art. 1 § 11 Rdnr. 22. *Mayer-Maly*, ZfA 1972, 1 (25) will die Haftungsbeschränkung zugunsten des Entleihers allerdings davon abhängig machen, daß der Entleiher direkt oder indirekt zur Finanzierung der Unfallversicherung des Arbeitnehmers beigetragen hat; diese Voraussetzung ist jedoch bei der gewerbsmäßigen Arbeitnehmerüberlassung regelmäßig erfüllt, weil das vom Entleiher zu entrichtende Überlassungsentgelt in der Regel die Lohnnebenkosten enthält, vgl. *Becker*, ZfA 1978, 131 (136 f.).

171 Und zwar sowohl für Ansprüche der Leiharbeitnehmer gegen Stammarbeitnehmer des Entleihers als auch umgekehrt; vgl. BAG AP Nrn. 7, 9 zu § 637 RVO; *Bollinger*, Die Arbeitnehmerüberlassung, S. 123 ff.; *Sandmann/Marschall*, AÜG, Art. 1 § 9 Anm. 7.

172 Für Verleihunternehmen zuständig ist die Berufsgenossenschaft der Banken, Versicherungen, Verwaltungen, freien Berufe und besonderer Unternehmen — Verwaltungs-Berufsgenossenschaft (Anlage 1 Nr. 31 zu § 646 Abs. 1 RVO), vgl. *Becker*, BlStSozArbR 1981, 241 (243); *Sandmann/Marschall*, AÜG, Art. 3 § 1 Anm. 21.

173 Sinn der doppelten Meldepflicht ist, daß die Verwaltungs-Berufsgenossenschaft auf jeden Fall von dem Unfallereignis Kenntnis erhält, vgl. *Noack*, Die Sozialversicherung 1973, 41 (43).

Gemäß § 1553 Abs. 4 S. 2 RVO muß der Entleiher auch die für seinen Betrieb zuständige Berufsgenossenschaft unterrichten. Im übrigen ist der Entleiher gemäß § 1543 c Abs. 1 RVO verpflichtet, die Berufsgenossenschaft des Verleihers bei der Durchführung der Unfallversicherung zu unterstützen und ihr über die Behandlung und den Zustand des Verletzten Auskunft zu erteilen. Der Leiharbeitnehmer ist damit im Falle eines Arbeitsunfalles in einer der Verteilung der Arbeitgeberfunktionen auf Verleiher und Entleiher Rechnung tragenden Weise geschützt[174].

b) Die Grundsätze der Haftung bei gefahrgeneigter Arbeit im Rahmen des Leiharbeitsverhältnisses

aa) Haftungsmodifizierungen im Verhältnis des Leiharbeitnehmers zum Verleiher und zum Entleiher

Verletzt der Leiharbeitnehmer schuldhaft die ihm obliegende Arbeitspflicht durch Schlechtleistung, so ist er zunächst dem Verleiher gegenüber zum Schadensersatz nach den Regeln über die positive Forderungsverletzung und gegebenenfalls nach Maßgabe der §§ 823 ff. BGB verpflichtet[175]. Regelmäßig wird eine Schlechtleistung des Leiharbeitnehmers allerdings nur beim Entleiher zu einem Schaden führen. Soweit dieser nicht bereits eigene Schadensersatzansprüche hat, etwa wegen Verletzung von Schutzpflichten oder nach §§ 823 ff. BGB, kommt eine Drittschadensliquidation durch den Verleiher in Betracht[176]. In allen Fällen hätte der Leiharbeitnehmer nach dem das Schadensersatzrecht beherrschenden Prinzip der Totalreparation[177] an sich auch bei nur leichter Fahrlässigkeit entstandene Schäden voll zu ersetzen[178]. Es stellt sich aber die Frage, inwieweit eine Haftungsmodifizierung nach den Grundsätzen der Haftung bei gefahrgeneigter Arbeit auch zugunsten des Leiharbeitnehmers besteht.

---

[174] Dies gilt auch für den Bereich der Unfallverhütung: So gelten für die Tätigkeit der Leiharbeitnehmer im Entleiherbetrieb die von der Berufsgenossenschaft des Entleihers erlassenen Unfallverhütungsvorschriften (§ 708 Abs. 3 RVO), vgl. dazu im einzelnen *Becker/Wulfgramm*, AÜG, Art. 3 § 1 Nr. 4 Rdnr. 2; *Noack*, Die Sozialversicherung 1973, 41 (42 f.). Ferner kann auch die Verwaltungs-Berufsgenossenschaft die Tätigkeiten der Leiharbeitnehmer im Entleiherbetrieb durch technische Aufsichtsbeamte überwachen (§ 713 RVO), vgl. dazu *Sandmann/Marschall*, AÜG, Art. 3 § 1 Anm. 26.

[175] Zur Haftung des Leiharbeitnehmers bei Nichtleistung vgl. *Becker/Kreikebaum*, Zeitarbeit, S. 168; *Becker*, NJW 1976, 1827 (1828).

[176] Zutr. *Becker/Kreikebaum*, Zeitarbeit, S. 168 f.; *Konzen*, ZfA 1982, 259 (281).

[177] Vgl. dazu *Palandt/Heinrichs*, BGB, Vorbem. v. § 249 Anm. 2 e).

[178] Eine Haftungsminderung oder ein Haftungsausschluß käme danach allenfalls unter dem Gesichtspunkt des Mitverschuldens des Verleihers oder des Entleihers in Betracht.

Rechtsprechung und Lehre haben in der Erkenntnis, daß das Prinzip der Totalreparation häufig den Besonderheiten im Arbeitsverhältnis[179] nicht gerecht wird, die Haftung des Arbeitnehmers im Wege der Rechtsfortbildung eingeschränkt[180]. Ursprünglich wurde die arbeitsrechtliche Haftungsmodifizierung zugunsten der Arbeitnehmer vor allem mit der Fürsorgepflicht des Arbeitgebers begründet[181]. Speziell für den Fall der Arbeitnehmerüberlassung hat auch der BGH unter Hinweis auf die bei einem Leiharbeitsverhältnis in erster Linie dem Entleiher obliegende Fürsorgepflicht entschieden, daß die Grundsätze über Haftungseinschränkungen bei gefahrgeneigter Arbeit gegenüber Schadensersatzansprüchen des Entleihers Anwendung finden[182]. Die Begründung der Haftungsbeschränkung mit der Fürsorgepflicht des Arbeitgebers ist jedoch zu Recht vielfach auf Kritik gestoßen, weil sie die maßgeblichen Wertungsgesichtspunkte nicht erkennen läßt[183]; die Fürsorgepflicht dient insoweit nur als formaler Anknüpfungspunkt für die Subsumtion[184]. Speziell bei der Arbeitnehmerüberlassung läßt sie auch nicht erkennen, inwieweit eine Haftungseinschränkung sowohl zu Lasten des Verleihers als auch zu Lasten des Entleihers besteht[185]. Zunehmend wird daher sowohl in der Rechtsprechung als auch im Schrifttum darauf hingewiesen, daß es bei der Haftungserleichterung für Arbeitnehmer um eine angemessene Verteilung des Betriebsrisikos gehe: Der Arbeitgeber, der die Vorteile aus der Tätigkeit des Arbeitnehmers erhält, hat diesen mit der Arbeit betraut und damit das spezifische Tätigkeitsrisiko geschaffen; auch er selbst könnte bei eigener Tätigkeit ein gelegentliches fahrlässiges Fehlverhalten nicht vermeiden[186]. Darüber hinaus ist der

---

[179] Zu nennen sind beispielsweise das hohe Schadensrisiko zahlreicher Arbeitsabläufe und die Unvermeidbarkeit eines gelegentlichen, leicht fahrlässigen Fehlverhaltens des Arbeitnehmers.

[180] Vgl. etwa BAG AP Nrn. 22, 47, 53, 61—63, 74, 78 zu § 611 BGB Haftung des Arbeitnehmers; BAG NJW 1983, 1693; BGH AP Nrn. 1, 28 zu § 611 BGB Haftung des Arbeitnehmers; *Gamillscheg/Hanau*, Die Haftung des Arbeitnehmers, S. 30 ff., 200 ff. (Entscheidungsverzeichnis); *Zöllner*, Arbeitsrecht, § 19 II.

[181] So BGH AP Nrn. 1, 28 zu § 611 BGB Haftung des Arbeitnehmers; BAG AP Nr. 4 zu §§ 898, 899 RVO; BAG NJW 1958, 235; vgl. auch BVerwG AP Nr. 41 zu § 611 BGB Haftung des Arbeitnehmers.

[182] BGH NJW 1973, 2020 = JR 1974, 105 (m. Anm. *Heinze*) = DB 1973, 1797 = BB 1973, 1170.

[183] Zutr. *Gamillscheg/Hanau* (Fußn. 180), S. 44; vgl. auch *Canaris*, RdA 1966, 41 (45).

[184] Zutr. *Heinze*, Anm. zu BGH JR 1974, 105 (107).

[185] Zutr. *Heinze* (Fußn. 184).

[186] Vgl. BAG AP Nrn. 61, 63, 69, 74 zu § 611 BGB Haftung des Arbeitnehmers; BAG NJW 1983, 1693 (1694); BGH AP Nr. 68 zu § 611 BGB Haftung des Arbeitnehmers; *Canaris*, RdA 1966, 41 (45); *Gamillscheg/Hanau* (Fußn. 180), S. 46 ff.; *Rieger*, Anm. zu BAG AP Nr. 61 zu § 611 BGB Haftung des Arbeitnehmers; *Söllner*, Arbeitsrecht, § 30; *Gick*, JuS 1980, 393 (397 f.).

Arbeitgeber im Gegensatz zum Arbeitnehmer in der Lage, Schadensrisiken durch eine geeignete Organisation des Betriebes, durch die Preiskalkulation und durch den Abschluß einer Versicherung zu beherrschen[187].

Die Rechtfertigung der arbeitsrechtlichen Haftungsmodifizierung mit einer angemessenen Verteilung des Betriebsrisikos ermöglicht auch eine saubere dogmatische Begründung für eine Beschränkung der Haftung des Leiharbeitnehmers gegenüber Verleiher und Entleiher[188]. Der Verleiher veranlaßt den Einsatz des Leiharbeitnehmers im Entleiherbetrieb und ist mit den dort vorgesehenen risikobehafteten Tätigkeiten einverstanden, er räumt dem Entleiher die dazu erforderlichen Weisungsbefugnisse gegenüber dem Leiharbeitnehmer ein und profitiert mittelbar durch das vom Entleiher zu entrichtende Überlassungsentgelt von der Tätigkeit des Leiharbeitnehmers. Dies rechtfertigt die Einbeziehung des Verleihers in die Risikoverteilung mit der Konsequenz der Haftungsbeschränkung zugunsten des Leiharbeitnehmers, wenn dieser bei seiner Tätigkeit im Entleiherbetrieb Rechtsgüter des Verleihers verletzt[189]. Von größerer praktischer Bedeutung ist allerdings die Haftungsmodifizierung im Verhältnis zwischen Entleiher und Leiharbeitnehmer. Der Entleiher veranlaßt unmittelbar die risikobehaftete Tätigkeit des Leiharbeitnehmers und erhält die Vorteile aus der gefahrgeneigten Arbeit; auch der Entleiher selbst könnte bei eigener Tätigkeit ein gelegentliches Fehlverhalten nicht vermeiden, und er kann im übrigen durch seine Preiskalkulation und den Abschluß einer Versicherung Maßnahmen der Schadensvorsorge treffen. Die Interessenlage im Verhältnis zwischen Entleiher und Leiharbeitnehmer ist insofern iden-

---

[187] Vgl. *Gamillscheg/Hanau* (Fußn. 180), S. 51. Rechtsdogmatisch ist davon auszugehen, daß der zivilrechtliche Grundsatz der vollen Haftung auch bei nur leichter Fahrlässigkeit im Bereich des Arbeitsrechts gewohnheitsrechtlich derogiert worden ist; die dadurch entstandene Lücke ist im Wege der Rechtsfortbildung durch das Prinzip der Risikozurechnung an den Arbeitgeber zu schließen, wobei als Rechtsgrundlage § 254 BGB heranzuziehen ist, der über seinen Wortlaut hinaus auch dann gilt, wenn in der Person des Geschädigten ein anderer Zurechnungsgrund als das Mitverschulden, hier also das Betriebsrisiko des Arbeitgebers, erfüllt ist; ob im Einzelfall eine Haftungsminderung oder sogar ein Haftungsausschluß zugunsten des Arbeitnehmers anzunehmen ist, hängt demnach von der Abwägung des Arbeitnehmerverschuldens einerseits (§ 276 Abs. 1 BGB) gegenüber dem spezifischen Tätigkeitsrisiko des Arbeitgebers andererseits (§ 254 Abs. 1 BGB analog) ab; vgl. dazu *Canaris*, RdA 1966, 41 (46, 49); *Koller*, Die Risikozurechnung bei Vertragsstörungen in Austauschverträgen, S. 411; *Rieger*, Anm. zu BAG AP Nr. 61 zu § 611 BGB Haftung des Arbeitnehmers. Nach BAG NJW 1983, 1693 (1695) schließt das Betriebsrisiko des Arbeitgebers generell die Haftung des Arbeitnehmers aus, wenn dieser den Schaden weder vorsätzlich noch grob fahrlässig verursacht hat (§ 254 BGB analog).

[188] Zutr. *Heinze* (Fußn. 184). Das von *Heinze* zusätzlich genannte Eigentümerrisiko ist Teil des Betriebsrisikos.

[189] Zutr. *Gamillscheg/Hanau* (Fußn. 180), S. 23; *Heinze* (Fußn. 184).

tisch mit der im Verhältnis zwischen Entleiher und dessen Stammarbeitnehmern. Die Haftung des Leiharbeitnehmers ist daher in gleicher Weise wie die des Stammarbeitnehmers eingeschränkt[190].

bb) Haftungsfreistellung des Leiharbeitnehmers bei Schädigung Dritter

Fügt der Arbeitnehmer bei der Verrichtung seiner Arbeit Dritten Schäden zu[191], so haftet er diesen nach den §§ 823 ff. BGB. Eine Haftungsbeschränkung nach den genannten Grundsätzen scheidet aus, weil diese ihre Grundlage in der Risikoverteilung im Arbeitsverhältnis hat. Im Innenverhältnis zwischen Arbeitgeber und Arbeitnehmer gilt diese Risikoverteilung jedoch unabhängig davon, ob es sich um Schäden des Arbeitgebers oder eines Dritten handelt, zumal es oft vom Zufall abhängt, ob eine im Interesse des Arbeitgebers durchgeführte risikobehaftete Arbeit diesen oder einen Dritten schädigt. Nach allgemeiner Ansicht hat daher der Arbeitnehmer gegen den Arbeitgeber im Hinblick auf den Schadensersatzanspruch des Dritten einen Freistellungsanspruch in der Höhe, in der ihm bei Schädigung des Arbeitgebers eine Haftungsminderung zugebilligt würde; hat er bereits den Anspruch des Dritten erfüllt, so steht ihm gegen den Arbeitgeber in der entsprechenden Höhe ein Erstattungsanspruch zu[192].

Bei der Arbeitnehmerüberlassung stellt sich die Frage, wer für den Freistellungs- und Erstattungsanspruch des Leiharbeitnehmers passiv legitimiert ist. Im Schrifttum wird zum Teil ausschließlich der Entleiher als der zur Freistellung Verpflichtete angesehen, und zwar unter Hinweis darauf, daß er das Betriebsrisiko für die in seinem Betrieb erbrachte Arbeit des Leiharbeitnehmers allein trage[193]. Bereits oben

---

[190] Allg. Ansicht; vgl. BGH NJW 1973, 2020; *Becker*, NJW 1976, 1827 (1828); *Bollinger*, Die Arbeitnehmerüberlassung, S. 117 ff. (120); *Franßen/Haesen*, AÜG, Einl. Rdnr. 33; *Konzen*, ZfA 1982, 259 (281); *Sandmann/Marschall*, AÜG, Art. 1 § 9 Anm. 7.

[191] Soweit es sich bei dem Dritten um einen Arbeitskollegen des Arbeitnehmers handelt, ist hinsichtlich der Personenschäden die Regelung der §§ 636, 637 RVO zu beachten.

[192] Vgl. BAG AP Nr. 37 zu § 611 BGB Haftung des Arbeitnehmers (m. Anm. *G. Hueck*); *Gerhardt*, Der Befreiungsanspruch, S. 116 ff.; *Zöllner*, Arbeitsrecht, § 19 II 4. Die Rechtsgrundlage des Freistellungs- und Erstattungsanspruchs ist umstritten; teilweise wird der Anspruch aus der Fürsorgepflicht des Arbeitgebers hergeleitet, so BGHZ 41, 203; *Achterberg*, AcP 164, 14 (47, 49); *Hueck/Nipperdey*, Lehrbuch des Arbeitsrechts, Bd. I, S. 233, 235; vorzugswürdig ist dagegen die analoge Anwendung des § 670 BGB, wobei die dort geforderte Aufwendung in der Belastung des Leiharbeitnehmers mit dem Schadensersatzanspruch des Dritten liegt, so *Gamillscheg/Hanau* (Fußn. 180), S. 90; a. A. *Canaris*, RdA 1966, 41 (47, 50), der den Freistellungsanspruch unmittelbar aus der Risikozurechnung ableitet.

[193] So *Bollinger*, Die Arbeitnehmerüberlassung, S. 120; *Mittmann*, Rechtliche Probleme der Leiharbeit, S. 106, 108.

ist jedoch für den Fall eigener Schäden des Verleihers nachgewiesen worden, daß neben dem Entleiher auch der Verleiher in die Risikoverteilung einbezogen ist[194]. Daraus folgt, daß der Freistellungs- und Erstattungsanspruch des Leiharbeitnehmers Verleiher und Entleiher als Gesamtschuldner trifft[195].

cc) Ansprüche des Leiharbeitnehmers auf Ersatz arbeitsbedingter Sachschäden

Verletzen der Verleiher und der Entleiher die ihnen dem Leiharbeitnehmer gegenüber obliegenden Schutzpflichten, so haften beide nach den Grundsätzen über die positive Forderungsverletzung, gegebenenfalls auch nach den §§ 823 ff. BGB[196]. Von diesen unproblematischen Fällen abgesehen, stellt sich aber die Frage, ob der Leiharbeitnehmer unabhängig von einem Verschulden der Arbeitgeberseite Ersatz für Sachschäden verlangen kann, die er bei der Arbeit erleidet, beispielsweise beim Einsatz eines eigenen Kraftfahrzeuges.

Im Ergebnis besteht allgemein im Arbeitsrecht weitgehend Einigkeit darüber, daß den Arbeitgeber eine verschuldensunabhängige Haftung für Sachschäden des Arbeitnehmers trifft; umstritten sind aber die dogmatische Herleitung sowie Voraussetzungen und Grenzen eines solchen Anspruchs[197]. Verbreitet wird heute auch hier die Notwendigkeit einer angemessenen Risikoverteilung und damit der Zusammenhang mit den anderen Fallgruppen, die unter dem Gesichtspunkt der Haftung bei gefahrgeneigter Arbeit behandelt werden, betont[198]. In der Tat zwingt die gleiche Risikoverteilung, die bei Schädigung des Arbeitgebers zu einer Haftungseinschränkung zugunsten des Arbeitnehmers und bei Schädigung Dritter zu einem Freistellungs- und Erstattungsanspruch des Arbeitnehmers nach § 670 BGB analog führt, zur Annahme eines

---

[194] s. o. § 9 B. I. 2 b) aa).

[195] So zutr. *Mayer-Maly*, ZfA 1972, 1 (25 ff.). Soweit es um Personenschäden der Stammarbeitnehmer des Entleihers geht, ist allerdings die Sonderregelung der §§ 636 Abs. 2, 637 Abs. 1 RVO zu beachten. Zu den sich aus der gesamtschuldnerischen Haftung ergebenden Ausgleichsfragen im Verhältnis zwischen Verleiher und Entleiher vgl. *Mayer-Maly* ebd.

[196] Im Hinblick auf Personenschäden ist allerdings die Regelung des § 636 RVO zu beachten.

[197] Vgl. dazu BAG NJW 1962, 411 = AP Nr. 2 zu § 611 BGB Gefährdungshaftung des Arbeitgebers (m. Anm. *Isele*) — sog. Ameisensäurefall; BAG NJW 1979, 1423; BAG EzA Nr. 14 zu § 670 BGB (m. Anm. *Käppler*); LAG Düsseldorf DB 1977, 827; LAG Frankfurt VersR 1973, 1178; LAG Hamm NJW 1979, 943; LAG Stuttgart NJW 1978, 1654; *Canaris*, RdA 1966, 41 (47 f.); *Klein*, BB 1963, 1488; *Hagemeier*, DB 1977, 2047; *Schumacher*, Die vom Verschulden unabhängige Haftung des Arbeitgebers für arbeitsbedingte Sachschäden des Arbeitnehmers, S. 2 ff.; *Gick*, JuS 1979, 638.

[198] Vgl. *Achterberg*, AcP 164, 14 (15); *Canaris*, RdA 1966, 41 (44); vgl. ferner BAG EzA Nr. 14 zu § 670 BGB (m. Anm. *Käppler*).

Wertersatzanspruchs des Arbeitnehmers, wenn dieser im Interesse des Arbeitgebers seine Sachen bei der Arbeit benutzt und dabei tätigkeitsspezifische Schäden erleidet. Dogmatische Grundlage ist wiederum § 670 BGB analog[199]. Im Falle eines eigenen Verschuldens des Arbeitnehmers ist § 254 Abs. 1 BGB analog anzuwenden[200]. Der Umfang des Anspruchs richtet sich also auch hier nach der Höhe des Arbeitnehmerverschuldens einerseits und nach dem Grad der Risikozurechnung andererseits.

Sieht man die verschuldensunabhängige Haftung des Arbeitgebers für Sachschäden des Arbeitnehmers zutreffend als Fallgruppe der Haftung bei gefahrgeneigter Arbeit, so ist die Rechtslage in Bezug auf den Leiharbeitnehmer klar: Dieser hat ebenso wie bei Schädigung Dritter in entsprechender Anwendung des § 670 BGB einen Ersatzanspruch im Hinblick auf eigene Sachschäden, die er im Entleiherbetrieb erleidet; Verleiher und Entleiher haften auch insoweit gesamtschuldnerisch[201].

II. Schutz des Leiharbeitnehmers bei Kündigung und Suspendierung

Neben der Bewältigung von Leistungsstörungen im Leiharbeitsverhältnis kommt im individualarbeitsrechtlichen Bereich der Frage gesteigerte Bedeutung zu, ob der Leiharbeitnehmer im Falle von Kündigungen in gleicher Weise wie andere Arbeitnehmer geschützt ist. Da nach der Konzeption der Rechtsbeziehungen im AÜG nur der Verleiher Vertragspartner des Leiharbeitnehmers ist, steht auch nur dem Verleiher, nicht aber dem Entleiher ein Kündigungsrecht zu. Daneben stellt sich aber die Frage, ob und unter welchen Voraussetzungen die auch den Entleiher treffende Beschäftigungspflicht entfallen und diesem daher ein Suspendierungsrecht gegenüber dem Leiharbeitnehmer zustehen kann. Auch insoweit muß also der Schutz des Leiharbeitnehmers sichergestellt sein.

1. Kündigung des Arbeitsverhältnisses zwischen Verleiher und Leiharbeitnehmer

Beim unbefristeten Leiharbeitsverhältnis kommen sowohl eine ordentliche als auch eine außerordentliche Kündigung in Betracht, bei einem wirksam befristeten Leiharbeitsverhältnis (vgl. Art. 1 § 3 Abs. 1 Nr. 3, § 9 Nr. 2 AÜG) dagegen nur eine außerordentliche Kündigung.

---

199 Str.; wie hier insbes. BAG EzA Nr. 14 zu § 670 BGB; BAG NJW 1979, 1423; *Zöllner*, Arbeitsrecht, § 19 I 2; a. A. *Canaris*, RdA 1966, 41 (48); *Schumacher* (Fußn. 197), S. 40.

200 Vgl. BAG EzA Nr. 14 zu § 670 BGB (m. zust. Anm. *Käppler*).

201 Zu den Voraussetzungen des Anspruchs im einzelnen vgl. die Belege zu Fußn. 197.

a) Ordentliche Kündigung

aa) Kündigungsfristen

Auch bei der Arbeitnehmerüberlassung ist der kündigende Vertragspartner an die jeweils geltenden gesetzlichen, tarifvertraglichen oder einzelvertraglichen Kündigungsfristen gebunden. Die in § 622 BGB geregelten Kündigungsfristen treffen auch für das Verhältnis zwischen Verleiher und Leiharbeitnehmer zu; eine Ausnahme stellt § 622 Abs. 4 BGB dar, der nach Art. 1 § 11 Abs. 4 S. 1 AÜG nicht anwendbar ist. Durch diese Sonderregelung soll verhindert werden, daß der Verleiher durch einzelvertragliche Vereinbarung verkürzter Kündigungsfristen das spezifische Verleiherrisiko einer zeitweise fehlenden Einsatzmöglichkeit auf den Leiharbeitnehmer abwälzt[202].

bb) Gewährleistung des Kündigungsschutzes

(1) Allgemeiner Kündigungsschutz

Auch der Leiharbeitnehmer genießt den allgemeinen Kündigungsschutz nach den §§ 1 ff. KSchG, sofern sein Arbeitsverhältnis in demselben Verleiherbetrieb ohne Unterbrechung länger als sechs Monate bestanden hat und in dem Betrieb in der Regel mindestens sechs (Leih- und Stamm-)Arbeitnehmer beschäftigt werden (§ 1 Abs. 1, § 23 Abs. 1 S. 2 KSchG)[203]. Wegen der Voraussetzung der sechsmonatigen Wartefrist greift allerdings der allgemeine Kündigungsschutz bei Leiharbeitnehmern oft nicht ein, weil die Dauer der Arbeitsverhältnisse zwischen Verleiher und Leiharbeitnehmer regelmäßig sehr kurz ist[204]. Dies bedeutet jedoch keine spezifisch arbeitnehmerüberlassungsrechtliche Schlechterstellung der Leiharbeitnehmer, sondern beruht auf der für alle vorzeitig beendeten Arbeitsverhältnisse geltenden Wertung, daß der Arbeitnehmer erst durch eine gewisse Dauer der Betriebszugehörigkeit das Recht auf den Arbeitsplatz erwerben und dem Arbeitgeber die Möglichkeit der Erprobung des Arbeitnehmers gegeben werden soll[205]. Im übrigen ist die Regelung des Art. 1 § 9 Nr. 3 AÜG zu beachten: Wird der Leiharbeitnehmer innerhalb von drei Monaten nach Beendigung des Arbeitsverhältnisses durch eine Kündigung des Verleihers erneut eingestellt, so ist die Kündigung unwirksam mit der Folge, daß das Arbeitsverhältnis rechtlich gar nicht unterbrochen worden ist[206].

---

[202] Vgl. *Becker/Kreikebaum,* Zeitarbeit, S. 180.

[203] Vgl. *Becker/Kreikebaum,* Zeitarbeit, S. 181; *KR-Wolf* Grunds. Rdnr. 381.

[204] Der dann bestehende Grundsatz der Kündigungsfreiheit wird allerdings durch § 138 Abs. 1 BGB eingeschränkt, vgl. *G. Hueck* in Hueck, KSchG, Einl. Rdnr. 88.

[205] *G. Hueck* in Hueck, KSchG, § 1 Rdnr. 23 a.

[206] Der Leiharbeitnehmer behält also seinen Anspruch auf das Arbeits-

Soweit der allgemeine Kündigungsschutz auch für Leiharbeitnehmer gilt, ist eine Kündigung rechtsunwirksam, wenn sie sozial ungerechtfertigt ist (§ 1 KSchG). Bei einer Kündigung aus betrieblich bedingten Gründen kommt es ausschließlich auf die Verhältnisse im Verleiherbetrieb an[207]. Danach ist eine Kündigung sozial ungerechtfertigt, wenn der Verleiher den Arbeitnehmer beim Entfallen einer Einsatzmöglichkeit in einem anderen Entleiherbetrieb weiterbeschäftigen kann[208]. Im Hinblick auf die Regelung des Art. 1 § 9 Nr. 3 AÜG wird ferner allgemein die Auffassung vertreten, daß die Kündigung nicht schon dann durch dringende betriebliche Erfordernisse bedingt ist, wenn nur vorübergehend eine Überlassungsmöglichkeit entfällt[209]. Für den Fall einer personenbedingten Kündigung wird im Schrifttum zu Recht die Pflicht des Verleihers angenommen, sich bei den einzelnen Entleihern über den in der Person des Leiharbeitnehmers liegenden Kündigungsgrund zu informieren und gegebenenfalls die Angaben der Entleiher zu überprüfen[210]. Die gleiche Pflicht ist auch bei einer verhaltensbedingten Kündigung, die auf Vorfälle in der betrieblichen Sphäre des Entleihers gestützt wird, gegeben[211]. Die Verletzung dieser Erkundigungs- und Überprüfungspflicht allein führt aber noch nicht zur Sozialwidrigkeit der Kündigung, weil es insoweit allein auf den objektiven Sachverhalt ankommt. Der Verleiher trägt dann aber im Prozeß das Risiko, daß die Kündigung unwirksam ist, wenn deren Voraussetzungen objektiv nicht vorlagen[212].

(2) Besonderer Kündigungsschutz

Auch der besondere Kündigungsschutz für bestimmte Arbeitsverhältnisse, insbesondere also nach § 9 MuSchG, §§ 12 f. SchwbG, §§ 15 f. KSchG, gilt im Hinblick auf Leiharbeitnehmer, soweit die jeweiligen allgemeinen Voraussetzungen vorliegen.

cc) Beteiligungsrecht des Betriebsrats

Besteht im Verleiherbetrieb ein Betriebsrat, so ist dieser vor jeder Kündigung zu hören (§ 102 BetrVG), unabhängig davon, ob das KSchG für den betroffenen Leiharbeitnehmer anwendbar ist oder nicht[213]. Der

---

entgelt, und zwar selbst dann, wenn er nach der Kündigung dem Verleiher seine Arbeitsleistung nicht angeboten hat (Art. 1 § 10 Abs. 3 S. 1 AÜG).

[207] *Becker/Kreikebaum*, Zeitarbeit, S. 181; *KR-Wolf* Grunds. Rdnr. 381.

[208] *KR-Wolf* Grunds. Rdnr. 381.

[209] Vgl. *Becker/Kreikebaum*, Zeitarbeit, S. 181; *KR-Wolf* Grunds. Rdnr. 381.

[210] Vgl. *Becker/Kreikebaum*, Zeitarbeit, S. 181.

[211] Zutr. *Becker/Kreikebaum*, Zeitarbeit, S. 181.

[212] *G. Hueck in Hueck*, KSchG, § 1 Rdnr. 83 a.

[213] Vgl. *KR-Wolf* Grunds. Rdnr. 385.

mit dem Anhörungsrecht bezweckte Schutz der Arbeitnehmer ist ohne Zweifel gewährleistet, soweit es um die in § 102 Abs. 3 Nrn. 1 bis 5 BetrVG geregelten Widerspruchsgründe geht; bei diesen handelt es sich nämlich ausschließlich um Gesichtspunkte, für die nur auf den Verleiherbetrieb abzustellen ist[214]. Der Betriebsrat kann aber nicht nur aus den in § 102 Abs. 3 BetrVG genannten Gründen Widerspruch gegen die Kündigung einlegen; Sinn des Anhörungsverfahrens nach § 102 BetrVG ist darüber hinaus, daß der Betriebsrat ganz allgemein Bedenken gegen die geplante Kündigung geltend machen kann[215]. Dem muß insbesondere bei einer personen- oder verhaltensbedingten Kündigung, die auf Vorfälle im Entleiherbetrieb gestützt wird, durch eine detaillierte Angabe des Kündigungsgrundes Rechnung getragen werden (§ 102 Abs. 1 S. 2 BetrVG), damit sich der Betriebsrat ein Bild über die Stichhaltigkeit des Kündigungsgrundes machen kann. Besondere Bedeutung kommt hier auch der Anhörung des betroffenen Arbeitnehmers durch den Betriebsrat zu (§ 102 Abs. 2 S. 4 BetrVG).

b) Außerordentliche Kündigung

Das Leiharbeitsverhältnis kann bei Vorliegen eines wichtigen Grundes sowohl vom Verleiher als auch vom Leiharbeitnehmer ohne Einhaltung einer Kündigungsfrist gekündigt werden (§ 626 BGB). Soweit der Verleiher die außerordentliche Kündigung auf ein Verhalten des Leiharbeitnehmers im Entleiherbetrieb stützen will, darf er sich nicht auf die Angaben und Wertungen des Entleihers beschränken, sondern muß sich selbst über die Kündigungsvoraussetzungen vergewissern[216]. Auch hier ist der besondere Kündigungsschutz bestimmter Arbeitnehmer zu berücksichtigen (§ 9 MuSchG, § 103 BetrVG, § 12 SchwbG). Im übrigen muß wie bei der ordentlichen Kündigung vorher der Betriebsrat des Verleiherbetriebes gehört werden (§ 102 Abs. 1 S. 1 BetrVG).

2. *Suspendierung des Leiharbeitnehmers durch den Entleiher*

Nach allgemeiner Ansicht hat der Entleiher bei Vorliegen eines eine außerordentliche Kündigung rechtfertigenden wichtigen Grundes die Befugnis, den Leiharbeitnehmer mit sofortiger Wirkung zu suspendieren[217]. Dies entspricht der Rechtslage im dualen Arbeitsverhältnis, wo ebenfalls zur Wahrung besonders schutzwürdiger Interessen des Arbeit-

---

214 Vgl. *Fitting/Auffarth/Kaiser*, BetrVG, § 102 Rdnr. 11.

215 Vgl. *Fitting/Auffarth/Kaiser*, BetrVG, § 102 Rdnrn. 9 ff.

216 *KR-Wolf* Grunds. Rdnr. 383.

217 Vgl. *Becker/Kreikebaum*, Zeitarbeit, S. 182; *KR-Wolf* Grunds. Rdnr. 384; *Mayer-Maly*, ZfA 1972, 1 (24); *Ramm*, ZfA 1973, 263 (291 f.).

gebers eine Suspendierung des Arbeitnehmers in Betracht kommt[218]. Daß hier das Recht zur außerordentlichen Kündigung und die Suspendierungsbefugnis verschiedenen Personen zusteht, ist eine Folge der atypischen Struktur des Leiharbeitsverhältnisses, bedeutet aber keine Benachteiligung des Leiharbeitnehmers gegenüber anderen Arbeitnehmern[219].

Problematisch ist jedoch, ob zur Wirksamkeit der Suspendierung die Mitwirkung des Betriebsrats des Entleiherbetriebes erforderlich ist. Zum Teil wird im Schrifttum unter Hinweis darauf, daß die Suspendierung eine Arbeitsplatzverweigerung bedeute, in entsprechender Anwendung des § 102 BetrVG das gleiche Anhörungsrecht wie bei einer außerordentlichen Kündigung auch für die Suspendierung befürwortet[220]. Dies ist aber bereits im Hinblick auf die dazu erforderliche Regelungslücke zweifelhaft; angesichts der detaillierten Regelung des Mitbestimmungsrechts des Betriebsrats bei Kündigungen kann nicht von einer planwidrigen Unvollständigkeit des Gesetzes gerade hinsichtlich der das Arbeitsverhältnis nicht beendigenden Suspendierung die Rede sein. Nimmt man dagegen allgemein bei der Suspendierung ein Anhörungsrecht des Betriebsrats an, so muß dies konsequenterweise auch für das Verhältnis zwischen Entleiher und Leiharbeitnehmer gelten[221].

Folge der berechtigten Suspendierung durch den Entleiher ist das Ruhen der Beschäftigungspflicht des Entleihers. Ob der Arbeitnehmer im Falle einer berechtigten Suspendierung Anspruch auf Vergütungsfortzahlung hat, ist umstritten[222]. Da das Arbeitsverhältnis aber trotz Suspendierung fortbesteht, behält der Arbeitnehmer seinen Lohnanspruch[223]. Dem Arbeitgeber, hier dem Verleiher, bleibt nur die Möglichkeit einer außerordentlichen Kündigung.

Als Ergebnis bleibt festzuhalten, daß auch bei einer Kündigung oder Suspendierung der Leiharbeitnehmer in gleicher Weise wie sonstige Arbeitnehmer rechtlich geschützt ist.

---

[218] Vgl. *KR-Wolf* Grunds. Rdnrn. 232 ff.

[219] In Betracht kommt daneben eine Suspendierungsbefugnis des Verleihers, vgl. *KR-Wolf* Grunds. Rdnr. 384.

[220] Vgl. allgemein *KR-Wolf* Grunds. Rdnrn. 247 f.; speziell zum Verhältnis zwischen Entleiher und Leiharbeitnehmer *Ramm*, ZfA 1973, 263 (292); a. A. *Becker/Kreikebaum*, Zeitarbeit, S. 182; *Müllner*, Aufgespaltene Arbeitgeberstellung, S. 97; *Mumot*, Die betriebsverfassungsrechtlichen Beteiligungsrechte, S. 148 f.

[221] a. A. *KR-Wolf* Grunds. Rdnr. 385.

[222] Vgl. BAG AP Nr. 13 zu § 626 BGB Verdacht strafbarer Handlung; *KR-Wolf* Grunds. Rdnrn. 242 ff.; *Schaub*, Arbeitsrechts-Handbuch, § 95 III 1; *Zöllner*, Arbeitsrecht, § 12 VI 2.

[223] So BAG (Fußn. 222); LAG Hamm DB 1975, 1131 (1132); *Schaub* (Fußn. 222); *Zöllner* (Fußn. 222).

C. Kollektivarbeitsrechtliche Einordnung der Arbeitnehmerüberlassung

I. Betriebsverfassungs- und personalvertretungsrechtliche Stellung des Leiharbeitnehmers

1. Zuordnung des Leiharbeitnehmers zum Verleiherbetrieb (Art. 1 § 14 Abs. 1 AÜG)

Das AÜG bestimmt nunmehr in Art. 1 § 14 Abs. 1 AÜG[224], daß Leiharbeitnehmer auch während der Zeit ihrer Arbeitsleistung bei einem Entleiher Angehörige des entsendenden Betriebs des Verleihers bleiben. Aus dieser Vorschrift läßt sich ableiten, daß der Gesetzgeber von einer prinzipiellen betriebsverfassungsrechtlichen Zuordnung des Leiharbeitnehmers zum Verleiherbetrieb ausgeht[225]. Dies bedeutet zunächst, daß die Leiharbeitnehmer bei der Feststellung der Betriebsratsfähigkeit des Verleiherbetriebes neben den etwa vorhandenen Stammarbeitnehmern nach § 1 BetrVG mitzuberücksichtigen sind[226]. Sie haben ferner das aktive und passive Wahlrecht (§§ 7, 8 BetrVG) und sind bei der Berechnung der Betriebsratssitze (§ 9 BetrVG) mitzuzählen[227]. Sie sind befugt, während der Arbeitszeit die Sprechstunden der im Verleiherbetrieb bestehenden betriebsverfassungsrechtlichen Arbeitnehmervertretungen aufzusuchen und an den im Verleiherbetrieb stattfindenden Betriebsversammlungen teilzunehmen[228]. Leiharbeitnehmer haben gegenüber dem Verleiher auch die Individualrechte der §§ 81 ff. BetrVG[229]. Der Betriebsrat des Verleiherbetriebes nimmt hinsichtlich der Leiharbeitnehmer grundsätzlich alle Mitbestimmungsrechte in sozialen, personellen und wirtschaftlichen Angelegenheiten wahr (§§ 87 ff., 92 ff., 106 ff. BetrVG)[230]. Auf das Anhörungsrecht des Verleiherbetriebsrats bei Kündigungen nach § 102 BetrVG wurde bereits hingewiesen[231]. Zu berück-

---

224 Eingefügt durch das Gesetz zur Bekämpfung der illegalen Beschäftigung vom 15. Dezember 1981, BGBl. I. S. 1390.

225 Art. 1 § 14 Abs. 1 AÜG folgt damit der individualarbeitsrechtlichen Zuordnung des Leiharbeitnehmers zum Verleiher nach Art. 1 § 1 AÜG; vgl. *Becker*, AuR 1982, 369 (371); *Sandmann/Marschall*, AÜG, Art. 1 § 14 Anm. 3.

226 Vgl. *Müllner*, Aufgespaltene Arbeitgeberstellung, S. 70.

227 Vgl. *Becker*, AuR 1982, 369 (372); *Dietz/Richardi*, BetrVG, § 5 Rdnr. 78; *Franßen/Haesen*, AÜG, Einl. Rdnr. 35; *Müllner*, Aufgespaltene Arbeitgeberstellung, S. 70; *Sandmann/Marschall*, AÜG, Art. 1 § 14 Anm. 4.

228 Vgl. *Becker*, AuR 1982, 369 (373).

229 Vgl. *Müllner*, Aufgespaltene Arbeitgeberstellung, S. 71; *Mumot*, Die betriebsverfassungsrechtlichen Beteiligungsrechte, S. 67 f.

230 Vgl. *Becker*, AuR 1982, 369 (374); *Müllner*, Aufgespaltene Arbeitgeberstellung, S. 71 f.; *Mumot*, Die betriebsverfassungsrechtlichen Beteiligungsrechte, S. 68 ff.

231 s. o. § 9 B. II. 1 a) cc).

sichtigen ist, daß bei der gewerbsmäßigen Arbeitnehmerüberlassung der jeweilige Einsatz des Leiharbeitnehmers im Entleiherbetrieb keine Versetzung im Sinne der §§ 95 Abs. 3 S. 1, 99 Abs. 1 BetrVG darstellt und damit nicht dem Unterrichtungs- und Mitbestimmungsrecht des Verleiherbetriebsrats nach § 99 BetrVG unterliegt, weil Leiharbeitnehmer nach der Eigenart ihres Arbeitsverhältnisses üblicherweise nicht ständig an einem bestimmten Arbeitsplatz beschäftigt werden (vgl. § 95 Abs. 3 S. 2 BetrVG)[232].

Wenn auch der Leiharbeitnehmer grundsätzlich betriebsverfassungsrechtlich dem Verleiherbetrieb zugeordnet ist, so darf doch nicht außer acht gelassen werden, daß der Leiharbeitnehmer seine Arbeitsleistung im Entleiherbetrieb erbringt und daß der Entleiher das Weisungsrecht ihm gegenüber ausübt. Der Verleiherbetriebsrat ist insoweit weder tatsächlich in der Lage noch hat er die rechtliche Befugnis, solche betriebsverfassungsrechtlichen Aufgaben und Beteiligungsrechte wahrzunehmen, die an die Einordnung des Arbeitnehmers in den Betriebsablauf anknüpfen oder eine Begrenzung des Arbeitgeberweisungsrechts zum Gegenstand haben[233]. Dies gilt beispielsweise für die Überwachung der Einhaltung des Gleichbehandlungsgrundsatzes (§ 75 BetrVG) und der zugunsten der Arbeitnehmer geltenden Gesetze, Rechtsverordnungen und Unfallverhütungsvorschriften (§ 80 Abs. 1 Nr. 1 BetrVG) im Entleiherbetrieb. Auch im Bereich der sozialen Angelegenheiten kann der Verleiherbetriebsrat wegen der atypischen Struktur des Leiharbeitsverhältnisses eine Reihe von Mitbestimmungsrechten nicht ausüben. Zu nennen sind in diesem Zusammenhang etwa Fragen der Ordnung des Entleiherbetriebes und des Verhaltens der Arbeitnehmer im Entleiherbetrieb (§ 87 Abs. 1 Nr. 1 BetrVG), die Einführung und Anwendung von technischen Einrichtungen zur Überwachung der Arbeitnehmer (§ 87 Abs. 1 Nr. 6 BetrVG) sowie Fragen des Arbeitsschutzes und der Unfallverhütung (§ 87 Abs. 1 Nr. 7, § 88 Nr. 1, § 89 BetrVG)[234]. Ein lückenloser betriebsverfassungsrechtlicher Schutz der Leiharbeitnehmer ist somit allein im Verleiherbetrieb nicht zu verwirklichen[235]. Abgesehen davon ist zu berücksichtigen, daß durch die Beschäftigung von

---

[232] Vgl. *Becker*, AuR 1982, 369 (374); *Fitting/Auffarth/Kaiser*, BetrVG, § 99 Rdnr. 15; *Müllner*, Aufgespaltene Arbeitgeberstellung, S. 72.

[233] Vgl. dazu BAG AP Nr. 2 zu § 99 BetrVG 1972 Bl. 2 R; *Becker*, AuR 1982, 369 (370, 374); *dens.*, BlStSozArbR 1976, 225 (230); *Mayer*, AuR 1974, 353 (361); *Mumot*, Die betriebsverfassungsrechtlichen Beteiligungsrechte, S. 70; *Ramm*, ZfA 1973, 263 (284 f.); *dens.*, DB 1973, 1170 (1174).

[234] Vgl. BAG AP Nr. 2 zu § 99 BetrVG 1972 (m. Anm. *Kraft*) = SAE 1975, 145 (m. Anm. *G. Hueck*) = DB 1974, 1580; LAG Hamm, DB 1973, 1511; *Becker*, AuR 1982, 369 (374); *Mayer*, AuR 1974, 353 (361); *Mumot*, Die betriebsverfassungsrechtlichen Beteiligungsrechte, S. 70; *Ramm*, ZfA 1973, 263 (284).

[235] Vgl. auch *Kraft*, Anm. zu BAG AP Nr. 2 zu § 99 BetrVG 1972 Bl. 4 R.

Leiharbeitnehmern die Interessen der Belegschaft des Entleiherbetriebes berührt werden können (vgl. etwa § 99 Abs. 2 Nrn. 3, 6 BetrVG); ein wirksamer Schutz dieser Interessen ist aber nur durch den Entleiherbetriebsrat möglich[236].

2. *Betriebsverfassungs- und personalvertretungsrechtliche Zuordnung des Leiharbeitnehmers zum Entleiher*

a) Normative Ausgangslage

Es ist daher zu begrüßen, daß das AÜG nunmehr in Art. 1 § 14 Abs. 2 bis 4 von einer partiellen betriebsverfassungs- und personalvertretungsrechtlichen Zuordnung des Leiharbeitnehmers auch zum Entleiher ausgeht[237]. Eine entsprechende Regelung enthielt bereits der Referentenentwurf eines „Ersten Gesetzes zur Änderung des AÜG" von 1975[238]. Während dieser jedoch eine generalklauselartige Zuständigkeitsregelung für die im Entleiherbetrieb bestehenden betriebsverfassungsrechtlichen Arbeitnehmervertretungen vorsah, klärt Art. 1 § 14 AÜG lediglich einzelne betriebsverfassungs- und personalvertretungsrechtliche Fragen, die bisher im Schrifttum zum Teil kontrovers diskutiert wurden und auch schon die Rechtsprechung beschäftigt haben[239].

Art. 1 § 14 Abs. 2 S. 1 AÜG bestimmt zunächst, daß Leiharbeitnehmer bei der Wahl der betriebsverfassungsrechtlichen Arbeitnehmervertretungen im Entleiherbetrieb weder wahlberechtigt noch wählbar sind. Dies entspricht der bereits bisher überwiegend vertretenen Auffassung, die zur Begründung auf das Fehlen einer arbeitsvertraglichen Beziehung zwischen Entleiher und Leiharbeitnehmer verwies[240]. Zum Teil wurde demgegenüber vor der Gesetzesnovellierung die Ansicht vertreten, daß Leiharbeitnehmern auch im Entleiherbetrieb bei der Wahl der betriebsverfassungsrechtlichen Arbeitnehmervertretungen das aktive

---

[236] Vgl. *Frerichs/Möller/Ulber*, Leiharbeit, S. 75, 77; *Müllner*, Aufgespaltene Arbeitgeberstellung, S. 79.

[237] Da Leiharbeitnehmer ihre Arbeitsleistung im Entleiherbetrieb nicht aufgrund eines mit dem Entleiher geschlossenen Arbeitsvertrages erbringen, gehören sie nicht zur Belegschaft des Entleiherbetriebes nach § 5 BetrVG; eine umfassende betriebsverfassungsrechtliche Zuordnung der Leiharbeitnehmer zum Entleiherbetrieb scheidet bereits deshalb aus; vgl. im übrigen *Bekker*, AuR 1982, 369 (371); *Sandmann/Marschall*, AÜG, Art. 1 § 14 Anm. 4 (m. w. N.).

[238] Zum Inhalt des Referentenentwurfs vgl. *Becker*, ZRP 1976, 288 (289 f.); *dens.*, BlStSozArbR 1976, 225 (228 ff.).

[239] Vgl. im einzelnen *Becker*, AuR 1982, 369 ff.

[240] Vgl. *Bulla*, DB 1975, 1795 (1796 f.); *Dietz/Richardi*, BetrVG, § 5 Rdnr. 79; *Fitting/Auffarth/Kaiser*, BetrVG, § 5 Rdnr. 7 b, § 7 Rdnr. 7; *Moritz*, BB 1972, 1569 f.; *Müllner*, Aufgespaltene Arbeitgeberstellung, S. 73 ff.; *Thiele*, GK-BetrVG, § 7 Rdnr. 16.

Wahlrecht eingeräumt werden müßte, weil eine Reihe von Beteiligungsrechten lediglich an die Integration des Arbeitnehmers in den Betrieb und an die Weisungsbefugnisse des Arbeitgebers anknüpfen und sich somit auch auf die im Entleiherbetrieb beschäftigten Leiharbeitnehmer erstrecken würden; dies bedürfe jedoch der Legitimation durch die Betroffenen[241]. Es ist aber zu berücksichtigen, daß es durchaus auch Fälle gibt, in denen der Betriebsrat Arbeitnehmer repräsentiert, die an der Wahl des Betriebsrats nicht teilgenommen haben; dies gilt etwa für Arbeitnehmer, die erst nach der Betriebsratswahl in den Betrieb gekommen sind oder die das 18. Lebensjahr noch nicht vollendet haben und daher gemäß § 7 BetrVG nicht wahlberechtigt sind[242]. Im übrigen spricht gegen ein Wahlrecht der Leiharbeitnehmer, daß diese nur vorübergehend im Entleiherbetrieb beschäftigt werden und daher die Wahlbewerber kaum kennen[243]. Schließlich muß auch beachtet werden, daß die Leiharbeitnehmer von der Tätigkeit des Betriebsrats im Entleiherbetrieb erheblich weniger berührt werden als die Stammbelegschaft, und zwar zum einen wegen ihres zeitlich begrenzten Arbeitseinsatzes und zum anderen, weil zahlreiche Beteiligungsrechte sie gar nicht betreffen (vgl. nur § 87 Abs. 1 Nrn. 4, 5, 10, 11 BetrVG)[244]. Der nunmehr erfolgte gesetzliche Ausschluß des Wahlrechts der Leiharbeitnehmer im Entleiherbetrieb ist daher durchaus sachgerecht[245]. Als Konsequenz daraus ergibt sich, daß Leiharbeitnehmer bei der Feststellung der Betriebsratsfähigkeit des Entleiherbetriebes nach § 1 BetrVG nicht zu berücksichtigen sind[246]. Das gleiche gilt für die Bestimmung der Betriebsratsgröße nach § 9 BetrVG[247], und zwar auch, soweit diese Vorschrift nicht an die Zahl der wahlberechtigten Arbeitnehmer anknüpft, weil es dann nämlich auf die Anzahl der im Entleiherbetrieb regelmäßig beschäftigten Arbeitnehmer ankommt[248].

Art. 1 § 14 Abs. 2 S. 2 AÜG bestimmt nunmehr, daß Leiharbeitnehmer berechtigt sind, die Sprechstunden der im Entleiherbetrieb bestehenden Arbeitnehmervertretungen aufzusuchen und an den Betriebs- und Ju-

---

[241] Vgl. *Becker/Wulfgramm*, AÜG, Art. 1 § 11 Rdnr. 39 b; *Franßen/Haesen*, AÜG, Einl. Rdnr. 37; *Kraft*, GK-BetrVG, § 5 Rdnr. 14; *Mumot*, Die betriebsverfassungsrechtlichen Beteiligungsrechte, S. 159 ff.; *Ramm*, DB 1973, 1170 (1174); unentschieden BAG AP Nr. 2 zu § 99 BetrVG 1972.

[242] Zutr. *Müllner*, Aufgespaltene Arbeitgeberstellung, S. 75.

[243] Zutr. *Frerichs/Möller/Ulber*, Leiharbeit, S. 88; *Müllner*, Aufgespaltene Arbeitgeberstellung, S. 74.

[244] Vgl. *Müllner*, Aufgespaltene Arbeitgeberstellung, S. 74.

[245] a. A. *Becker*, AuR 1982, 369 (372 f.).

[246] Vgl. *Frerichs/Möller/Ulber*, Leiharbeit, S. 89; *Müllner*, Aufgespaltene Arbeitgeberstellung, S. 76 f.

[247] Vgl. *Müllner* (Fußn. 246); *Sandmann/Marschall*, AÜG, Art. 1 § 14 Anm. 9.

[248] a. A. insoweit *Frerichs/Möller/Ulber*, Leiharbeit, S. 89.

gendversammlungen im Entleiherbetrieb teilzunehmen[249]. Diese Rechte wurden allerdings allgemein dem Leiharbeitnehmer bereits vor der Gesetzesnovellierung im Wege der Rechtsfortbildung zugestanden[250]. Das gleiche gilt für die jetzt in Art. 1 § 14 Abs. 2 S. 3 AÜG in Verbindung mit §§ 81, 82 Abs. 1, 84 und 85 BetrVG normierten Individualrechte der Leiharbeitnehmer im Entleiherbetrieb[251]. Soweit für den Entleiherbetrieb durch Tarifvertrag oder Betriebsvereinbarung Einzelheiten des Beschwerdeverfahrens geregelt sind (vgl. dazu § 86 BetrVG), gelten diese nach Art. 1 § 14 Abs. 2 S. 3 AÜG auch für den Leiharbeitnehmer.

Anknüpfend an die Rechtsprechung des BAG[252] bestimmt Art. 1 § 14 Abs. 3 S. 1 AÜG, daß der Betriebsrat des Entleiherbetriebes vor der Übernahme eines Leiharbeitnehmers zur Arbeitsleistung nach § 99 BetrVG zu beteiligen ist. Die Unterrichtungspflicht des Arbeitgebers nach § 99 Abs. 1 S. 1 BetrVG modifiziert Art. 1 § 14 Abs. 3 S. 2 AÜG für den Entleiher dahingehend, daß dieser dem Betriebsrat auch die schriftliche Erklärung des Verleihers über die Erlaubnis zum Betreiben des Arbeitnehmerüberlassungsgewerbes (Art. 1 § 12 Abs. 1 S. 2 AÜG) vorzulegen hat[253]. Der Entleiher ist ferner nach Art. 1 § 14 Abs. 3 S. 3 AÜG verpflichtet, Mitteilungen des Verleihers über den Wegfall der Erlaubnis (vgl. Art. 1 § 12 Abs. 2 AÜG) unverzüglich dem Betriebsrat bekanntzugeben. Dem Betriebsrat des Entleiherbetriebes kommt damit eine wichtige Kontrollfunktion im Hinblick auf die Einhaltung des Arbeitnehmerüberlassungsgesetzes zu, die noch dadurch verstärkt wird, daß der Betriebsrat durch Rückfrage bei der Bundesanstalt für Arbeit die Richtigkeit der Angaben des Verleihers überprüfen kann[254].

Eine Verweigerung der Zustimmung zur Übernahme eines Leiharbeitnehmers ist allerdings nur in den in § 99 Abs. 2 BetrVG geregelten

---

[249] Für die hierdurch ausfallende Arbeitszeit hat der Verleiher dem Leiharbeitnehmer das vereinbarte Arbeitsentgelt weiterzuzahlen (§ 39 Abs. 3, § 44 Abs. 1, § 69 S. 2, § 71 BetrVG), vgl. *Becker*, AuR 1982, 369 (373); *Sandmann/Marschall*, AÜG, Art. 1 § 14 Anm. 11.

[250] Vgl. *Fitting/Auffarth/Kaiser*, BetrVG, § 5 Rdnr. 7 b; *Halbach*, DB 1980, 2389 (2390).

[251] Vgl. *Becker*, AuR 1982, 369 (373) m. w. N.

[252] Vgl. BAG AP Nr. 2 zu § 99 BetrVG 1972 = SAE 1975, 145 = NJW 1974, 1966; BAG AP Nr. 6 zu § 99 BetrVG 1972 = SAE 1979, 1 = DB 1978, 1841.

[253] Zu Recht erstreckt das BAG AP Nr. 6 zu § 99 BetrVG 1972 (m. zust. Anm. *Löwisch/Mikosch*) = SAE 1979, 1 die Vorlagepflicht des Entleihers auf den ganzen Arbeitnehmerüberlassungsvertrag, weil nur so der Entleiherbetriebsrat eine hinreichende tatsächliche Grundlage für die Entscheidung über die Ausübung seines Zustimmungsverweigerungsrechts erhält (vgl. insbes. § 99 Abs. 2 Nrn. 1, 3, 6 BetrVG!); so auch — trotz des engeren Wortlauts des Art. 1 § 14 Abs. 3 S. 2 AÜG — *Becker*, AuR 1982, 369 (375); *Sandmann/Marschall*, AÜG, Art. 1 § 14 Anm. 20; abl. *Herschel*, Anm. zu BAG SAE 1979, 1 (3).

[254] Vgl. insbes. *Becker*, AuR 1982, 369 (375); *Frerichs/Möller/Ulber*, Leiharbeit, S. 70 ff.

Fällen möglich[255]. Von besonderer Bedeutung ist hier zunächst § 99 Abs. 2 Nr. 1 BetrVG, nach dem der Entleiherbetriebsrat die Zustimmung u. a. dann verweigern kann, wenn die Arbeitsaufnahme des Leiharbeitnehmers im Entleiherbetrieb gegen ein Gesetz, eine Verordnung oder eine Unfallverhütungsvorschrift verstößt. In Betracht kommen etwa Verstöße gegen §§ 3, 4, 6, 8 MuSchG, §§ 22 ff. JugArbSchG, § 110 AFG, § 16 AZO oder gegen Vorschriften, die aufgrund von § 120 e GewO erlassen worden sind[256]; ein Zustimmungsverweigerungsrecht besteht ferner, wenn der Verleiher nicht über die nach Art. 1 § 1 Abs. 1 AÜG erforderliche Erlaubnis verfügt oder einer der in Art. 1 § 3 Abs. 1 Nrn. 1 bis 6 AÜG geregelten Erlaubnisversagungstatbestände eingreift[257]. Auch Verstöße gegen Tarifverträge oder Betriebsvereinbarungen, die im Entleiherbetrieb gelten, berechtigen den Betriebsrat zur Verweigerung der Zustimmung nach § 99 Abs. 2 Nr. 1 BetrVG[258]. Verstößt die Übernahme von Leiharbeitnehmern gegen eine im Entleiherbetrieb bestehende Auswahlrichtlinie nach § 95 BetrVG, so ist nach § 99 Abs. 2 Nr. 2 BetrVG ebenfalls ein Zustimmungsverweigerungsrecht des Betriebsrats gegeben[259]. Der Widerspruchsgrund des § 99 Abs. 2 Nr. 3 BetrVG greift dann ein, wenn die Besorgnis besteht, daß infolge der Beschäftigung der Leiharbeitnehmer Stammarbeitnehmer des Entleiherbetriebes gekündigt werden oder sonstige Nachteile erleiden, also etwa einen anderen Arbeitsplatz mit erschwerten Arbeitsbedingungen zugewiesen bekommen[260]. Das Zustimmungsverweigerungsrecht des Betriebsrats besteht allerdings dann nicht, wenn die Nachteile aus betrieblichen oder persönlichen Gründen gerechtfertigt sind, wenn also beispielsweise Arbeitsplätze nur durch den Rückgriff auf Leiharbeitnehmer besetzt werden können[261]. Auch der Widerspruchsgrund des § 99 Abs. 2 Nr. 4 BetrVG kommt in Betracht, soweit es um die Beschäftigung von Leiharbeitnehmern geht[262]. Das gleiche gilt für § 99 Abs. 2 Nr. 5 BetrVG[263]. Besteht

[255] Eine sozial- oder arbeitsmarktpolitisch motivierte Ablehnung der gewerbsmäßigen Arbeitnehmerüberlassung berechtigt also nicht zur Zustimmungsverweigerung nach § 99 Abs. 2 BetrVG, vgl. *Becker*, AuR 1982, 369 (375); *Sandmann/Marschall*, AÜG, Art. 1 § 14 Anm. 21.

[256] Vgl. *Fitting/Auffarth/Kaiser*, BetrVG, § 99 Rdnr. 26.

[257] *Frerichs/Möller/Ulber*, Leiharbeit, S. 74.

[258] Vgl. im einzelnen *Frerichs/Möller/Ulber*, Leiharbeit, S. 74.

[259] Zutr. BAG AP Nr. 2 zu § 99 BetrVG 1972 Bl. 3 R; *Frerichs/Möller/Ulber*, Leiharbeit, S. 74 f.; a. A. *Hunold*, BB 1976, 648 (650); *Windbichler*, DB 1975, 739 (741).

[260] Vgl. im einzelnen *Frerichs/Möller/Ulber*, Leiharbeit, S. 75.

[261] Vgl. *Frerichs/Möller/Ulber*, Leiharbeit, S. 76.

[262] So auch *Frerichs/Möller/Ulber*, Leiharbeit, S. 76; a. A. *Hunold*, BB 1976, 648 (650).

[263] Vgl. BAG AP Nr. 2 zu § 99 BetrVG 1972 Bl. 3 R; *Frerichs/Möller/Ulber*, Leiharbeit, S. 77; a. A. *Hunold*, BB 1976, 648 (650); *Windbichler*, DB 1975, 739 (741).

die durch Tatsachen begründete Besorgnis, daß der Leiharbeitnehmer den Betriebsfrieden stören wird, so kann der Betriebsrat die Zustimmung zur Übernahme des Leiharbeitnehmers auch nach § 99 Abs. 2 Nr. 6 BetrVG verweigern[264]. Soweit es sich bei der Beschäftigung von Leiharbeitnehmern um einen Eilfall im Sinne des § 100 Abs. 1 BetrVG handelt, kann der Entleiher die Maßnahme vorläufig durchführen, bevor der Betriebsrat sich geäußert hat oder wenn er die Zustimmung verweigert hat[265]; der Entleiher muß dann allerdings nach Maßgabe des § 100 Abs. 2, 3 BetrVG verfahren. Im Unterschied zur Arbeitnehmerüberlassung besteht beim Einsatz von Arbeitnehmern in Drittbetrieben aufgrund von Werkverträgen kein Mitwirkungsrecht des Betriebsrats nach § 99 BetrVG[266]. Ist zwischen dem Inhaber des Drittbetriebes und dessen Betriebsrat umstritten, welche Form des drittbezogenen Personaleinsatzes vorliegt, so kann jeder der Beteiligten ein arbeitsgerichtliches Beschlußverfahren einleiten[267]. Dem Betriebsrat des Drittbetriebes kommt somit auch eine wichtige Funktion bei der Bekämpfung von Scheinwerkverträgen zu, die in der Praxis häufig zur Verschleierung gewerbsmäßiger Arbeitnehmerüberlassung abgeschlossen werden[268].

Nach Art. 1 § 14 Abs. 4 AÜG gelten die Vorschriften des Art. 1 § 14 Abs. 1, Abs. 2 S. 1, 2 und Abs. 3 AÜG für die Anwendung des Bundespersonalvertretungsgesetzes sinngemäß. Daraus folgt, daß auch Leiharbeitnehmer des öffentlichen Dienstes während ihrer Arbeitsleistung bei der entleihenden Dienststelle prinzipiell dem Verleiher betriebsverfassungsrechtlich zugeordnet bleiben [269]. Leiharbeitnehmer sind bei der Wahl der Personalvertretung in der Entleiherdienststelle weder wahlberechtigt noch wählbar[270]. Sie sind berechtigt, die Sprechstunden des Personalrats und der Jugendvertretung aufzusuchen (vgl. §§ 43, 62 BPersVG) und an den Personal- und Jugendversammlungen teilzunehmen (vgl. §§ 48, 63 BPersVG)[271]. Die sinngemäße Anwendung des Art. 1 § 14 Abs. 3 AÜG führt dazu, daß der Personalrat des Entleihers

---

264 Vgl. *Frerichs/Möller/Ulber*, Leiharbeit, S. 77; *Hunold*, BB 1976, 648 (650); *Löwisch/Mikosch*, Anm. zu BAG AP Nr. 6 zu § 99 BetrVG 1972 Bl. 3 R.

265 Vgl. dazu *G. Hueck*, Anm. zu BAG SAE 1975, 145 (151); *Windbichler*, DB 1975, 739 (742).

266 Vgl. *Becker*, AuR 1982, 369 (379); *Halbach*, DB 1980, 2389 (2393).

267 Vgl. *Sandmann/Marschall*, AÜG, Art. 1 § 14 Anm. 17.

268 Vgl. dazu *Frerichs/Möller/Ulber*, Leiharbeit, S. 92 ff.

269 *Sandmann/Marschall*, AÜG, Art. 1 § 14 Anm. 25.

270 *Sandmann/Marschall*, AÜG, Art. 1 § 14 Anm. 25. Leiharbeitnehmer sind aber nach wie vor für die Vertretung der nicht ständig Beschäftigten nach § 65 BPersVG wahlberechtigt und wählbar; Zweck dieser Vertretung ist nämlich gerade die Wahrnehmung der besonderen Belange der nur vorübergehend in der Dienststelle Beschäftigten, also auch der Leiharbeitnehmer, vgl. *Dietz/Richardi*, BPersVG, § 4 Rdnr. 40, § 65 Rdnr. 5.

271 Vgl. *Sandmann/Marschall*, AÜG, Art. 1 § 14 Anm. 25.

bei der Übernahme von Leiharbeitnehmern zur Arbeitsleistung gemäß § 75 Abs. 1 Nr. 1 BPersVG mitzubestimmen hat[272]. Der Personalrat kann aber die Zustimmung zur Übernahme der Leiharbeitnehmer lediglich aus den in § 77 Abs. 2 BPersVG genannten Gründen verweigern.

Art. 1 § 14 Abs. 4 AÜG bezieht sich nur auf das Bundespersonalvertretungsgesetz, enthält also für das Personalvertretungsrecht der Länder keine Regelung[273]. Die Landesgesetzgeber haben die personalvertretungsrechtliche Stellung der Leiharbeitnehmer für ihren Bereich bisher nicht geregelt.

b) Über die gesetzliche Regelung hinausgehende Zuordnung des Leiharbeitnehmers zum Entleiher

Nach Art. 1 § 14 AÜG ist der Leiharbeitnehmer zwar nur partiell betriebsverfassungs- und personalvertretungsrechtlich dem Entleiher zugeordnet. Dies bedeutet jedoch nicht, daß die Zuständigkeit des Entleiherbetriebsrats oder -personalrats für die Leiharbeitnehmer auf den in Art. 1 § 14 Abs. 2 bis 4 AÜG normierten Umfang begrenzt ist. Die Schutzfunktion des Betriebsverfassungs- und Personalvertretungsrechts gebietet vielmehr — über die gesetzliche Regelung hinaus — allgemein die Erstreckung aller solcher Beteiligungsrechte des Entleiherbetriebsrats oder -personalrats auf die Leiharbeitnehmer, die an die Erbringung der Arbeitsleistung beim Entleiher anknüpfen oder eine Begrenzung der Weisungsbefugnisse des Entleihers zum Gegenstand haben[274]. Dies entspricht auch der im Gesetzgebungsverfahren zu Art. 1 § 14 AÜG zum Ausdruck gelangten Auffassung der Bundesregierung[275]. Danach ist die betriebsverfassungs- und personalvertretungsrechtliche Zuordnung des Leiharbeitnehmers zum Entleiher in Art. 1 § 14 Abs. 2 bis 4 AÜG nicht abschließend geregelt; es besteht insoweit vielmehr nach wie vor eine durch Art. 1 § 14 AÜG lediglich verkleinerte Regelungslücke, die im Wege der Rechtsfortbildung durch die Feststellung weiterer Beteiligungsrechte und Aufgaben des Betriebsrats und Personalrats bezüglich der Leiharbeitnehmer zu schließen ist[276].

---

[272] Vgl. *Sandmann/Marschall*, AÜG, Art. 1 § 14 Anm. 26.

[273] Vgl. *Becker/Wulfgramm*, BlStSozArbR 1982, 81 (85); *Sandmann/Marschall*, AÜG, Art. 1 § 14 Anm. 24.

[274] Vgl. dazu *Becker*, AuR 1982, 369 (370, 375); *Dietz/Richardi*, BetrVG, § 5 Rdnr. 80; *Halbach*, DB 1980, 2389 (2390); *Herschel*, Anm. zu BAG SAE 1979, 1 (3); *Kraft*, Anm. zu BAG AP Nr. 2 zu § 99 BetrVG 1972, Bl. 4 R.

[275] Vgl. die Begründung des RegE eines Gesetzes zur Bekämpfung der illegalen Beschäftigung, BT-Drucks. 9/847, S. 8 f.

[276] Allg. Ansicht; vgl. *Becker*, AuR 1982, 369 (371, 375); *Dietz/Richardi*, BetrVG, § 5 Rdnr. 80; *Sandmann/Marschall*, AÜG, Art. 1 § 14 Anm. 2.

aa) Allgemeine Aufgaben des Entleiherbetriebsrats und -personalrats

So besteht zunächst die Pflicht des Betriebsrats zur Überwachung der Gleichbehandlung und zum Schutz der Persönlichkeit der Arbeitnehmer nach § 75 BetrVG auch im Verhältnis zu den Leiharbeitnehmern[277]. Der Betriebsrat hat ferner darüber zu wachen, daß die zugunsten der Leiharbeitnehmer im Entleiherbetrieb geltenden Gesetze, Verordnungen und Unfallverhütungsvorschriften durchgeführt werden (vgl. § 80 Abs. 1 Nr. 1 BetrVG)[278]. Auch andere in § 80 BetrVG normierte allgemeine Aufgaben des Betriebsrats können sich auf Leiharbeitnehmer erstrecken. In Betracht kommt vor allem § 80 Abs. 1 Nr. 3 BetrVG, nach dem der Betriebsrat u. a. Anregungen von Arbeitnehmern entgegenzunehmen und gegebenenfalls beim Arbeitgeber darauf hinzuwirken hat, daß sie berücksichtigt werden[279]. Für einen Spezialfall der Anregung, nämlich die Beschwerde gemäß §§ 84 f. BetrVG, hat der Gesetzgeber nunmehr selbst in Art. 1 § 14 Abs. 2 S. 3 AÜG die Geltung der einschlägigen Vorschriften im Entleiherbetrieb auch für Leiharbeitnehmer geregelt[280]. Soweit ausländische Leiharbeitnehmer beschäftigt werden, ist auch eine Anwendung des § 80 Abs. 1 Nr. 7 BetrVG denkbar[281].

bb) Soziale Angelegenheiten

Besondere Bedeutung für den Leiharbeitnehmerschutz, aber auch für den Schutz der Belegschaft des Entleiherbetriebes kommt der Frage zu, inwieweit sich die Mitbestimmungsrechte und Aufgaben des Entleiherbetriebsrats in sozialen Angelegenheiten (§§ 87 ff. BetrVG) auf die Leiharbeitnehmer erstrecken[282]. Dies ist hinsichtlich solcher Tatbestände der

---

[277] Dies ergibt sich bereits aus dem Wortlaut des § 75 BetrVG, der sich auf „alle im Betrieb tätigen Personen" bezieht; vgl. auch *Frerichs/Möller/Ulber*, Leiharbeit, S. 81; *Müllner*, Aufgespaltene Arbeitgeberstellung, S. 73; *Ramm*, DB 1973, 1170 (1174). Für Leiharbeitnehmer im öffentlichen Dienst gelten § 67 Abs. 1 S. 1, 2 BPersVG sowie die einschlägigen Vorschriften in den Landespersonalvertretungsgesetzen, vgl. insoweit die Nachweise bei *Dietz/Richardi*, BPersVG, § 67 Rdnr. 50.

[278] Vgl. BAG AP Nr. 2 zu § 99 BetrVG 1972 Bl. 2; *Becker*, AuR 1982, 369 (372); *Halbach*, DB 1980, 2389 (2390); *Kraft*, GK-BetrVG, § 5 Rdnr. 14. Für den Bereich des öffentlichen Dienstes gelten insoweit § 68 Abs. 1 Nr. 2 BPersVG sowie die entsprechenden Vorschriften in den Landespersonalvertretungsgesetzen, vgl. dazu die Nachweise bei *Dietz/Richardi*, BPersVG, § 68 Rdnr. 67.

[279] Für Leiharbeitnehmer des öffentlichen Dienstes vgl. § 68 Abs. 1 Nr. 3 BPersVG sowie die entsprechenden Vorschriften der Landespersonalvertretungsgesetze, vgl. dazu die Nachweise bei *Dietz/Richardi* (Fußn. 278).

[280] Anregung ist der Oberbegriff für Vorschläge und Beschwerden, vgl. *Fitting/Auffarth/Kaiser*, BetrVG, § 80 Rdnr. 10.

[281] Für den öffentlichen Dienst gelten insoweit § 68 Abs. 1 Nr. 6 BPersVG und die entsprechenden Vorschriften der Landespersonalvertretungsgesetze, vgl. dazu *Dietz/Richardi* (Fußn. 278).

[282] Vgl. hierzu *Becker*, AuR 1982, 369 (375 f.); *Frerichs/Möller/Ulber*, Leih-

Fall, die an die Einordnung der Arbeitnehmer in die betriebliche Organisation des Arbeitgebers und an die Weisungsunterworfenheit der Arbeitnehmer anknüpfen[283]. So leuchtet ohne weiteres ein, daß das Mitbestimmungsrecht des Betriebsrats in Fragen der Ordnung des Betriebs und des Verhaltens der Arbeitnehmer im Betrieb (§ 87 Abs. 1 Nr. 1 BetrVG) auch im Hinblick auf die Leiharbeitnehmer bestehen muß, weil insoweit eine einheitliche Regelung für alle im Betrieb tätigen Personen zur Erreichung des Betriebszwecks und zur Wahrung des Betriebsfriedens erforderlich ist[284]. Soweit der Entleiher im Hinblick auf die Lage und den Umfang der Arbeitszeit Weisungsbefugnisse gegenüber den Leiharbeitnehmern hat, erstrecken sich die Mitbestimmungsrechte des Betriebsrats nach § 87 Abs. 1 Nrn. 2, 3 BetrVG ebenfalls auf die Leiharbeitnehmer[285]. Die Vorschriften des § 87 Abs. 1 Nrn. 4, 5 BetrVG haben dagegen arbeitsrechtliche Beziehungen zum Gegenstand, die ausschließlich im Verhältnis zwischen Verleiher und Leiharbeitnehmer angesiedelt sind; ein Mitbestimmungsrecht des Entleiherbetriebsrats entfällt daher[286]. Die Einführung und Anwendung von technischen Einrichtungen zur Überwachung des Verhaltens oder

arbeit, S. 80 ff.; *Müllner*, Aufgespaltene Arbeitgeberstellung, S. 79 ff.; *Mumot*, Die betriebsverfassungsrechtlichen Beteiligungsrechte, S. 121 ff. Für den Bereich des öffentlichen Dienstes gelten § 75 Abs. 2, 3 BPersVG sowie die entsprechenden Vorschriften der Landespersonalvertretungsgesetze, vgl. dazu die Nachweise bei *Dietz/Richardi*, BPersVG, § 75 Rdnr. 533.

[283] Vgl. BAG AP Nr. 2 zu § 99 BetrVG 1972 Bl. 2; *Becker*, AuR 1982, 369 (375); *Bulla*, DB 1975, 1795 (1797); *Frerichs/Möller/Ulber*, Leiharbeit, S. 81; *Halbach*, DB 1980, 2389 (2390); *Kraft*, GK-BetrVG, § 5 Rdnr. 14. Betriebsvereinbarungen im Entleiherbetrieb gelten unmittelbar auch für Leiharbeitnehmer, soweit es um Angelegenheiten geht, die Leiharbeitnehmer betreffen, vgl. *Sandmann/Marschall*, AÜG, Art. 1 § 14 Anm. 15; für das Beschwerdeverfahren ergibt sich dies bereits aus der Regelung des Art. 1 § 14 Abs. 2 S. 3 AÜG i. V. m. § 86 BetrVG. Das gleiche gilt im öffentlichen Dienst für Dienstvereinbarungen.

[284] Allg. Ansicht; vgl. nur *Becker*, AuR 1982, 369 (376); *Fitting/Auffarth/Kaiser*, BetrVG, § 5 Rdnr. 7 a; *Frerichs/Möller/Ulber*, Leiharbeit, S. 82 f.; *Müllner*, Aufgespaltene Arbeitgeberstellung, S. 79 ff. Der Leiharbeitnehmer unterliegt damit grundsätzlich auch einer Betriebsvereinbarung, die Betriebsbußen bei Verstößen gegen die betriebliche Ordnung vorsieht, vgl. dazu LAG Hamm DB 1973, 1511; *Frerichs/Möller/Ulber*, ebd.; *Mumot*, Die betriebsverfassungsrechtlichen Beteiligungsrechte, S. 122 ff.; im Ergebnis auch *Müllner*, Aufgespaltene Arbeitgeberstellung, S. 80 f. Für den öffentlichen Dienst vgl. § 75 Abs. 3 Nr. 15 BPersVG sowie die entsprechenden Vorschriften der Landespersonalvertretungsgesetze (Nachweise bei *Dietz/Richardi*, BPersVG, § 75 Rdnr. 539).

[285] Vgl. *Becker*, AuR 1982, 369 (376); *Frerichs/Möller/Ulber*, Leiharbeit, S. 83 ff.; *Müllner*, Aufgespaltene Arbeitgeberstellung, S. 81 f.; a. A. *Mumot*, Die betriebsverfassungsrechtlichen Beteiligungsrechte, S. 124 ff. Für den öffentlichen Dienst vgl. § 75 Abs. 3 Nr. 1 BPersVG sowie die Nachweise zu den entsprechenden landesrechtlichen Vorschriften bei *Dietz/Richardi*, BPersVG, § 75 Rdnr. 538.

[286] Vgl. *Becker*, AuR 1982, 369 (376); *Müllner*, Aufgespaltene Arbeitgeberstellung, S. 82.

der Leistung der Arbeitnehmer (§ 87 Abs. 1 Nr. 6 BetrVG) ist nur am Arbeitsplatz und somit durch den Entleiher möglich; zur Gewährleistung des Persönlichkeitsschutzes der Leiharbeitnehmer ist daher das Mitbestimmungsrecht des Betriebsrats nach § 87 Abs. 1 Nr. 6 BetrVG auf die Leiharbeitnehmer zu erstrecken[287]. Das gleiche gilt für die Mitbestimmung des Entleiherbetriebsrats bei Regelungen über die Verhütung von Arbeitsunfällen und Berufskrankheiten sowie über den Gesundheitsschutz nach § 87 Abs. 1 Nr. 7 BetrVG[288].

Gemäß § 87 Abs. 1 Nr. 8 BetrVG hat der Betriebsrat ein Mitbestimmungsrecht, soweit es um die Form, Ausgestaltung und Verwaltung von Sozialeinrichtungen, also etwa Werkskantinen, Kindergärten, Sportanlagen, Bibliotheken usw., geht. Zu beachten ist, daß die Festlegung des begünstigten Personenkreises und damit auch die Einbeziehung der Leiharbeitnehmer eine mitbestimmungsfreie Grundsatzentscheidung des Arbeitgebers darstellt[289]. Gestattet aber der Entleiher den Leiharbeitnehmern die Nutzung der Sozialeinrichtungen, so erstreckt sich die Mitbestimmung des Betriebsrats auch auf diesen Personenkreis[290]. Dies gilt ebenfalls für den Tatbestand des § 87 Abs. 1 Nr. 9 BetrVG[291].

Das in § 87 Abs. 1 Nrn. 10, 11 BetrVG geregelte Mitbestimmungsrecht des Betriebsrats hinsichtlich der betrieblichen Lohngestaltung und der Festsetzung leistungsbezogener Entgelte betrifft dagegen wiederum arbeitsrechtliche Beziehungen, die nur zwischen Verleiher und Leiharbeitnehmer bestehen; insoweit ist der Verleiherbetriebsrat zuständig, nicht der Entleiherbetriebsrat[292].

---

[287] Vgl. *Becker*, AuR 1982, 369 (376); *Fitting/Auffarth/Kaiser*, BetrVG, § 5 Rdnr. 7 a; *Müllner*, Aufgespaltene Arbeitgeberstellung, S. 82 f. Für den öffentlichen Dienst vgl. § 75 Abs. 3 Nr. 17 BPersVG sowie die Nachweise zu den entsprechenden Vorschriften der Landespersonalvertretungsgesetze bei *Dietz/Richardi*, BPersVG, § 75 Rdnr. 539.

[288] Vgl. *Becker*, AuR 1982, 369 (376); *Müllner*, Aufgespaltene Arbeitgeberstellung, S. 83. Für den öffentlichen Dienst vgl. etwa § 75 Abs. 3 Nr. 11 BPersVG.

[289] Vgl. *Dietz/Richardi*, BetrVG, § 87 Rdnr. 407; *Müllner*, Aufgespaltene Arbeitgeberstellung, S. 84. Der Arbeitgeber hat dabei aber den Gleichbehandlungsgrundsatz zu beachten, dessen Einhaltung der Betriebsrat nach § 80 Abs. 1 Nr. 1 BetrVG zu überwachen hat, vgl. auch *Frerichs/Möller/Ulber*, Leiharbeit, S. 86.

[290] Vgl. *Mumot*, Die betriebsverfassungsrechtlichen Beteiligungsrechte, S. 133. Für den öffentlichen Dienst gelten insoweit § 75 Abs. 3 Nr. 5 BPersVG sowie die entsprechenden Vorschriften der Landespersonalvertretungsgesetze, vgl. *Dietz/Richardi*, BPersVG, § 75 Rdnr. 538.

[291] Vgl. *Mumot* (Fußn. 290). Für den öffentlichen Dienst vgl. § 75 Abs. 2 Nr. 2 BPersVG sowie die Nachweise zu den entsprechenden Vorschriften der Landespersonalvertretungsgesetze bei *Dietz/Richardi*, BPersVG, § 75 Rdnr. 536.

[292] *Müllner*, Aufgespaltene Arbeitgeberstellung, S. 85.

Nach § 87 Abs. 1 Nr. 12 BetrVG unterliegen der betrieblichen Mitbestimmung auch die Grundsätze über das betriebliche Vorschlagswesen. Die Erbringung der Arbeitsleistung im Entleiherbetrieb bedingt, daß Leiharbeitnehmer Verbesserungsvorschläge regelmäßig nur im Entleiherbetrieb machen können. Zur Verwirklichung des Leiharbeitnehmerschutzes ist daher die Erstreckung des Mitbestimmungsrechts des Entleiherbetriebsrats auf diesen Personenkreis in entsprechender Anwendung des § 87 Abs. 1 Nr. 12 BetrVG erforderlich[293].

Soweit freiwillige Betriebsvereinbarungen zusätzlich Maßnahmen zur Verhütung von Arbeitsunfällen und Gesundheitsschädigungen regeln (§ 88 Nr. 1 BetrVG), gelten diese auch für die im Entleiherbetrieb beschäftigten Leiharbeitnehmer[294]. Die in § 89 BetrVG geregelten Aufgaben des Betriebsrats bei der Bekämpfung von Unfall- und Gesundheitsgefahren erstrecken sich ebenfalls auf die Leiharbeitnehmer[295].

cc) Gestaltung von Arbeitsplatz, Arbeitsablauf und Arbeitsumgebung

Änderungen der Arbeitsplätze, des Arbeitsablaufs oder der Arbeitsumgebung im Entleiherbetrieb, die den gesicherten arbeitswissenschaftlichen Erkenntnissen über die menschengerechte Gestaltung der Arbeit widersprechen, belasten die im Entleiherbetrieb beschäftigten Leiharbeitnehmer in gleicher Weise wie die Stammarbeitnehmer. Unter den Voraussetzungen des § 91 BetrVG erstreckt sich daher das dort geregelte Mitbestimmungsrecht des Entleiherbetriebsrats auf die Leiharbeitnehmer[296].

dd) Personelle Angelegenheiten

Planungsmaßnahmen des Entleihers im Hinblick auf den Einsatz von Leiharbeitnehmern gehören zur Personalplanung im Sinne des § 92 BetrVG und unterliegen daher den dort geregelten Beteiligungsrechten

---

[293] Zutr. *Becker*, AuR 1982, 369 (376); *Müllner*, Aufgespaltene Arbeitgeberstellung, S. 85 f. Dies entspricht im übrigen der Regelung des Art. 1 § 11 Abs. 7 AÜG, nach der der Entleiher auch als Arbeitgeber im Sinne des Gesetzes über Arbeitnehmererfindungen gilt. Vgl. für den öffentlichen Dienst etwa § 75 Abs. 3 Nr. 12 BPersVG.

[294] Vgl. *Becker/Wulfgramm*, AÜG, Art. 1 § 11 Rdnr. 40.

[295] Vgl. BAG AP Nr. 2 zu § 99 BetrVG 1972 Bl. 2; *Becker*, Anm. zu BAG NJW 1974, 1966 (1968); *Halbach*, DB 1980, 2389 (2390); vgl. auch Art. 1 § 11 Abs. 6 AÜG. Für den öffentlichen Dienst vgl. § 81 BPersVG sowie die Nachweise zu den entsprechenden Vorschriften der Personalvertretungsgesetze der Länder bei *Dietz/Richardi*, BPersVG, § 81 Rdnr. 28.

[296] Vgl. *Becker/Kreikebaum*, Zeitarbeit, S. 189. Für den öffentlichen Dienst vgl. § 75 Abs. 3 Nr. 16, § 76 Abs. 2 Nr. 5 BPersVG sowie die Nachweise zu den entsprechenden Vorschriften der Personalvertretungsgesetze der Länder bei *Dietz/Richardi*, BPersVG, § 75 Rdnr. 539, § 76 Rdnr. 169.

des Entleiherbetriebsrats[297]. Der Betriebsrat kann ferner nach § 93 BetrVG verlangen, daß Arbeitsplätze vor ihrer Besetzung auch dann innerhalb des Betriebes ausgeschrieben werden, wenn Leiharbeitnehmer eingesetzt werden sollen[298]. Die im Schrifttum[299] vertretene gegenteilige Ansicht, nach der die innerbetriebliche Stellenausschreibung nicht für vorübergehende Aushilfstätigkeiten paßt, übersieht die Gefahr, daß im Entleiherbetrieb bestehende Dauerarbeitsplätze fortwährend mit Leiharbeitnehmern besetzt werden; auf diese Weise könnte das Mitbestimmungsrecht des Betriebsrats nach § 93 BetrVG umgangen werden[300]. Im übrigen kommen aber auch Arbeitnehmer des Entleiherbetriebes für eine vorübergehende Tätigkeit an dem fraglichen Arbeitsplatz in Betracht[301]; der Zweck des § 93 BetrVG, die im Betrieb selbst vorhandenen Möglichkeiten der Personalbeschaffung zu aktivieren und Verstimmungen der Belegschaft über die Beschäftigung Außenstehender zu vermeiden, spricht daher für eine Anwendung dieser Vorschrift, soweit es um den Einsatz von Leiharbeitnehmern für vorübergehende Aushilfstätigkeiten geht. Die Mitbestimmung des Entleiherbetriebsrats nach § 94 Abs. 1 BetrVG wird in der Praxis im Hinblick auf die Leiharbeitnehmer kaum Bedeutung erlangen, weil diesen im Entleiherbetrieb regelmäßig keine Personalfragebogen vorgelegt werden[302]. Da Leiharbeitnehmer von den einzelnen Entleihern Teilzeugnisse verlangen können[303], gelten die im jeweiligen Entleiherbetrieb bestehenden allgemeinen Beurteilungsgrundsätze auch für sie; das insoweit nach § 94 Abs. 2 BetrVG dem Betriebsrat zustehende Mitbestimmungsrecht erstreckt sich also ebenfalls auf die Leiharbeitnehmer[304]. Auch Richtlinien über die personelle Auswahl bei Einstellungen nach § 95 BetrVG sind bei der Übernahme von Leiharbeitnehmern im Entleiherbetrieb zu beachten[305].

---

[297] Vgl. *Becker*, AuR 1982, 369 (375); *Frerichs/Möller/Ulber*, Leiharbeit, S. 65 f.; *Müllner*, Aufgespaltene Arbeitgeberstellung, S. 88.

[298] So auch *Becker*, AuR 1982, 369 (375); *Frerichs/Möller/Ulber*, Leiharbeit, S. 68 f. Für den öffentlichen Dienst vgl. etwa § 75 Abs. 3 Nr. 14 BPersVG.

[299] Vgl. *Hunold*, BB 1976, 648 (650); *Müllner*, Aufgespaltene Arbeitgeberstellung, S. 88 f.

[300] Vgl. *Becker*, AuR 1982, 369 (375).

[301] Zutr. *Frerichs/Möller/Ulber*, Leiharbeit, S. 77.

[302] Zutr. *Becker*, AuR 1982, 369 (375); *Müllner*, Aufgespaltene Arbeitgeberstellung, S. 89.

[303] Vgl. *Becker/Kreikebaum*, Zeitarbeit, S. 182.

[304] a. A. *Müllner*, Aufgespaltene Arbeitgeberstellung, S. 89. Für den öffentlichen Dienst vgl. etwa § 75 Abs. 3 Nr. 9 BPersVG.

[305] Vgl. *Becker*, AuR 1982, 369 (375); *Frerichs/Möller/Ulber*, Leiharbeit, S. 67 f.; a. A. *Hunold*, BB 1976, 648 (650); *Müllner*, Aufgespaltene Arbeitgeberstellung, S. 89. Für den öffentlichen Dienst vgl. § 76 Abs. 2 Nr. 8 BPersVG sowie die Nachweise zu den entsprechenden Vorschriften der Personalvertretungsgesetze der Länder bei *Dietz/Richardi*, BPersVG, § 76 Rdnr. 169.

Hat ein Leiharbeitnehmer im Entleiherbetrieb den Betriebsfrieden wiederholt ernstlich gestört, so ist zu überlegen, ob der Betriebsrat nach § 104 BetrVG vom Entleiher die Versetzung oder Suspendierung des Leiharbeitnehmers verlangen kann. § 104 BetrVG bezieht sich unmittelbar nur auf Arbeitnehmer im Sinne der §§ 5 Abs. 1, 6 BetrVG, die zur Belegschaft des Betriebes gehören[306]. Da aber die Leiharbeitnehmer in gleicher Weise wie die Stammarbeitnehmer in die betriebliche Organisation des Entleihers eingeordnet sind und somit der Betriebsfrieden durch die Leiharbeitnehmer ebenso gestört werden kann wie durch die Stammarbeitnehmer, ist § 104 BetrVG in bezug auf Leiharbeitnehmer entsprechend anzuwenden[307].

ee) Wirtschaftliche Angelegenheiten

Bei der Frage, ob in einem Entleiherunternehmen ein Wirtschaftsausschuß zu bilden ist, sind die Leiharbeitnehmer nicht zu berücksichtigen, weil es insoweit nach § 106 Abs. 1 S. 1 BetrVG nur auf die Zahl der ständig im Unternehmen beschäftigten Arbeitnehmer ankommt; dazu gehören die Leiharbeitnehmer nicht[308].

Die Beteiligungsrechte des Entleiherbetriebsrats bei Betriebsänderungen nach §§ 111 ff. BetrVG beziehen sich nur auf die Belegschaft des Entleiherbetriebes, nicht auch auf die dort beschäftigten Leiharbeitnehmer[309]. Diese Regelung ist interessengerecht, weil Leiharbeitnehmer wegen ihrer nur vorübergehenden Einordnung in den Entleiherbetrieb und der fortbestehenden arbeitsvertraglichen Beziehungen zum Verleiher durch Betriebsänderungen im Entleiherbetrieb kaum berührt werden und auch keine wirtschaftlichen Nachteile erleiden, die durch einen Sozialplan auszugleichen oder zu mildern wären[310].

3. Ergebnis

Gemäß Art. 1 § 14 Abs. 1 AÜG ist der Leiharbeitnehmer betriebsverfassungsrechtlich prinzipiell dem Verleiherbetrieb zugeordnet. Daneben sieht Art. 1 § 14 Abs. 2 bis 4 AÜG eine partielle betriebsverfassungs- und personalvertretungsrechtliche Einbeziehung des Leiharbeitnehmers in den Entleiherbetrieb bzw. in die entleihende Dienststelle vor. Diese Einbeziehung ist im Wege der Rechtsfortbildung über die gesetzlichen

306 Vgl. *Dietz/Richardi*, BetrVG, § 104 Rdnr. 11.

307 Zutr. *Müllner*, Aufgespaltene Arbeitgeberstellung, S. 97 f.; *Mumot*, Die betriebsverfassungsrechtlichen Beteiligungsrechte, S. 149 f.; *Ramm*, DB 1973, 1170 (1174).

308 Vgl. *Becker*, AuR 1982, 369 (376); *Müllner*, Aufgespaltene Arbeitgeberstellung, S. 98.

309 Vgl. *Becker* (Fußn. 308).

310 Vgl. *Müllner*, Aufgespaltene Arbeitgeberstellung, S. 99 f.

Vorschriften hinaus auf alle Regelungsbereiche des Betriebsverfassungs- und Personalvertretungsrechts zu erstrecken, die an die Erbringung der Arbeitsleistung beim Entleiher anknüpfen oder eine Begrenzung der Weisungsbefugnisse des Entleihers zum Gegenstand haben. Die doppelte betriebsverfassungs- bzw. personalvertretungsrechtliche Zuordnung des Leiharbeitnehmers zum Verleiher und zum Entleiher trägt der atypischen Ausgestaltung des Leiharbeitsverhältnisses Rechnung, nach der der Leiharbeitnehmer zwar zum Verleiher in arbeitsvertraglichen Beziehungen steht, die Arbeitsleistung aber in der betrieblichen Organisation des Entleihers erbringt, der ihm gegenüber auch das Weisungsrecht ausübt. Auf diese Weise ist bereits de lege lata die lückenlose Verwirklichung der Schutzfunktion des Betriebsverfassungs- und Personalvertretungsrechts zugunsten der Leiharbeitnehmer, aber auch zugunsten der Stammbelegschaften der Entleiher gewährleistet.

II. Tarifrechtliche Stellung des Leiharbeitnehmers

1. Begrenzter tarifrechtlicher Schutz im Verhältnis zwischen Verleiher und Leiharbeitnehmer

Nach der vertragsrechtlichen Konzeption des AÜG unterliegt unzweifelhaft die als Arbeitsverhältnis zu qualifizierende Rechtsbeziehung zwischen Verleiher und Leiharbeitnehmer tarifvertraglicher Gestaltung[311]. Wegen der Dreidimensionalität des Leiharbeitsverhältnisses stellt sich jedoch auch hier die Frage, ob allein im Verhältnis zwischen Verleiher und Leiharbeitnehmer ein umfassender tarifrechtlicher Schutz gewährleistet ist[312]. Im Bereich der Abschluß- und Beendigungsnormen (§ 1 Abs. 1 TVG) sowie in bezug auf die in § 4 Abs. 2 TVG erwähnten gemeinsamen Einrichtungen ist dies ohne weiteres der Fall. Tarifvertragliche Abschluß- und Beendigungsnormen betreffen das zwischen Verleiher und Leiharbeitnehmer bestehende Arbeitsverhältnis als ganzes, werden also von der Drittbezogenheit des Leiharbeitsverhältnisses nicht berührt. Zu beachten ist freilich mangels Tariföffnungsklausel

---

[311] Vgl. nur *Becker/Wulfgramm*, AÜG, Art. 1 § 11 Rdnr. 38; *Wiedemann/Stumpf*, TVG, § 1 Rdnr. 131. Eine tarifvertragliche Absicherung der Leiharbeitnehmer ist bisher allerdings nur vereinzelt erfolgt, vgl. etwa den Manteltarifvertrag zwischen dem Bundesverband Zeitarbeit, Dienstleistungen auf Zeit e. V. und der Deutschen Angestellten-Gewerkschaft vom 29. 3. 1979, abgedruckt bei *Becker/Kreikebaum*, Zeitarbeit, Anhang I, S. 220 ff.; vgl. ferner *Becker*, BlStSozArbR 1980, 369 (373). Da Verleihunternehmen keinem bestimmten Industriezweig angehören, ist die Tarifzuständigkeit der ausschließlich nach dem Industrieverbandsprinzip organisierten Gewerkschaften zweifelhaft, vgl. dazu *Bollinger*, Die Arbeitnehmerüberlassung, S. 183; problematisch ist dies jedoch nicht, weil die Berufsverbände ihre Tarifzuständigkeit selbst bestimmen können, vgl. *Wiedemann/Stumpf*, TVG, § 2 Rdnr. 29.

[312] Vgl. etwa *Becker/Kreikebaum*, Zeitarbeit, S. 192 f.

auch auf kollektivrechtlicher Ebene das in Art. 1 § 9 Nr. 2 AÜG geregelte grundsätzliche Befristungsverbot. Die Schaffung von gemeinsamen Einrichtungen im Sinne des § 4 Abs. 2 TVG durch die Tarifvertragsparteien wird ebenfalls durch die atypische Struktur des Leiharbeitsverhältnisses nicht tangiert. Es handelt sich dabei nämlich beispielsweise um Urlaubskassen, Zusatzversorgungskassen, Lohnausgleichskassen u. ä., also um Einrichtungen, die Arbeitgeberpflichten ergänzen, welche ausschließlich den Verleiher treffen[313].

Spezifisch arbeitnehmerüberlassungsrechtliche Probleme tauchen jedoch bereits bei den Inhaltsnormen auf. Viele der durch Inhaltsnormen zu regelnden Arbeitsbedingungen für Leiharbeitnehmer sind zwar im Verhältnis zwischen Verleiher und Leiharbeitnehmer angesiedelt, so daß ihre tarifvertragliche Gestaltung ohne weiteres möglich ist. Dies gilt etwa für das Arbeitsentgelt, die Arbeitszeit, die Lohnzahlung trotz Nichtleistung der Arbeit z. B. im Falle von Krankheit oder Urlaub. Auch soweit es um arbeitsrechtliche Nebenpflichten zwischen Verleiher und Leiharbeitnehmer geht, also beispielsweise um Schutzpflichten, kommt eine tarifvertragliche Gestaltung des Leiharbeitsverhältnisses in Betracht[314]. Da der Leiharbeitnehmer jedoch beim Entleiher arbeitet, können eine Reihe von Arbeitsbedingungen nur im Verhältnis zwischen Entleiher und Leiharbeitnehmer geregelt werden. Als Beispiele seien hier die Frage der Schutzpflichten des Entleihers und das Problem der Haftungsmodifizierung bei gefahrgeneigter Arbeit genannt[315]. Die Inhaltsnormen eines den Leiharbeitsvertrag zwischen Verleiher und Leiharbeitnehmer gestaltenden Tarifvertrages erfassen somit die für den Leiharbeitnehmer geltenden Arbeitsbedingungen nur zum Teil[316].

Das gleiche gilt offenkundig auch für tarifvertragliche Normen zu betrieblichen und betriebsverfassungsrechtlichen Fragen. Aufgabe der betrieblichen Normen ist vor allem, die unternehmerische Gestaltungsfreiheit im betrieblichen Organisationsbereich im Interesse der Arbeitnehmer einzuschränken oder zu kanalisieren[317]. Zu diesem Bereich gehören, abgesehen von der Personalstruktur, die Bedingungen, unter denen der Betriebszweck verwirklicht und unter denen dementsprechend die Arbeitsleistung erbracht wird, also etwa die Regelungen über das Verhalten der Arbeitnehmer im Betrieb. Darüber hinaus werden zum Bereich der betrieblichen Normen auch Regelungen gerechnet, die dem Schutz der Beschäftigten dienen (z. B. Vorschriften über die Belüf-

---

[313] Zutr. *Bollinger* (Fußn. 311), S. 180.

[314] Vgl. dazu *Bollinger* (Fußn. 311), S. 169 ff.

[315] s. o. § 9 A. II. 2 a), B. I. 2 b).

[316] a. A. *Bollinger* (Fußn. 311), S. 167 f., 173 f.

[317] Vgl. *Wiedemann/Stumpf*, TVG, § 1 Rdnr. 243.

tung und Heizung von Arbeitsräumen und über die Errichtung von Sozialeinrichtungen) oder die sonst betriebseinheitlich gelten müssen (z. B. Regelungen über die tägliche Arbeitszeit, die Lage der Pausen oder die Zeit der Lohnzahlung)[318]. Der knappe Überblick zeigt bereits, daß betriebliche Normen nur in geringem Umfang für den Verleiherbetrieb von Bedeutung sein können und daß es vielmehr zur Gewährleistung des tarifrechtlichen Schutzes der Leiharbeitnehmer darauf ankommt, inwieweit die für den Entleiherbetrieb maßgeblichen betrieblichen Normen auch für dort eingesetzte Leiharbeitnehmer gelten. Entsprechendes gilt für Rechtsnormen des Tarifvertrages über betriebsverfassungsrechtliche Fragen.

2. Tarifvertragliche Erfassung des Leiharbeitnehmers beim Entleiher

Da nach Art. 1 § 1 Abs. 1, § 10 Abs. 1 AÜG bei erlaubter gewerbsmäßiger Arbeitnehmerüberlassung ein (vollständiges) Arbeitsverhältnis nur zwischen Verleiher und Leiharbeitnehmer besteht, wurde im Schrifttum bisher fast allgemein die Auffassung vertreten, daß die für den Entleiherbetrieb geltenden Tarifverträge die Leiharbeitnehmer nicht erfassen können[319]. Es ist allerdings fraglich, ob dieser Schluß wirklich zwingend ist. Für die Frage der tarifvertraglichen Erfassung der Leiharbeitnehmer beim Entleiher ist zunächst zwischen betrieblichen und betriebsverfassungsrechtlichen Normen einerseits und Inhaltsnormen andererseits zu unterscheiden.

a) Betriebliche und betriebsverfassungsrechtliche Normen

Ausgangspunkt der Überlegungen muß nunmehr die Regelung des Art. 1 § 14 Abs. 2 S. 3 AÜG in Verbindung mit § 86 BetrVG sein. Daraus ergibt sich nämlich, daß Tarifverträge, die für den Entleiherbetrieb Einzelheiten des Beschwerdeverfahrens regeln, insoweit auch für Leiharbeitnehmer gelten. Der Gesetzgeber hat damit zwar nur die Erstrekkung einer speziellen betriebsverfassungsrechtlichen Norm des für den Entleiherbetrieb geltenden Tarifvertrages auf die Leiharbeitnehmer angeordnet. Es bleibt jedoch zu überlegen, ob diese Regelung nicht verallgemeinerungsfähig ist. Art. 1 § 14 AÜG liegt die Wertung zugrunde, daß die Verwirklichung der Schutzfunktionen des Betriebsverfassungs-

---

[318] Vgl. *Wiedemann/Stumpf*, TVG, § 1 Rdnr. 244.

[319] Vgl. *Becker/Kreikebaum*, Zeitarbeit, S. 193; *Franßen/Haesen*, AÜG, Einl. Rdnr. 37 a; *Mayer*, AuR 1974, 353 (358); *Wiedemann/Stumpf*, TVG, § 1 Rdnr. 131; für eine Anwendung der betrieblichen Normen des Entleihertarifvertrages auf Leiharbeitnehmer aber *Bollinger*, Die Arbeitnehmerüberlassung, S. 178 f.

rechts eine teilweise betriebsverfassungsrechtliche Zuordnung des Leiharbeitnehmers zum Entleiherbetrieb voraussetzt, weil der Leiharbeitnehmer dort arbeitet und dem Entleiher gegenüber weisungsgebunden ist[320]. Diese Wertung trifft aber generell für betriebsverfassungsrechtliche Normen zu, unabhängig davon, ob es sich um solche des Betriebsverfassungsgesetzes oder um tarifvertragliche Normen handelt. Die Verwirklichung des Normzwecks des Art. 1 § 14 AÜG wäre daher nicht gewährleistet, würde man die Erstreckung betriebsverfassungsrechtlicher Normen des Entleihertarifvertrages auf die Leiharbeitnehmer, vom Fall des § 86 BetrVG abgesehen, ablehnen. Trotz des speziellen Charakters des Art. 1 § 14 Abs. 2 S. 3 AÜG in Verbindung mit § 86 BetrVG wäre es somit sinnwidrig, diese Regelung als abschließend anzusehen. Sie stellt vielmehr nur eine Konkretisierung des allgemeinen Grundsatzes dar, daß betriebsverfassungsrechtliche Normen des für den Entleiherbetrieb geltenden Tarifvertrages auch Leiharbeitnehmer erfassen, soweit diese wegen der Arbeitsleistung in der betrieblichen Organisation des Entleihers sachlich betroffen sind.

Dieses Ergebnis steht in Einklang mit § 3 Abs. 2 TVG, nach dem u. a. tarifvertragliche Normen über betriebsverfassungsrechtliche Fragen für alle Betriebe gelten, deren Arbeitgeber tarifgebunden ist. Da das Tarifvertragsgesetz auf ein dualistisch konzipiertes Arbeitsverhältnis zugeschnitten ist, muß zwar davon ausgegangen werden, daß § 3 Abs. 2 TVG unmittelbar nur die Außenseiter einbezieht, die der Belegschaft angehören. Der Zweck der Vorschrift, die Gewährleistung der betriebseinheitlichen Ausgestaltung solcher Arbeitsbedingungen, die zur Erreichung des Betriebszwecks und zur Wahrung des Betriebsfriedens in gleicher Weise für alle im Betrieb tätigen Arbeitnehmer gelten müssen[321], verlangt aber die Einbeziehung der Leiharbeitnehmer im Wege der Rechtsfortbildung, soweit betriebsverfassungsrechtliche Normen an die Arbeitsleistung beim Entleiher anknüpfen oder eine Begrenzung der Weisungsbefugnisse des Entleihers zum Gegenstand haben[322].

Das gleiche muß aber auch für tarifvertragliche Normen über betriebliche Fragen gelten, die ebenfalls in § 3 Abs. 2 TVG genannt sind[323]. So leuchtet ohne weiteres ein, daß beispielsweise betriebliche Normen über Arbeitnehmerschutzeinrichtungen, über die Belüftung und Heizung der Arbeitsräume, über Anwesenheits- und Torkontrollen oder Rauchverbote auch für die im Entleiherbetrieb beschäftigten Leiharbeitnehmer

---

[320] Vgl. die Begründung des RegE eines Gesetzes zur Bekämpfung der illegalen Beschäftigung, BT-Drucks. 9/847, S. 8 f.

[321] Vgl. *Wiedemann/Stumpf*, TVG, § 3 Rdnr. 69.

[322] So de lege ferenda auch *Mayer*, AuR 1974, 353 (359).

[323] So auch *Bollinger*, Die Arbeitnehmerüberlassung, S. 178 f.

gelten müssen. Es besteht insoweit kein Unterschied zu entsprechenden Betriebsvereinbarungen etwa nach § 87 Abs. 1 Nrn. 1 bis 3, 6, 7, § 88 Nr. 1 BetrVG[324]. Im Bereich der betrieblichen und betriebsverfassungsrechtlichen Normen ist also der tarifrechtliche Schutz der Leiharbeitnehmer bereits de lege lata gewährleistet.

b) Inhaltsnormen

Demgegenüber ist problematisch, ob Inhaltsnormen des Entleihertarifvertrages das Rechtsverhältnis zwischen Entleiher und Leiharbeitnehmer erfassen, wenn auch der Leiharbeitnehmer tarifgebunden oder der Tarifvertrag für allgemeinverbindlich erklärt ist (vgl. § 4 Abs. 1, § 5 TVG). Nach § 1 Abs. 1 TVG können tarifvertragliche Normen nämlich nur den Inhalt von Arbeitsverhältnissen regeln. Da nach Art. 1 § 1 Abs. 1, § 10 Abs. 1 AÜG bei erlaubter Arbeitnehmerüberlassung zwischen Entleiher und Leiharbeitnehmer zumindest kein vollständiges Arbeitsverhältnis besteht, wird allgemein die Auffassung vertreten, daß dieses Rechtsverhältnis nicht durch tarifvertragliche Inhaltsnormen gestaltet werden kann[325]. Diese Ansicht beruht jedoch auf einer sehr begrifflichen Argumentation, die der Interessenlage bei der Arbeitnehmerüberlassung nicht gerecht wird. Es bleibt vielmehr zu überlegen, ob nicht das Rechtsverhältnis zwischen Entleiher und Leiharbeitnehmer als Teilarbeitsverhältnis von § 1 Abs. 1 TVG erfaßt wird. § 1 Abs. 1 TVG ist zwar auf das dualistisch konzipierte, vollständige Arbeitsverhältnis zugeschnitten und ist damit jedenfalls nicht unmittelbar auf das Rechtsverhältnis zwischen Entleiher und Leiharbeitnehmer anwendbar. Zu prüfen bleibt jedoch die Möglichkeit einer analogen Anwendung dieser Vorschrift.

Der Leiharbeitnehmer, der seine Arbeitsleistung beim Entleiher erbringt und diesem gegenüber weisungsgebunden ist, befindet sich insoweit in der gleichen persönlichen Abhängigkeit vom Entleiher wie dessen Stammarbeitnehmer. Das Verhältnis zwischen Entleiher und Leiharbeitnehmer weist somit durchaus charakteristische Züge eines (Teil-)Arbeitsverhältnisses auf[326]. Der Gesetzgeber hat dem durch eine partielle individualarbeitsrechtliche und nunmehr auch kollektivarbeitsrechtliche Zuordnung des Leiharbeitnehmers zum Entleiher Rechnung getragen (vgl. Art. 1 § 11 Abs. 6, 7, § 14 Abs. 2 bis 4 AÜG). Über die gesetzliche Regelung hinaus sind im Wege der Rechtsfortbildung weitere arbeitsrechtliche Beziehungen zwischen Entleiher und Leiharbeitneh-

---

[324] s. o. § 9 C. I. 2 b) bb).

[325] Vgl. die Belege zu Fußn. 319.

[326] Vgl. *Becker/Kreikebaum*, Zeitarbeit, S. 114: „Arbeitsverhältnisähnliche Sonderbeziehung".

mer ermittelt worden, die zweifellos in gewöhnlichen Arbeitsverhältnissen Gegenstand tarifvertraglicher Inhaltsnormen sein können. Hier sind vor allem die Schutzpflichten des Entleihers zu nennen[327]; auch die Grundsätze über die Haftungsmodifizierung zugunsten der Arbeitnehmer bei gefahrgeneigter Arbeit sind im Verhältnis zwischen Entleiher und Leiharbeitnehmer anwendbar[328]. Zur Verwirklichung der Schutzfunktion des Entleihertarifvertrages ist somit die Erstreckung der einschlägigen Inhaltsnormen auf das Rechtsverhältnis zwischen Entleiher und Leiharbeitnehmer geboten, soweit der Leiharbeitnehmer tarifgebunden ist oder der Tarifvertrag für allgemeinverbindlich erklärt ist. Wenn auch das TVG sich nur auf das dualistisch konzipierte Arbeitsverhältnis bezieht, so verfolgt es doch die Regelungsabsicht, den tariflichen Schutz für alle Arbeitnehmer in gleicher Weise zu gewährleisten[329]. Die fehlende Erfassung des Rechtsverhältnisses zwischen Entleiher und Leiharbeitnehmer durch § 1 Abs. 1 TVG ist somit nicht Teil des gesetzgeberischen Plans[330]; sie beruht vielmehr darauf, daß sich der Gesetzgeber des TVG der erst durch das AÜG aufgeworfenen Problematik eines Teilarbeitsverhältnisses zwischen Entleiher und Leiharbeitnehmer nicht bewußt war[331]. Es besteht insoweit also auch im Tarifrecht eine Regelungslücke, die bereits de lege lata durch eine analoge Anwendung des § 1 Abs. 1 TVG auf das Rechtsverhältnis zwischen Entleiher und Leiharbeitnehmer zu schließen ist[332].

3. Umgehung der für den Entleiher geltenden Tarifverträge?

Inhaltsnormen des Entleihertarifvertrages können danach aber nur solche Arbeitsbedingungen regeln, die im Verhältnis zwischen Entleiher und Leiharbeitnehmer angesiedelt sind, also beispielsweise nicht Fragen des Arbeitsentgelts oder Urlaubsfragen, die im Verhältnis zwischen Verleiher und Leiharbeitnehmer zu regeln sind. Verleihunternehmen hingegen fallen nicht unter den betrieblich-branchenmäßigen Geltungsbereich der für den Entleiher maßgeblichen Tarifverträge[333], und zwar

---

[327] s. o. § 9 A. II. 2 a); vgl. auch *Konzen*, ZfA 1982, 259 (285 ff.).

[328] s. o. § 9 B. I. 2 b).

[329] Zur Schutzfunktion des Tarifvertrages vgl. *Wiedemann/Stumpf*, TVG, Einl. Rdnrn. 1 ff.

[330] Zum Regelungsplan eines Gesetzes gehört regelmäßig das Prinzip gleicher Behandlung gleichartiger Tatbestände, vgl. dazu *Larenz*, Methodenlehre, S. 359.

[331] Dies ergibt sich aus der Regelung des Art. 1 § 14 Abs. 2 S. 3 AÜG i. V. m. § 86 BetrVG.

[332] a. A. *Becker/Wulfgramm*, AÜG, Art. 1 § 11 Rdnr. 38; *Bollinger*, Die Arbeitnehmerüberlassung, S. 166 ff.; *Mayer*, AuR 1974, 353 (358); *Wiedemann/Stumpf*, TVG, § 1 Rdnr. 131.

[333] Vgl. LAG Frankfurt/Main DB 1973, 624; LAG Schleswig-Holstein DB

selbst dann nicht, wenn diese nach § 5 TVG für allgemeinverbindlich erklärt worden sind[334]. Die Allgemeinverbindlicherklärung dehnt nämlich nur die Tarifgebundenheit auf die nichtorganisierten Arbeitnehmer und Arbeitgeber aus, erweitert jedoch nicht den betrieblichbranchenmäßigen Geltungsbereich eines Tarifvertrages[335]. Die Problematik, daß auf diese Weise die Leiharbeitnehmer dem tarifrechtlichen Schutz sogar allgemeinverbindlicher Tarifverträge entzogen werden können, obwohl sie beim Entleiher die gleiche Arbeitsleistung wie dessen Stammarbeitnehmer erbringen, ist vor allem für die Tarifverträge im Baugewerbe diskutiert worden und war einer der Gründe für das sektorale Verbot der gewerbsmäßigen Arbeitnehmerüberlassung in der Bauwirtschaft nach § 12 a AFG[336]. Im Schrifttum wird auch kritisiert, daß durch den Einsatz von Leiharbeitnehmern der Grundsatz der Tarifeinheit im Entleiherbetrieb außer Kraft gesetzt wird[337]. Schließlich führt nach verschiedentlich vertretener Auffassung der Umstand, daß durch die Leiharbeit ein Teil der Arbeitnehmer nicht mehr unter die im Einsatzbetrieb geltenden Tarifverträge fällt[338], zu einer Schwächung der Gewerkschaften bei Tarifauseinandersetzungen; die Arbeitgeber könnten nämlich die Tarifverhandlungen mit der Drohung beeinflussen, künftig Leiharbeitnehmer einzusetzen[339].

Der sowohl im Hinblick auf die Schutzfunktion als auch im Hinblick auf die Ordnungs- und Friedensfunktionen des Tarifrechts problematische Umstand, daß für Leiharbeitnehmer und Stammarbeitnehmer der Entleiher unterschiedliche Arbeitsbedingungen, vor allem hinsichtlich des Arbeitsentgelts, bestehen, obwohl beide Arbeitnehmergruppen die gleiche Arbeit verrichten, läßt sich aber ebenfalls bereits de lege lata auf verschiedene Weise beseitigen[340]. Zum einen können die Gewerkschaften in Tarifverträgen mit den Verleihern auf ähnliche Arbeitsbe-

1972, 2166; *Becker/Wulfgramm*, AÜG, Art. 1 § 11 Rdnr. 38 a; *Bollinger*, Die Arbeitnehmerüberlassung, S. 183.

334 Vgl. *Becker/Wulfgramm*, AÜG, Art. 1 § 11 Rdnr. 38 a; *Becker*, BlStSozArbR 1980, 369 (373).

335 Vgl. *Wiedemann/Stumpf*, TVG, § 5 Rdnr. 72.

336 Vgl. *Becker*, AuR 1980, 12 (20); *dens.*, BlStSozArbR 1980, 369 (373); *Becker/Wulfgramm*, BlStSozArbR 1982, 81 (82); vgl. ferner den 4. Bericht der BReg. über Erfahrungen bei der Anwendung des AÜG, BT-Drucks. 8/4479, S. 14 und die Amtliche Begründung des Entwurfes eines Gesetzes zur Konsolidierung der Arbeitsförderung, BT-Drucks. 9/846, S. 35.

337 Vgl. *Debus*, Leiharbeit, S. 102 f.; *Frerichs/Möller/Ulber*, Leiharbeit, S. 18, 24, 30; *Möller-Lücking*, Soziale Sicherheit 1980, 202 (203).

338 Dies ist nach den obigen Ausführungen allerdings nur hinsichtlich solcher Arbeitsbedingungen der Fall, die im Verhältnis zwischen Verleiher und Leiharbeitnehmer zu regeln sind.

339 Vgl. *Frerichs/Möller/Ulber*, Leiharbeit, S. 43.

340 Zutr. *Becker/Wulfgramm*, BlStSozArbR 1982, 81 (82).

dingungen für Leiharbeitnehmer hinwirken, wie sie für die entsprechenden Stammarbeitnehmer der Entleiherbetriebe gelten. Dies setzt allerdings die bisher nicht vorhandene Bereitschaft der im DGB zusammengeschlossenen Gewerkschaften zu Verhandlungen mit den Verleihern und dem Bundesverband Zeitarbeit über Tarifverträge voraus[341]. Zum andern kommt eine Erweiterung des betrieblich-branchenmäßigen Geltungsbereichs der für den Entleiher maßgeblichen Tarifverträge in dem Sinne in Betracht, daß auch die Arbeitsverhältnisse zwischen Verleiher und Leiharbeitnehmer erfaßt werden, soweit Tarifbindung besteht oder die Tarifverträge für allgemeinverbindlich erklärt worden sind[342]. Die Problematik einer Umgehung der für den Entleiherbetrieb geltenden Tarifverträge würde im übrigen durch die gesetzliche Gewährleistung des Ausnahmecharakters der Arbeitnehmerüberlassung, etwa mit Hilfe der oben befürworteten Zweckbegrenzungsklausel[343], erheblich an Bedeutung verlieren[344].

4. Ergebnis

Das nach Art. 1 § 1 Abs. 1 AÜG zwischen Verleiher und Leiharbeitnehmer bestehende Arbeitsverhältnis unterliegt unzweifelhaft tarifvertraglicher Gestaltung. Wegen der Drittbezogenheit des Leiharbeitsverhältnisses hängt aber auch die Verwirklichung des tarifrechtlichen Schutzes für Leiharbeitnehmer davon ab, inwieweit deren Arbeitsbedingungen beim Entleiher tarifvertraglich regelbar sind. Der Gesetzgeber hat nunmehr in Art. 1 § 14 Abs. 2 S. 3 AÜG in Verbindung mit § 86 BetrVG die Erstreckung betriebsverfassungsrechtlicher Normen des Entleihertarifvertrages, die Einzelheiten des Beschwerdeverfahrens regeln, auf Leiharbeitnehmer anerkannt. Über diese spezielle Regelung hinaus sind generell betriebsverfassungsrechtliche und auch betriebliche Normen des Entleihertarifvertrages im Wege der Rechtsfortbildung auf Leiharbeitnehmer zu erstrecken, soweit diese wegen der Erbringung der Arbeitsleistung beim Entleiher und nach dessen Weisungen sachlich betroffen sind. Wegen § 3 Abs. 2 TVG kommt es insoweit auf die Tarifbindung der Leiharbeitnehmer nicht an. In analoger Anwendung des § 1 Abs. 1 TVG können daneben auch Inhaltsnormen des Entleihertarifvertrages die Arbeitsbedingungen des Leiharbeitnehmers beim Entleiher regeln, soweit Tarifbindung besteht oder der Tarifvertrag für allgemeinverbindlich erklärt ist. Dies ist vor allem im Hinblick auf die

[341] Zutr. *Bollinger*, Die Arbeitnehmerüberlassung, S. 183; *Schubel*, Der Arbeitgeber 1979, 1278; dagegen *Debus*, Leiharbeit, S. 87, 94 f.

[342] Vgl. *Becker*, AuR 1980, 12 (20); *Becker/Wulfgramm*, BlStSozArbR 1982, 81 (82).

[343] Vgl. im einzelnen oben § 7 C. II. 2.

[344] Vgl. auch *Bollinger*, Die Arbeitnehmerüberlassung, S. 182.

Schutzpflichten des Entleihers und die Haftungsmodifizierung zugunsten der Arbeitnehmer bei gefahrgeneigter Arbeit von Bedeutung. Auch der tarifrechtliche Schutz der Leiharbeitnehmer ist damit bereits de lege lata gewährleistet.

III. Arbeitskampfrechtliche Stellung des Leiharbeitnehmers

1. Arbeitskämpfe zwischen Verleiher und Leiharbeitnehmer

Die vertragsrechtliche Konzeption des AÜG, nach der zwischen Verleiher und Leiharbeitnehmer ein Arbeitsverhältnis besteht, hat des weiteren zur Konsequenz, daß Arbeitskämpfe grundsätzlich in diesem Verhältnis auszutragen sind[345]. Wegen der Drittbezogenheit des Leiharbeitsverhältnisses läßt sich jedoch auch die arbeitskampfrechtliche Problematik der Leiharbeit nicht durch eine ausschließliche Anknüpfung an die Beziehung zwischen Verleiher und Leiharbeitnehmer erfassen; erforderlich ist wiederum die Einbeziehung des Entleihers.

2. Leistungsverweigerungsrecht des Leiharbeitnehmers bei Arbeitskämpfen im Entleiherbetrieb (Art. 1 § 11 Abs. 5 AÜG)

Art. 1 § 11 Abs. 5 AÜG gewährt dem Leiharbeitnehmer ein Leistungsverweigerungsrecht, wenn der Entleiher durch einen Arbeitskampf unmittelbar betroffen ist. Auf diese Weise soll verhindert werden, daß die Kampfparität zwischen Entleiher und dessen Stammbelegschaft durch den Einsatz von Leiharbeitnehmern beeinträchtigt wird[346]. Der Verleiher hat zwar den Leiharbeitnehmer auf das Leistungsverweigerungsrecht hinzuweisen (Art. 1 § 11 Abs. 5 S. 2 AÜG) und das Leistungsverweigerungsrecht kann darüber hinaus auch weder einzelvertraglich noch durch Tarifvertrag abbedungen werden. Dennoch ist fraglich, ob diese Regelung zur Erreichung des damit verfolgten Zieles geeignet ist, weil sie den arbeitsrechtspolitisch unerwünschten Einsatz von Leiharbeitnehmern im Arbeitskampf nicht unterbindet[347]. Verschiedentlich wird daher zu Recht ein Einsatzverbot für Leiharbeitnehmer im Arbeitskampf gefordert[348]. Im Rahmen der oben befürworteten Zweckbegren-

---

[345] Vgl. *Becker/Kreikebaum*, Zeitarbeit, S. 194; *Brox* in Brox/Rüthers, Arbeitskampfrecht, Rdnr. 678.

[346] Vgl. die Begründung des RegE eines Gesetzes zur Regelung der gewerbsmäßigen Arbeitnehmerüberlassung, BT-Drucks. VI/2303, S. 14; *Sandmann/Marschall*, AÜG, Art. 1 § 11 Anm. 11.

[347] Vgl. *Becker/Wulfgramm*, AÜG, Art. 1 § 11 Rdnr. 41; *Frerichs/Möller/Ulber*, Leiharbeit, S. 43.

[348] So beispielsweise *Hempel*, Spannungsverhältnis, S. 193; *Mayer*, AuR 1974, 353 (360). Ein Verbot des Einsatzes von Leiharbeitnehmern bei einem

zungsklausel[349] sollte de lege ferenda sichergestellt werden, daß eine Überlassung von Leiharbeitnehmern an unmittelbar durch einen Arbeitskampf betroffene Unternehmen ausscheidet, soweit es nicht lediglich um Erhaltungsarbeiten geht.

3. Arbeitskämpfe zwischen Entleiher und Leiharbeitnehmer

Wie oben festgestellt wurde, unterliegen die Arbeitsbedingungen des Leiharbeitnehmers beim Entleiher ebenfalls tarifvertraglicher Gestaltung[350]. Dies hat zur Konsequenz, daß auch im Verhältnis zwischen Entleiher und Leiharbeitnehmer tarifvertragsbezogene Arbeitskämpfe denkbar sind[351]. Die praktische Bedeutung dieser Schlußfolgerung ist allerdings gering, weil Arbeitskampfmaßnahmen zur Verbesserung der betrieblichen Arbeitsbedingungen regelmäßig von den Stammarbeitnehmern des Entleihers ausgehen werden und die Leiharbeitnehmer in diesem Fall das Leistungsverweigerungsrecht nach Art. 1 § 11 Abs. 5 AÜG haben[352]. Die Möglichkeit eines Arbeitskampfes zwischen Entleiher und Leiharbeitnehmer ist im übrigen im Hinblick auf den ständigen Wechsel des Einsatzortes von nur geringem Nutzen. Zweckmäßiger erscheint vielmehr die notfalls im Wege des Arbeitskampfes zu erzwingende tarifvertragliche Begründung einer Verpflichtung des Verleihers, in den Arbeitnehmerüberlassungsverträgen mit den jeweiligen Entleihern auf angemessene Mindestarbeitsbedingungen zugunsten der Leiharbeitnehmer hinzuwirken und Leiharbeitnehmer nur an solche Entleiher zu überlassen, die diese Arbeitsbedingungen akzeptieren.

Soweit es sich dagegen nicht um Regelungsstreitigkeiten, sondern um Rechtsstreitigkeiten über bestehende Rechte im Verhältnis zwischen Entleiher und Leiharbeitnehmer handelt, ist zu berücksichtigen, daß eine Arbeitsniederlegung durch die Leiharbeitnehmer individualrechtlich gerechtfertigt sein kann, wenn die geltend gemachten Rechtsansprüche wirklich bestehen und geeignet sind, entsprechende bürgerlichrechtliche Zurückbehaltungsrechte (§§ 273, 320 BGB) zu begründen[353].

Entleiher, dessen Betrieb legal bestreikt wird, sieht bereits § 14 des Manteltarifvertrages zwischen dem Bundesverband Zeitarbeit und der Deutschen Angestellten-Gewerkschaft vom 29. 3. 1979 vor, vgl. *Becker/Kreikebaum*, Zeitarbeit, S. 194, 232.

[349] s. o. § 7 C. II. 2.

[350] s. o. § 9 C. II. 2.

[351] Vgl. *Becker/Kreikebaum*, Zeitarbeit, S. 194; *Ramm*, DB 1973, 1170 (1175); a. A. *Brox* in Brox/Rüthers, Arbeitskampfrecht, Rdnrn. 678 f.

[352] Die Leiharbeitnehmer behalten dann sogar ihren Lohnanspruch, und zwar auch, wenn der Verleiher keine andere Einsatzmöglichkeit hat, vgl. *Sandmann/Marschall*, AÜG, Art. 1 § 11 Anm. 13.

[353] Vgl. dazu oben § 9 B. I. 1 c).

Diese individualrechtliche Rechtfertigung der Arbeitsniederlegung ist auch dann gegeben, wenn die Zurückbehaltungsrechte kollektiv ausgeübt werden[354].

§ 10 Unerlaubte gewerbsmäßige Arbeitnehmerüberlassung

A. Konzeption der Rechtsbeziehungen zwischen Verleiher, Entleiher und Leiharbeitnehmer nach Art. 1 § 9 Nr. 1, § 10 Abs. 1, 2 AÜG

Besitzt der Verleiher bei Abschluß des Leiharbeitsvertrages und des Arbeitnehmerüberlassungsvertrages nicht die nach Art. 1 § 1 Abs. 1 AÜG erforderliche Erlaubnis, so sind beide Verträge nach Art. 1 § 9 Nr. 1 AÜG unwirksam. Das gleiche gilt mit Wirkung für die Zukunft, wenn die Erlaubnis erst nach Abschluß des Leiharbeits- und des Arbeitnehmerüberlassungsvertrages entfällt, wobei allerdings in den Fällen der Nichtverlängerung, der Rücknahme und des Widerrufs der Erlaubnis diese für die Abwicklung der nach Art. 1 § 1 Abs. 1 AÜG erlaubt abgeschlossenen Leiharbeits- und Arbeitnehmerüberlassungsverträge, höchstens jedoch für die Dauer von sechs Monaten, als fortbestehend gilt (Art. 1 § 2 Abs. 4 S. 4, § 4 Abs. 1 S. 2, § 5 Abs. 2 S. 2 AÜG). Als Ausgleich für die mit der Unwirksamkeit des Leiharbeitsvertrages nach Art. 1 § 9 Nr. 1 AÜG verbundenen sozialen Nachteile für den Leiharbeitnehmer fingiert das AÜG zum einen ein Arbeitsverhältnis zwischen Entleiher und Leiharbeitnehmer, zum anderen gewährt es dem Leiharbeitnehmer einen Anspruch auf Ersatz des Vertrauensschadens gegenüber dem Verleiher (Art. 1 § 10 Abs. 1, 2 AÜG)[355, 356].

---

354 Vgl. *Rüthers*, JZ 1970, 625 (627); *Zöllner*, Arbeitsrecht, § 40 III 3.

355 Die Regelungen des Art. 1 § 10 Abs. 1, 2 AÜG sind allerdings nur dann anwendbar, wenn die Unwirksamkeit des Leiharbeitsvertrages ausschließlich auf Art. 1 § 9 Nr. 1 AÜG beruht, vgl. *Becker/Wulfgramm*, AÜG, Art. 1 § 10 Rdnr. 41; *Franßen/Haesen*, AÜG, Art. 1 § 10 Rdnrn. 11, 61. Ist der Leiharbeitsvertrag außer nach Art. 1 § 9 Nr. 1 AÜG noch aus einem weiteren Grunde unwirksam oder greift überhaupt nur ein anderer Unwirksamkeitsgrund ein, so ist der Leiharbeitnehmerschutz nach den Grundsätzen über das faktische Arbeitsverhältnis gewährleistet.

356 Hat bei grenzüberschreitender Arbeitnehmerüberlassung in die Bundesrepublik Deutschland der ausländische Verleiher nicht die nach Art. 1 § 1 AÜG erforderliche Erlaubnis, so stellt sich die Frage, ob trotz internationalprivatrechtlicher Maßgeblichkeit der ausländischen Rechtsordnung für den Leiharbeitsvertrag Art. 1 § 10 Abs. 1 AÜG über die ordre-public-Klausel (Art. 30 EGBGB) Anwendung findet mit der Folge, daß zwischen dem deutschen Entleiher und dem ausländischen Arbeitnehmer ein Arbeitsverhältnis als zustande gekommen gilt. Dies wird von *Becker/Wulfgramm*, AÜG, Art. 1 § 3 Rdnr. 103 angenommen; vgl. dazu auch *Schnorr*, ZfA 1975, 143 (154). Da-

Da es sich bei dem fingierten Arbeitsverhältnis um ein vollwertiges Arbeitsverhältnis handelt, bei dem lediglich die sonst erforderliche Willenseinigung fehlt, gelten zwischen Entleiher und Leiharbeitnehmer alle üblichen Arbeitgeber- und Arbeitnehmerrechte und -pflichten; dem Entleiher obliegen daher insbesondere die Lohnzahlungspflicht, die Pflicht zur Lohnfortzahlung im Krankheitsfall und zur Urlaubsgewährung sowie alle sonstigen einschlägigen arbeits-, sozialversicherungs- und steuerrechtlichen Pflichten[357]. Über den Inhalt des fingierten Arbeitsverhältnisses im einzelnen enthält das AÜG nur im Hinblick auf die Arbeitszeit und die Höhe des Arbeitsentgelts ausdrückliche Regelungen. Art. 1 § 10 Abs. 1 S. 3 AÜG, nach dem für das fingierte Arbeitsverhältnis die zwischen Verleiher und Entleiher vorgesehene Arbeitszeit als vereinbart gilt, bezweckt den Schutz des Leiharbeitnehmers vor unvorhersehbaren Veränderungen der Arbeitszeit, insbesondere dann, wenn der Arbeitnehmer im Arbeitsvertrag mit dem Verleiher eine seinen persönlichen Bedürfnissen entsprechende Arbeitszeitregelung getroffen hatte[358]. Diesem Schutzzweck hätte es allerdings besser entsprochen, wenn Art. 1 § 10 Abs. 1 S. 3 AÜG die Vereinbarungen im Leiharbeitsvertrag selbst für maßgeblich erklärt hätte[359]. Nach Art. 1 § 10 Abs. 1 S. 5 AÜG hat der Leiharbeitnehmer gegen den Entleiher mindestens Anspruch auf das mit dem Verleiher vereinbarte Arbeitsentgelt.

Von diesen zur Wahrung der Arbeitnehmerbelange notwendigen Ausnahmen abgesehen, verweist das AÜG im Interesse einer Gleichbehandlung des Leiharbeitnehmers mit den Stammarbeitnehmern des Entleihers auf die für den Entleiherbetrieb, hilfsweise für vergleichbare Betriebe, geltenden Vorschriften und sonstigen Regelungen (Art. 1 § 10 Abs. 1 S. 4 AÜG). Dazu gehören zunächst die für den Entleiherbetrieb

---

gegen spricht aber, daß in diesem Fall der Leiharbeitsvertrag nach der gemäß internationalem Privatrecht maßgeblichen Rechtsordnung wirksam abgeschlossen worden ist und unzweifelhaft auch wirksam bleibt, wenn der Leiharbeitnehmer in seinem Heimatland oder in einem Staat ohne präventives Verbot der Leiharbeit eingesetzt wird; der nur vorübergehende Einsatz des ausländischen Leiharbeitnehmers in der Bundesrepublik Deutschland kann dann aber trotz Verletzung der gewerberechtlichen Erlaubnispflicht nach Art. 1 § 1 AÜG durch den Verleiher nicht zur Unwirksamkeit des Leiharbeitsvertrages nach Art. 1 § 9 Nr. 1 AÜG führen, so zutr. *Schnorr*, ZfA 1975, 143 (153). Dies hat zur Konsequenz, daß auch Art. 1 § 10 Abs. 1 AÜG als Folgeregelung zu Art. 1 § 9 Nr. 1 AÜG nicht anzuwenden ist. Andernfalls könnte der Leiharbeitnehmer etwa den Anspruch auf das Arbeitsentgelt doppelt geltend machen, in seinem Heimatstaat gegen den Verleiher aus dem Leiharbeitsvertrag und in der Bundesrepublik Deutschland gegen den Entleiher aus einem fingierten Arbeitsverhältnis, vgl. *Schnorr*, ZfA 1975, 143 (154 f.).

[357] Vgl. im einzelnen *Becker/Wulfgramm*, AÜG, Art. 1 § 10 Rdnrn. 17 ff.; *Franßen/Haesen*, AÜG, Art. 1 § 10 Rdnrn. 24 ff.; *Sandmann/Marschall*, AÜG, Art. 1 § 10 Anm. 13 f. Vgl. auch BVerwG NJW 1980, 2035; BGH BB 1982, 1671.

[358] Vgl. *Becker/Wulfgramm*, AÜG, Art. 1 § 10 Rdnr. 19.

[359] Zutr. *Franßen/Haesen*, AÜG, Art. 1 § 10 Rdnr. 25.

maßgeblichen Tarifverträge, wobei allerdings Art. 1 § 10 Abs. 1 S. 4 AÜG nicht die Tarifgebundenheit des Leiharbeitnehmers ersetzt; fehlt diese, so gelangen nur tarifvertragliche Normen über betriebliche und betriebsverfassungsrechtliche Fragen (§ 3 Abs. 2 TVG) sowie für allgemeinverbindlich erklärte Tarifverträge (§ 5 TVG) zur Anwendung[360]. Ferner sind uneingeschränkt anwendbar die im Entleiherbetrieb bestehenden Betriebsvereinbarungen. Soweit der Entleiher seinen Stammarbeitnehmern regelmäßig ohne Vorbehalt bestimmte Sozialleistungen gewährt, stehen die aus einer solchen Betriebsübung folgenden Ansprüche auch dem Leiharbeitnehmer im Rahmen des fingierten Arbeitsverhältnisses zu[361]. Darüber hinaus ist der allgemeine Gleichbehandlungsgrundsatz zu beachten, dessen anspruchsbegründende Wirkung z. B. im Hinblick auf freiwillige zusätzliche Sozialleistungen (Gratifikationen, Ruhegelder) auch dem ehemaligen Leiharbeitnehmer zugute kommt[362]. Schließlich gelten alle einschlägigen arbeitsrechtlichen Gesetze und Verordnungen, vor allem also die Normen des Arbeitsschutzrechts. Abweichende Vereinbarungen zwischen Entleiher und Arbeitnehmer sind innerhalb der durch zwingende gesetzliche Vorschriften oder kollektivrechtliche Regelungen gezogenen Grenzen zulässig[363].

War die Tätigkeit des Leiharbeitnehmers bei dem Entleiher nur befristet vorgesehen und liegt ein die Befristung sachlich rechtfertigender Grund vor, so gilt nach Art. 1 § 10 Abs. 1 S. 2 AÜG das fingierte Arbeitsverhältnis als befristet. Im übrigen kann das fingierte Arbeitsverhältnis grundsätzlich unter den gleichen Voraussetzungen wie ein vertraglich begründetes Arbeitsverhältnis beendet werden, etwa durch Kündigung oder durch einverständliche Aufhebung[364]. In Betracht kommt auch die Begründung eines neuen Arbeitsverhältnisses zwischen den Beteiligten durch einen Arbeitsvertrag[365].

B. Rückabwicklung nach Art. 1 § 9 Nr. 1 AÜG fehlgeschlagener Leiharbeitsverhältnisse

I. Problemstellung

Besitzt der Verleiher nicht die nach Art. 1 § 1 Abs. 1 AÜG erforderliche Erlaubnis zur Arbeitnehmerüberlassung, so kommt es dennoch in

---

360 Vgl. *Becker/Wulfgramm*, AÜG, Art. 1 § 10 Rdnr. 31.

361 *Becker/Wulfgramm*, AÜG, Art. 1 § 10 Rdnr. 31.

362 *Franßen/Haesen*, AÜG, Art. 1 § 10 Rdnr. 35.

363 Vgl. *Franßen/Haesen*, AÜG, Art. 1 § 10 Rdnr. 32.

364 *Franßen/Haesen*, AÜG, Art. 1 § 10 Rdnr. 45.

365 Vgl. BAG DB 1980, 883; *Becker/Wulfgramm*, AÜG, Art. 1 § 10 Rdnr. 17 a.

der Praxis häufig dazu, daß entgegen der aufgezeigten Gesetzeslage die Beziehungen zwischen den Beteiligten entsprechend den Vereinbarungen in den unwirksamen Leiharbeits- und Arbeitnehmerüberlassungsverträgen abgewickelt werden, etwa weil der Verleiher die Tatsache fehlender Erlaubnis durch eine möglichst korrekte, unauffällige Vertragsabwicklung verdecken will oder weil die Parteien des Überlassungsvertrages gutgläubig die Rechtsnatur ihrer Vertragsbeziehungen als Arbeitnehmerüberlassungsvertrag verkannt haben[366]. In diesen Fällen stellt sich die Frage, ob und gegebenenfalls wie die Rückabwicklung der fehlgeschlagenen Vertragsbeziehungen zu erfolgen hat. Die Regelung des Art. 1 § 9 Nr. 1, § 10 Abs. 1 AÜG würde hier nämlich bei strikter Anwendung zum Teil zu unangemessenen, mit dem Arbeitnehmerschutz nicht zu vereinbarenden Ergebnissen führen[367]. So wäre beispielsweise der Leiharbeitnehmer gegenüber dem Verleiher zur Rückzahlung eines bereits erhaltenen Arbeitsentgelts nach den Vorschriften über die ungerechtfertigte Bereicherung verpflichtet, sofern nicht ausnahmsweise § 814 BGB eingriffe, und müßte sich sodann wegen der Vergütung an die jeweiligen, möglicherweise zahlreichen Entleiher halten. Für die Zeit, in der der Leiharbeitnehmer keinem Entleiher zugewiesen war, entfiele ein Vergütungsanspruch überhaupt. Hat der Verleiher dagegen in Kenntnis der Rechtslage geleistet und entfällt daher gemäß § 814 BGB ein Anspruch gegen den Leiharbeitnehmer aus ungerechtfertigter Bereicherung, so ergibt sich das Problem, ob der Leiharbeitnehmer zusätzlich von den Entleihern das Arbeitsentgelt für die jeweiligen Überlassungszeiträume verlangen kann. Rückabwicklungsfragen stellen sich auch dann, wenn der Verleiher die Sozialversicherungsbeiträge für die Leiharbeitnehmer abgeführt hat.

II. Lösungsansätze

Zur Vermeidung einer Rückabwicklung nach Art. 1 § 9 Nr. 1 AÜG fehlgeschlagener, aber vollzogener Leiharbeitsverträge nach den Vorschriften über die ungerechtfertigte Bereicherung liegt es nahe, auf die heute gewohnheitsrechtlich anerkannten Grundsätze über faktische Arbeitsverhältnisse zurückzugreifen. Diese beruhen auf der Überlegung, daß eine Rückabwicklung in Vollzug gesetzter unwirksamer Arbeitsverträge mit dem arbeitsrechtlichen Schutzprinzip nicht vereinbar wäre[368]. Der Arbeitnehmer muß sich auch bei einem unwirksamen

---

[366] Vgl. dazu *C. Becker*, BB 1978, 363.

[367] Vgl. BGH NJW 1980, 452 (453); *C. Becker*, BB 1978, 363 ff.; *Becker*, AuR 1982, 369 (376); *Franßen/Haesen*, AÜG, Art. 1 § 9 Rdnrn. 14 ff.; *Sandmann/Marschall*, AÜG, Art. 1 § 10 Anm. 6 ff.

[368] Vgl. *Schaub*, Arbeitsrechts-Handbuch, § 35 III 3. *Zöllner*, Arbeitsrecht, § 11 II 1 b).

Arbeitsvertrag darauf verlassen können, daß er für tatsächlich erbrachte Arbeitsleistungen die vom Arbeitgeber zugesagte oder tarifvertraglich festgesetzte Vergütung, die ja in aller Regel die Existenzgrundlage für den Arbeitnehmer und seine Familie bildet, auch wirklich erhält, zumal ein im Falle der Rückabwicklung an die Stelle des Lohnanspruchs tretender Bereicherungsanspruch keinen ausreichenden Ersatz darstellt, weil sich der Bereicherungsanspruch und der vertragliche Lohnanspruch in ihrer Höhe durchaus nicht decken müssen. Das in Vollzug gesetzte fehlerhafte Arbeitsverhältnis ist daher für die Vergangenheit grundsätzlich wie ein fehlerfrei zustandegekommenes zu behandeln[369]. Für die Frage, ob diese Grundsätze auf das Verhältnis zwischen Verleiher und Leiharbeitnehmer übertragbar sind, muß zunächst danach differenziert werden, ob es um Zeiträume geht, in denen der unwirksame Leiharbeitsvertrag durch die bloße Arbeitsbereitschaft des Leiharbeitnehmers vollzogen wurde, oder um solche, in denen der Leiharbeitnehmer einem Entleiher überlassen worden war.

1. Vollziehung des Leiharbeitsvertrages durch bloße Arbeitsbereitschaft des Leiharbeitnehmers

Außerhalb des Anwendungsbereichs des Art. 1 § 10 Abs. 1 AÜG treffen die Wertungen, die zur Anerkennung eines faktischen Arbeitsverhältnisses geführt haben, auch für das Verhältnis zwischen Verleiher und Leiharbeitnehmer zu[370]. Der Leiharbeitnehmer hat durch seine Arbeitsbereitschaft im Interesse des Verleihers auf eine anderweitige Verwertung seiner Arbeitskraft verzichtet und ist auf das vom Verleiher zugesagte Arbeitsentgelt angewiesen. Daß Art. 1 § 9 Nr. 1 AÜG den Leiharbeitsvertrag bei fehlender Erlaubnis zur Arbeitnehmerüberlassung für unwirksam erklärt, steht der Annahme eines faktischen Arbeitsverhältnisses zwischen Verleiher und Leiharbeitnehmer für die Vergangenheit nicht entgegen; die Grundsätze über das faktische Arbeitsverhältnis sollen gerade die mit dem arbeitsrechtlichen Schutzprinzip nicht zu vereinbarenden Folgen eines unwirksamen Arbeitsvertrages korrigieren.

Gegen die Annahme eines faktischen Arbeitsverhältnisses zwischen Verleiher und Leiharbeitnehmer könnte allerdings die Regelung des Art. 1 § 10 Abs. 2 AÜG sprechen, nach der der Leiharbeitnehmer bei Unwirksamkeit des Leiharbeitsvertrages nach Art. 1 § 9 Nr. 1 AÜG gegen den Verleiher Anspruch auf Ersatz des Vertrauensschadens hat[371]. Diese

---

[369] Vgl. BAG AP Nr. 18 zu § 611 BGB Faktisches Arbeitsverhältnis, Bl. 2 (m. w. N.).

[370] So ausdrücklich *Franßen/Haesen*, AÜG, Art. 1 § 9 Rdnr. 14; insoweit zutr. auch *Gagel*, AuR 1983, 85 (86).

[371] So BGH NJW 1982, 1952 (1953); *Marschall*, DB 1975, 303 (306).

Regelung stellt jedoch dann keinen vollwertigen Ersatz für ein nach den allgemeinen Grundsätzen anzunehmendes faktisches Arbeitsverhältnis dar, wenn der Vertrauensschaden gegenüber dem Erfüllungsinteresse zurückbleibt. Da der Gesetzgeber aber durch Art. 1 § 9 Nr. 1 AÜG die Rechtsstellung der Leiharbeitnehmer im Verhältnis zu anderen Arbeitnehmern keineswegs verschlechtern wollte[372], kann nicht davon ausgegangen werden, daß in Art. 1 § 10 Abs. 1, 2 AÜG die rechtlichen Folgen der Unwirksamkeit des Leiharbeitsvertrages abschließend normiert sind[373]. Die Vorschrift des Art. 1 § 10 Abs. 2 AÜG läuft im übrigen auch bei Annahme eines faktischen Arbeitsverhältnisses zwischen Verleiher und Leiharbeitnehmer nicht leer, weil der Anspruch auf Ersatz des Vertrauensschadens nach Art. 1 § 10 Abs. 2 AÜG — im Gegensatz zu §§ 307, 309 BGB — nicht auf das Erfüllungsinteresse begrenzt ist. Die Gefahr einer einverständlichen faktischen Weiterführung unwirksamer Leiharbeitsverhältnisse entgegen dem Zweck des Art. 1 § 9 Nr. 1 AÜG, illegal arbeitende Verleiher vom Markt zu verdrängen, ist zwar nicht zu leugnen; sie muß aber im Interesse eines wirksamen Arbeitnehmerschutzes hingenommen werden[374]. Soweit der unwirksame Leiharbeitsvertrag durch die bloße Arbeitsbereitschaft des Leiharbeitnehmers vollzogen wurde, finden daher die Grundsätze über das faktische Arbeitsverhältnis uneingeschränkt Anwendung auf die Beziehung zwischen Verleiher und Leiharbeitnehmer[375]. Der Leiharbeitnehmer hat demnach gegen den Verleiher einen Anspruch auf die vereinbarte Vergütung und kann ein bereits gezahltes Arbeitsentgelt behalten. Für den Bereich des Sozialversicherungsrechts kommt es ohnehin nicht auf die Wirksamkeit des Arbeitsvertrages an; das Sozialversicherungsverhältnis entsteht nämlich bereits dann, wenn eine Beschäftigung in persönlicher Abhängigkeit von einem Dritten vorliegt[376]. Eine solche ist aber wegen des atypischen Charakters der Leiharbeit schon bei bloßer Arbeitsbereitschaft des Leiharbeitnehmers im Verhältnis zum Verleiher anzunehmen[377].

---

[372] Vgl. *Franßen/Haesen*, AÜG, Art. 1 § 9 Rdnr. 15.

[373] a. A. BGH NJW 1982, 1952 (1953); *Marschall*, DB 1975, 303 (306); wie hier *Franßen/Haesen*, AÜG, Art. 1 § 9 Rdnr. 14.

[374] Zutr. *Franßen/Haesen*, AÜG, Art. 1 § 10 Rdnr. 18. Im übrigen ist davon auszugehen, daß quasivertragliche Ansprüche des Leiharbeitnehmers aus einem faktischen Arbeitsverhältnis dann unter dem Gesichtspunkt des venire contra factum proprium (§ 242 BGB) entfallen, wenn er die Unwirksamkeit des Leiharbeitsvertrages gekannt hat, vgl. dazu allgemein *Schaub*, Arbeitsrechts-Handbuch, § 35 III 6.

[375] Vgl. *Franßen/Haesen*, AÜG, Art. 1 § 9 Rdnr. 14; *Gagel*, AuR 1983, 85 (86); wohl auch *C. Becker*, BB 1978, 363 (364).

[376] Vgl. *Gitter*, Sozialrecht, § 7 I, § 11 I 1, § 16 I 1.

[377] Vgl. *Becker*, BlStSozArbR 1980, 369 (374); *dens.*, BlStSozArbR 1981, 241 (244).

2. Vollziehung des Leiharbeitsvertrages durch Überlassung des Leiharbeitnehmers an Entleiher

Wird dagegen gemäß Art. 1 § 10 Abs. 1 AÜG ein Arbeitsverhältnis zwischen dem Leiharbeitnehmer und einem Entleiher fingiert, so ist für eine zusätzliche Anwendung der Regeln über das faktische Arbeitsverhältnis auf die Beziehung zwischen Verleiher und Leiharbeitnehmer grundsätzlich kein Raum[378]. Art. 1 § 10 Abs. 1 AÜG stellt vielmehr gegenüber diesen allgemeinen Grundsätzen eine spezielle Regelung zum Ausgleich der für den Leiharbeitnehmer negativen Folgen der Unwirksamkeit des Leiharbeitsvertrages nach Art. 1 § 9 Nr. 1 AÜG dar. Der Leiharbeitnehmer hat also insoweit einen Anspruch auf das Arbeitsentgelt nur gegenüber den jeweiligen Entleihern[379]. Auch für den Bereich des Sozialversicherungsrechts ist nach der Wertung des Art. 1 § 10 Abs. 1 AÜG allein der Entleiher als Arbeitgeber anzusehen.

Der Schutzzweck des Art. 1 § 10 Abs. 1 AÜG würde jedoch vereitelt, wenn nunmehr der Leiharbeitnehmer vom Verleiher auf Rückerstattung bereits gezahlter Löhne nach §§ 812 ff. BGB in Anspruch genommen werden könnte. Er stünde dann schlechter als ohne das fingierte Arbeitsverhältnis[380]. Ohne die Fiktion des Art. 1 § 10 Abs. 1 AÜG wäre ja die Beziehung zwischen Verleiher und Leiharbeitnehmer als faktisches Arbeitsverhältnis zu qualifizieren[381]. Auch eine Rückabwicklung vom Verleiher bereits abgeführter Sozialversicherungsbeiträge würde die Rechtsstellung des Leiharbeitnehmers erheblich gefährden. Wendet man aber die Regeln über faktische Arbeitsverhältnisse wenigstens insoweit auf die Beziehung zwischen Verleiher und Leiharbeitnehmer an, als jener bereits Leistungen erbracht hat, so stellt sich sogleich die Frage, ob der Leiharbeitnehmer die gleichen Leistungen noch einmal vom Entleiher aufgrund des fingierten Arbeitsverhältnisses verlangen kann.

Zur Lösung des Problems muß berücksichtigt werden, daß die Grundsätze über das faktische Arbeitsverhältnis und Art. 1 § 10 Abs. 1 AÜG denselben Arbeitnehmerschutzzweck verfolgen, so daß Überschneidun-

---

[378] Zutr. BGH NJW 1980, 452 (453); BGH NJW 1982, 1952 (1953); *C. Becker*, BB 1978, 363 (364); *Franßen/Haesen*, AÜG, Art. 1 § 9 Rdnr. 16; *Marschall*, DB 1975, 303 (306); unklar *Becker*, AuR 1982, 369 (376); a. A. unter Hinweis auf den Schutzzweck des Art. 1 § 10 AÜG *Gagel*, AuR 1983, 85 (86); vgl. auch *Stypmann*, NJW 1983, 95.

[379] Zutr. BGH NJW 1982, 1952 (1953); *Marschall*, DB 1975, 303 (306); vgl. auch *Franßen/Haesen*, AÜG, Art. 1 § 9 Rdnr. 16; a. A. *Gagel*, AuR 1983, 85 (86): Verleiher und Entleiher haften als Gesamtschuldner.

[380] Vgl. BGH NJW 1980, 452 (453); *C. Becker*, BB 1978, 363 (364); *Becker/Wulfgramm*, AÜG, Art. 1 § 9 Rdnr. 18; *Sandmann/Marschall*, AÜG, Art. 1 § 10 Anm. 9.

[381] Vgl. BGH NJW 1980, 452 (453); *C. Becker*, BB 1978, 363 (364).

gen ihrer Anwendungsbereiche zu vermeiden sind. Im Regelfall geschieht dies dadurch, daß die Spezialregelung des Art. 1 § 10 Abs. 1 AÜG die Grundsätze über faktische Arbeitsverhältnisse verdrängt. Soweit ausnahmsweise eine Anwendung dieser Grundsätze geboten ist, weil dies den Arbeitnehmerschutz besser gewährleistet als die Fiktion eines Arbeitsverhältnisses zwischen Entleiher und Leiharbeitnehmer, also dann, wenn der Leiharbeitnehmer sein Arbeitsentgelt bereits vom Verleiher erhalten hat oder dieser die Beiträge zur Sozialversicherung abgeführt hat, ist Art. 1 § 10 Abs. 1 AÜG entgegen seinem Wortlaut, aber in Übereinstimmung mit seinem Normzweck nicht anzuwenden; der Anwendungsbereich der Vorschrift ist insoweit teleologisch zu reduzieren[382]. Auf diese Weise wird dem Schutzbedürfnis des Arbeitnehmers Rechnung getragen und gleichzeitig etwa eine unangemessene Doppelvergütung ausgeschlossen.

C. Arbeitsrechtliche Nachteile für den Leiharbeitnehmer durch die Regelungen des Art. 1 § 9 Nr. 1, § 10 Abs. 1, 2 AÜG?

I. Kritik im Schrifttum

Wenn auch vor allem in den wichtigen Bereichen des Arbeitsentgelts und der Sozialversicherung der Schutz des Leiharbeitnehmers, der an einen unerlaubt arbeitenden Verleiher geraten ist, durch Art. 1 § 10 Abs. 1, 2 AÜG sowie die ergänzende Anwendung der Grundsätze über faktische Arbeitsverhältnisse im wesentlichen gewährleistet ist, so wird dennoch im Schrifttum unter verschiedenen Gesichtspunkten heftige Kritik an der in Art. 1 § 9 Nr. 1, § 10 Abs. 1, 2 AÜG geregelten Konzeption der Rechtsbeziehungen geübt[383]. Der wohl gewichtigste, weil die verfassungsrechtlich geschützte freie Wahl des Arbeitsplatzes durch den Leiharbeitnehmer (Art. 12 Abs. 1 S. 1 GG) berührende Einwand ist der, daß ohne Rücksicht auf den Willen des Arbeitnehmers eine gesetzliche Auswechslung des Arbeitgebers stattfinde[384]. Seiter[385] verweist in

[382] So zutr. BGH NJW 1980, 452 (453); BGH NJW 1982, 1952 (1953); *C. Becker*, BB 1978, 363 (364); *Becker/Wulfgramm*, AÜG, Art. 1 § 10 Rdnr. 15 a; vgl. auch BFH BB 1982, 1776 f., der bei Lohnzahlung durch den Verleiher eine Lohnsteuerhaftung des Entleihers ablehnt; kritisch dazu etwa *Marschall*, RdA 1983, 18 (23 f.); *Martens*, BB 1983, 1408 f. Zum bereicherungsrechtlichen Rückgriff des Verleihers auf den Entleiher vgl. BGH NJW 1980, 452 f.; *Dauner*, JZ 1980, 495 (499 f.); *Ehmann*, ZfA 1980, 683 (773).

[383] Vgl. *Konzen*, ZfA 1978, 451 (506 f.); *Seiter*, Anm. zu BAG AR-Blattei, D, Leiharbeitsverhältnis, Entscheidung 11.

[384] Vgl. *Becker/Kreikebaum*, Zeitarbeit, S. 135; *Schubel/Engelbrecht*, AÜG, Art. 1 § 10 Rdnr. 2.

[385] *Seiter* (Fußn. 383).

diesem Zusammenhang auf die Rechtsprechung des BAG zu § 613 a BGB, nach der beim Betriebsinhaberwechsel das Arbeitsverhältnis nicht gegen den Widerspruch des Arbeitnehmers auf den Erwerber des Betriebes oder eines Betriebsteils übergeht[386]. Folgt man dagegen der ganz überwiegend vertretenen Auffassung, daß die Fiktion des Art. 1 § 10 Abs. 1 AÜG unabhängig vom Willen des Leiharbeitnehmers eingreift[387], so ist zu erwägen, ob dem Leiharbeitnehmer ein Recht zur außerordentlichen Kündigung als das aus Art. 12 Abs. 1 GG folgende Korrelat zu der gesetzlichen Fiktion des Arbeitsverhältnisses zuzubilligen ist[388]. Einem der beiden Lösungswege wird man in der Tat im Hinblick auf Art. 12 Abs. 1 S. 1 GG folgen müssen. Dies hat dann allerdings zur Konsequenz, daß der Leiharbeitnehmer beide Arbeitsplätze verliert.

Weitere Einwände betreffen den Kündigungsschutz des Leiharbeitnehmers. Das im Falle der Unwirksamkeit des Leiharbeitsvertrages nach Art. 1 § 9 Nr. 1 AÜG zwischen Verleiher und Leiharbeitnehmer bestehende faktische Arbeitsverhältnis kann jederzeit ohne Kündigungsschutz beendet werden[389] und endet spätestens im Zeitpunkt der zwischen Verleiher und Entleiher vereinbarten Arbeitsaufnahme im Entleiherbetrieb. Im Rahmen des sodann zwischen Entleiher und Leiharbeitnehmer fingierten Arbeitsverhältnisses ist der Leiharbeitnehmer nur bei Vorliegen der Geltungsvoraussetzungen des Kündigungsschutzgesetzes, insbesondere also erst nach Ablauf der Halbjahresfrist des § 1 Abs. 1 KSchG, gegen sozialwidrige Kündigungen des Entleihers geschützt, und zwar auch dann, wenn der Leiharbeitnehmer bereits länger als sechs Monate beim Verleiher tätig war[390]. Übt der Leiharbeitnehmer im Rahmen des faktischen Arbeitsverhältnisses mit dem Verleiher ein Betriebsratsamt im Verleiherbetrieb aus, so endet dieses mit dem faktischen Arbeitsverhältnis (§ 24 Abs. 1 Nr. 3 BetrVG), so daß der Leiharbeitnehmer nicht den besonderen Kündigungsschutz gemäß § 103 BetrVG, § 15 KSchG genießt[391]. Weitere arbeitsrechtliche Nachteile, deren Ausgleich durch die Grundsätze über das faktische Arbeitsverhältnis sowie die Regelung des Art. 1 § 10 Abs. 1, 2 AÜG zumindest zweifelhaft

---

[386] Vgl. dazu BAG DB 1980, 1495; BAG AP Nr. 10 zu § 613 a BGB.

[387] Vgl. BAG AP Nr. 9 zu § 103 BetrVG 1972; *Becker/Wulfgramm*, AÜG, Art. 1 § 10 Rdnr. 13; *Konzen*, ZfA 1978, 451 (507).

[388] So *Becker/Wulfgramm*, AÜG, Art. 1 § 10 Rdnr. 38; *Sandmann/Marschall*, AÜG, Art. 1 § 10 Anm. 19: Der wichtige Grund im Sinne des § 626 BGB liegt dabei in dem Wechsel des Arbeitgebers. A. A. *Franßen/Haesen*, AÜG, Art. 1 § 10 Rdnrn. 3, 59.

[389] Vgl. *KR-Becker*, KSchG, § 1 Rdnr. 21 (m. w. N.).

[390] Vgl. *KR-Becker*, KSchG, § 1 Rdnr. 24.

[391] Vgl. BAG AP Nr. 9 zu § 103 BetrVG 1972 (m. Anm. *Moritz*) = AR-Blattei, D, Leiharbeitsverhältnis Entscheidung 11 (m. Anm. *Seiter*) = SAE 1978, 171 (m. Anm. *Schnorr von Carolsfeld*).

ist, sind beispielsweise im Hinblick auf den Urlaubsanspruch oder im Bereich der betrieblichen Altersversorgung denkbar[392]. Schließlich ist auch nicht zu leugnen, daß beispielsweise die Durchsetzung des Anspruchs auf das Arbeitsentgelt gegenüber dem Entleiher gemäß Art. 1 § 10 Abs. 1 AÜG auf Schwierigkeiten stoßen kann; angesichts der Kompliziertheit der Rechtslage nach dem AÜG wird der in Anspruch genommene Entleiher häufig die Entgeltforderung bestreiten, so daß eine Klärung nur auf dem Klageweg zu erreichen ist[393].

II. Stellungnahme

Trotz der aufgezeigten arbeitsrechtlichen Nachteile für den Leiharbeitnehmer erscheint die an der Konzeption der Rechtsbeziehungen im Schrifttum geübte Kritik als übertrieben. Die Problematik des Kündigungsschutzes nach § 1 KSchG verliert beispielsweise erheblich an praktischer Relevanz, wenn man bedenkt, daß die Dauer der Arbeitsverhältnisse zwischen Verleiher und Leiharbeitnehmer meist verhältnismäßig kurz ist, so daß der allgemeine Kündigungsschutz ohnehin kaum eingreift[394]. Im übrigen verstellt die ausschließlich am Arbeitnehmerschutz orientierte Kritik den Blick auf die viel kompliziertere Interessenkonstellation, die der Gesetzgeber zu beachten hatte. Art. 1 § 9 Nr. 1 AÜG bezweckt zwar auch den Schutz der Leiharbeitnehmer vor unzuverlässigen Verleihern. Vor allem aber liegt der Vorschrift, wie bereits erwähnt, als ratio legis die Verdrängung unseriöser Verleiher vom Arbeitsmarkt zugrunde; zur Erreichung dieses Zieles ist in zivilrechtlicher Hinsicht die Anordnung der Unwirksamkeit der vom Verleiher geschlossenen Verträge nach Art. 1 § 9 Nr. 1 AÜG durchaus ein geeignetes und notwendiges Mittel. Soweit die damit für den Leiharbeitnehmer notwendigerweise verbundenen arbeitsrechtlichen Nachteile nicht durch die Anwendung der Grundsätze über faktische Arbeitsverhältnisse sowie Art. 1 § 10 Abs. 1, 2 AÜG kompensiert werden können, müssen diese hingenommen werden. Eine andere zivilrechtliche Gestaltung, die gleichzeitig den im öffentlichen Interesse liegenden Sanktionszweck des Art. 1 § 9 Nr. 1 AÜG und den Arbeitnehmerschutz besser als die gegenwärtige Regelung verwirklicht, ist nicht ersichtlich[395]. Es ist im übrigen aber auch fraglich, ob eine weitere Perfektio-

---

392 Vgl. *Konzen*, ZfA 1978, 451 (507).

393 Vgl. dazu LSG Essen EzAÜG Nr. 56.

394 Zur Dauer der Leiharbeitsverhältnisse vgl. *Becker/Wulfgramm*, AÜG, Einl. Rdnr. 68 a. Vgl. ferner den 4. Bericht der BReg. über Erfahrungen bei der Anwendung des AÜG BT-Drucks. 8/4479, S. 9.

395 Zu denken wäre allenfalls an eine über Art. 1 § 10 Abs. 1 AÜG hinausgehende Risikobelastung des Entleihers, vgl. *Göbel*, BlStSozArbR 1973, 309

nierung und damit möglicherweise weitere Komplizierung der Rechtsbeziehungen bei unerlaubter Arbeitnehmerüberlassung der geeignete Ansatzpunkt zur Gewährleistung des Arbeitnehmerschutzes wäre. In erster Linie kommt es auf die Bekämpfung der illegalen Leiharbeit selbst an. Hierzu sind aber vor allem geeignete öffentlich-rechtliche Kontroll- und Sanktionsmittel erforderlich[396].

D. Vergleich der Rechtsbeziehungen zwischen den Beteiligten bei unerlaubter gewerbsmäßiger Arbeitnehmerüberlassung und privater Arbeitsvermittlung

Im Falle unerlaubter privater Arbeitsvermittlung ist nach einhelliger Auffassung in Rechtsprechung und Schrifttum der Vertrag zwischen Vermittler und Drittem nach § 134 BGB, §§ 4, 13 AFG nichtig[397]; das gleiche gilt nach überwiegender Auffassung auch für den Vertrag zwischen dem Vermittler und dem Arbeitsuchenden, weil Inhalt des Vertrages der Anspruch auf Vermittlung an ein drittes Unternehmen ist und die damit versprochene Tätigkeit gerade verboten ist[398]. Der Arbeitsuchende muß daher im Falle unerlaubter privater Arbeitsvermittlung möglichst in gleicher Weise wie ein unerlaubt überlassener Arbeitnehmer geschützt werden, zumal die Grenzziehung zwischen privater Arbeitsvermittlung und unerlaubter gewerbsmäßiger Arbeitnehmerüberlassung oft problematisch ist und gegebenenfalls bestehende Zweifel hinsichtlich der Abgrenzung beider Tatbestände nicht zu Lasten des Arbeitnehmers gehen dürfen[399]. Der Gesetzgeber hat dem durch die Regelung des Art. 1 § 13 AÜG Rechnung getragen, wonach bei unerlaubter Arbeitsvermittlung die arbeitsrechtlichen Ansprüche des Arbeitnehmers gegen den Arbeitgeber, an den er vermittelt worden ist, nicht durch Vereinbarung ausgeschlossen werden können. Das Gesetz geht somit von der Wirksamkeit des zwischen dem Dritten und dem Arbeitsuchenden zustande gekommenen Arbeitsverhältnisses aus[400]. Dieses Arbeitsverhältnis beruht weder auf der Eingliederung des Arbeit-

---

(313). Hier würde sich jedoch das Problem ungleicher Behandlung des früheren Leiharbeitnehmers gegenüber den Stammarbeitnehmern des Entleihers ergeben.

[396] s. u. §§ 11 ff.

[397] Vgl. BGH DB 1978, 1881; *Engelbrecht,* Abgrenzung der Arbeitnehmerüberlassung, S. 116; *Immenga,* BB 1972, 805 (807).

[398] Vgl. BGH DB 1973, 1744; *Immenga,* BB 1972, 805 (807); vgl. auch *Gagel/Jülicher,* AFG, § 4 Rdnr. 5; differenzierend *Engelbrecht* (Fußn. 397), S. 120.

[399] Vgl. die Begründung des RegE eines Gesetzes zur Regelung der gewerbsmäßigen Arbeitnehmerüberlassung, BT-Drucks. VI/2303, S. 15.

[400] Zutr. BAG AP Nr. 9 zu § 103 BetrVG 1972 Bl. 3; *Becker/Wulfgramm,* AÜG, Art. 1 § 13 Rdnr. 6; *Halbach,* DB 1980, 2389 (2392).

suchenden in den Drittbetrieb, noch stellt es ein faktisches Arbeitsverhältnis dar; es handelt sich vielmehr um ein ganz normales, auf vertraglicher Willenseinigung zwischen Drittem und Arbeitsuchendem beruhendes Arbeitsverhältnis[401]. Dem Vertrag zwischen dem Dritten und dem Arbeitsuchenden ist auch der Inhalt dieses Arbeitsverhältnisses zu entnehmen, so daß es durchaus folgerichtig ist, daß Art. 1 § 13 AÜG insoweit keinerlei Regelung enthält. Auch dann, wenn die Beteiligten nicht offen Arbeitsvermittlung nach §§ 4, 13 AFG betrieben haben, sondern diese lediglich nach Art. 1 § 1 Abs. 2, § 3 Abs. 1 AÜG vermutet wird, gilt nichts anderes: Hier wird gesetzlich vermutet, daß „Verleiher" und „Leiharbeitnehmer" keinen Leiharbeitsvertrag, sondern einen Arbeitsplatzbeschaffungsvertrag und erst der „Entleiher" und der „Leiharbeitnehmer" einen Arbeitsvertrag geschlossen haben. Dabei handelt es sich aber eben nur um eine Vermutung; die Beteiligten selbst haben hier ihre Rechtsbeziehungen zumindest nach außen wie bei der Arbeitnehmerüberlassung ausgestaltet; der „Verleiher" hat etwa die Arbeitgeberpflichten übernommen, während im Verhältnis zwischen „Entleiher" und „Leiharbeitnehmer" eine vertragliche Beziehung überhaupt nicht erkennbar sein wird. Hier ist in der Tat problematisch, welchen Inhalt das von Art. 1 § 13 AÜG vorausgesetzte Arbeitsverhältnis zwischen Arbeitnehmer und Drittem hat. Da einerseits Art. 1 § 13 AÜG diesbezüglich keine Regelung getroffen hat, diese Vorschrift aber andererseits auch im Falle lediglich nach Art. 1 § 1 Abs. 2 AÜG vermuteter Arbeitsvermittlung eingreift, ist eine Regelungslücke gegeben, die im Hinblick darauf, daß der unerlaubt vermittelte Arbeitnehmer in gleicher Weise schutzwürdig ist wie der unerlaubt überlasssene Arbeitnehmer, durch eine analoge Anwendung des Art. 1 § 10 Abs. 1 AÜG zu schließen ist[402]. Damit ist sichergestellt, daß der Arbeitnehmer auch bei verbotener Arbeitsvermittlung wie bei unerlaubter Arbeitnehmerüberlassung den Dritten in Anspruch nehmen kann, ohne daß es insoweit auf die gerade im Grenzbereich schwierige Unterscheidung beider Tatbestände ankommt[403].

---

[401] Vgl. *Engelbrecht* (Fußn. 397), S. 118; BAG AP Nr. 9 zu § 103 BetrVG 1972 Bl. 3 nimmt dagegen unter Hinweis auf Art. 1 § 13 AÜG eine gesetzliche Begründung des Arbeitsverhältnisses zwischen Drittem und Arbeitsuchendem an.

[402] Zutr. *Becker/Wulfgramm*, AÜG, Art. 1 § 13 Rdnr. 3; einschränkend *Franßen/Haesen*, AÜG, Art. 1 § 13 Rdnrn. 3 ff.; a. A. *Sandmann/Marschall*, AÜG, Art. 1 § 13 Anm. 6.

[403] Zum Ausschluß der Rückabwicklung nach den Grundsätzen über faktische Vertragsverhältnisse, wenn der „Verleiher" das Arbeitsentgelt gezahlt hat, vgl. *Franßen/Haesen*, AÜG, Art. 1 § 13 Rdnr. 11. Für ein außerordentliches Kündigungsrecht des „Leiharbeitnehmers" *Engelbrecht* (Fußn. 397), S. 118.

5. Kapitel

Kontrolle des Arbeitnehmerüberlassungsgewerbes und Bekämpfung illegaler Arbeitnehmerüberlassung

Zur Gewährleistung des Schutzes der Leiharbeitnehmer und der Funktionsfähigkeit des Arbeitsmarkts genügt jedoch nicht nur eine adäquate arbeits-, sozialversicherungs- und vermittlungsrechtliche Erfassung der Leiharbeit. Von besonderer Bedeutung ist darüber hinaus, wie das Arbeitnehmerüberlassungsgewerbe kontrolliert und die illegale Arbeitnehmerüberlassung wirksam bekämpft werden kann[1]. Dies erfordert zunächst die Abgrenzung der gewerbsmäßigen Leiharbeit von anderen, nicht erlaubnispflichtigen Formen des Personaleinsatzes in Drittbetrieben, vor allem aufgrund von Werk- und Dienstverträgen, wobei die Arbeitnehmer als Erfüllungsgehilfen (§ 278 BGB) des Werkunternehmers oder Dienstpflichtigen eingesetzt werden. Die wegen des ähnlichen Erscheinungsbildes der verschiedenen Formen des drittbezogenen Personaleinsatzes bestehenden faktischen Abgrenzungsprobleme haben vielfach Verleiher ausgenutzt, um unter dem Etikett von Subunternehmerverhältnissen getarnte gewerbsmäßige Arbeitnehmerüberlassung zu betreiben[2]. Es ist daher zu prüfen, welche Möglichkeiten zur Bekämpfung solcher Umgehungspraktiken in Betracht kommen.

Abgesehen von dieser speziellen Form der Illegalität wird trotz der zahlreichen gewerberechtlichen Spezialbestimmungen in Art. 1 §§ 1 bis 8 AÜG und der straf- und ordnungswidrigkeitsrechtlichen Regelungen des Art. 1 §§ 15 ff. AÜG ganz allgemein von einer weiten Verbreitung illegaler Leiharbeit ausgegangen[3]. Der Umfang der Illegalität be-

---

[1] Zum Umfang der illegalen gewerbsmäßigen Arbeitnehmerüberlassung vgl. den 4. Bericht der BReg. über Erfahrungen bei der Anwendung des AÜG, BT-Drucks. 8/4479, S. 5, 11; ferner *Becker/Wulfgramm*, AÜG, Einl. Rdnr. 68 b; *Becker*, BlStSozArbR 1980, 369 (370); *Debus*, Leiharbeit, S. 61 ff.

[2] Vgl. die Nachweise bei Fußn. 1.

[3] Die diesbezüglich von der Bundesanstalt für Arbeit geführten Statistiken über Straf-, Bußgeld- und Verwaltungszwangsverfahren sind insoweit nur begrenzt aussagefähig, weil die Dunkelziffer bei der illegalen Arbeitnehmerüberlassung sehr hoch ist. Dies liegt zum einen an der problematischen Abgrenzung der Arbeitnehmerüberlassung von anderen Formen des drittbezogenen Personaleinsatzes, zum andern daran, daß oft alle Beteiligten

schränkt sich dabei häufig nicht auf das bloße Fehlen der Erlaubnis zur gewerbsmäßigen Arbeitnehmerüberlassung; hinzu kommen regelmäßig Verstöße gegen arbeits- und sozialversicherungsrechtliche, ausländerrechtliche und steuerrechtliche Vorschriften[4]. Es muß daher auch überlegt werden, inwieweit zur Bekämpfung illegaler Arbeitnehmerüberlassung eine Erweiterung der behördlichen Überwachungs- und Prüfungskompetenzen und eine Verschärfung der straf- und ordnungswidrigkeitsrechtlichen Sanktionen erforderlich ist.

§ 11 Bekämpfung der Umgehung des AÜG durch illegales Ausweichen in andere Formen des Personaleinsatzes in Drittbetrieben

A. Verhältnis der gewerbsmäßigen Arbeitnehmerüberlassung zu Personaleinsätzen bei Dritten aufgrund von Werk-, Dienst- und Dienstverschaffungsverträgen

I. Grenzziehung zwischen Arbeitnehmerüberlassungsvertrag und dem Einsatz von Arbeitnehmern aufgrund von Werk- und Dienstverträgen

Verleiher und Entleiher können zwar grundsätzlich, d. h. im Rahmen zwingender gesetzlicher Regelungen, über die Ausgestaltung ihrer vertraglichen Beziehungen frei entscheiden, also etwa auch Werk- oder Dienstverträge schließen, verbunden mit einem Einsatz der Arbeitnehmer als Erfüllungsgehilfen des Werkunternehmers oder Dienstpflichtigen bei dem Dritten. Die Befugnis zur autonomen Gestaltung der Rechtsbeziehungen erstreckt sich aber nicht auf die rechtliche Qualifizierung der geschlossenen Verträge, d. h. ob ein Vertrag beispielsweise als Werk-, Dienst- oder aber als Arbeitnehmerüberlassungsvertrag zu qualifizieren ist, richtet sich nicht nach der von den Parteien gewählten Vertragsbezeichnung, sondern nach dem vereinbarten Leistungsgegen-

---

ein Interesse daran haben, die illegale Leiharbeit vor den Behörden verborgen zu halten; insbesondere bei ausländischen Leiharbeitnehmern, vor allem dann, wenn sie sich illegal in der Bundesrepublik Deutschland aufhalten, kommt vielfach eine völlige Abhängigkeit vom illegalen Verleiher hinzu, vgl. dazu den 4. Bericht der BReg. über Erfahrungen bei der Anwendung des AÜG, BT-Drucks. 8/4479, S. 6.

[4] Vgl. den 4. Bericht der BReg. über Erfahrungen bei der Anwendung des AÜG, BT-Drucks. 8/4479, S. 12.

stand bzw. nach der tatsächlichen Vertragsdurchführung, soweit diese vom Wortlaut des Vertrages abweicht[5].

Der Gesetzgeber hat bei der Schaffung des AÜG das Problem der Abgrenzung des Arbeitnehmerüberlassungsvertrages von anderen Vertragstypen mit Personaleinsätzen in Drittbetrieben durchaus gesehen, hielt aber eine entsprechende gesetzliche Regelung für nicht sachdienlich[6]. Ausgangspunkt für Überlegungen zur Klärung der Abgrenzungsproblematik ist daher die den Tatbestand der Arbeitnehmerüberlassung regelnde Vorschrift des Art. 1 § 1 Abs. 1 AÜG. Danach handelt es sich bei dem Arbeitnehmerüberlassungsvertrag um einen schuldrechtlichen Vertrag sui generis (§ 305 BGB), durch den sich der Verleiher verpflichtet, dem Entleiher einen Arbeitnehmer zur Arbeitsleistung zu überlassen[7]. Die Hauptleistungspflicht des Verleihers beschränkt sich also auf die bloße Zurverfügungstellung eines arbeitsbereiten Arbeitnehmers; der Verleiher ist demnach nicht verpflichtet, mit Hilfe des Arbeitnehmers bestimmte Dienstleistungen zu erbringen oder einen bestimmten Leistungserfolg herbeizuführen, so daß der Leiharbeitnehmer bei der Arbeitsleistung im Entleiherbetrieb nicht Erfüllungsgehilfe des Verleihers im Sinne des § 278 BGB ist[8]. Der Leiharbeitnehmer ist vielmehr in die Betriebsorganisation des Entleihers in gleicher Weise wie dessen Stammarbeitnehmer integriert und unterliegt hinsichtlich der Arbeitsausführung den Weisungen des Entleihers[9]. Gerade diese permanente persönliche Abhängigkeit des Leiharbeitnehmers vom jeweiligen Entleiher ist der Grund für die rechtliche Sonderbehandlung der gewerbsmäßigen Arbeitnehmerüberlassung im AÜG. Sinn und Zweck dieser Regelung ist zum einen, die aus der Verteilung der Arbeitgeberfunktionen auf Verleiher und Entleiher resultierenden Gefahren für die Schutzbelange der Leiharbeitnehmer zu beseitigen, und zum anderen, die durch ständige dezentralisierte private Versorgung von Dritten mit Arbeitskräften bedrohte Funktionsfähigkeit des Arbeitsmarkts zu sichern[10].

Das Wesen des Werkvertrages liegt demgegenüber darin, daß sich der Unternehmer zur Herstellung eines individuellen Werkes, das heißt,

---

[5] Vgl. BayObLG AP Nr. 3 zu § 1 AÜG; LSG Berlin EzAÜG Nr. 37; *Becker/Wulfgramm*, AÜG, Art. 1 § 12 Rdnr. 36; *Becker*, ZfA 1978, 131 f.; *Boewer*, DB 1982, 2033 (2036); *Engelbrecht*, BB 1973, 481 (483).

[6] Vgl. den Bericht des Abgeordneten *Jaschke* zu BT-Drucks. VI/3505, S. 2.

[7] Zum Inhalt des Arbeitnehmerüberlassungsvertrages vgl. im einzelnen *Becker*, ZfA 1978, 131 (134 ff.).

[8] Vgl. BAG AP Nr. 9 zu § 103 BetrVG 1972 (m. Anm. *Moritz*) = DB 1977, 1273 (1274) = NJW 1977, 1413 (1414); *Becker*, ZfA 1978, 131 (135).

[9] s. o. § 9 A. II. 2 a); vgl. ferner *Becker*, ZfA 1978, 131 (135).

[10] Vgl. etwa *Sandmann/Marschall*, AÜG, Einl. Anm. 21; *Becker/Wulfgramm*, AÜG, Einl. Rdnr. 118.

zur Herbeiführung eines bestimmten Arbeitsergebnisses für den Besteller im Austausch gegen die Leistung einer Vergütung verpflichtet (§ 631 Abs. 1 BGB). Beim Dienstvertrag verpflichtet sich der eine Teil zur Leistung der versprochenen Dienste und der andere Teil zur Zahlung der vereinbarten Vergütung (§ 611 Abs. 1 BGB). Arbeitnehmerüberlassungsverträge einerseits sowie Werk- und Dienstverträge andererseits weisen demnach ganz unterschiedliche Inhalte auf. Die Frage der Grenzziehung stellt sich erst dann, wenn der Werkunternehmer oder Dienstverpflichtete die von ihm geschuldete Leistung in der betrieblichen Sphäre des Werkbestellers bzw. Dienstberechtigten durch seine Arbeitnehmer erbringt, die hier im Unterschied zum Arbeitnehmerüberlassungsvertrag als Erfüllungsgehilfen des Werkunternehmers oder Dienstverpflichteten tätig werden[11]. Daraus ergibt sich bereits das maßgebliche Abgrenzungskriterium sowohl zum Werk- als auch zum Dienstvertrag: Der Einsatz von Arbeitnehmern als Erfüllungsgehilfen bei Dritten im Rahmen dieser Vertragstypen setzt voraus, daß ausschließlich der Werkunternehmer bzw. der Dienstverpflichtete die arbeitsrechtliche Leitungsmacht ausübt; die Arbeitnehmer sind daher insoweit trotz der Tätigkeit in der betrieblichen Sphäre des Dritten arbeitsrechtlich ausschließlich dem Werkunternehmer oder Dienstverpflichteten zugeordnet, der die zur Erreichung des geschuldeten wirtschaftlichen Erfolgs notwendigen Handlungen selbst organisiert[12].

Die Abgrenzung der Arbeitnehmerüberlassung von Personaleinsätzen in Drittbetrieben auf werkvertraglicher Basis wird allerdings dadurch erschwert, daß auch der Werkbesteller bezüglich der Ausführung des Werkes ein Anweisungsrecht haben kann, ohne daß dies Einfluß auf die Rechtsnatur der Vertragsbeziehung als Werkvertrag hat (vgl. § 645 Abs. 1 S. 1, 2. Alt. BGB). Das Anweisungsrecht des Werkbestellers besteht zwar nur gegenüber dem Werkunternehmer; soweit dieser jedoch zur Herstellung des Werkes Arbeitnehmer als Erfüllungsgehilfen einsetzt, kommen Ausführungsanweisungen des Bestellers auch gegenüber den Arbeitnehmern des Werkunternehmers in Betracht, so daß sich in der Tat die Frage stellt, wie die verschiedenen Weisungsmöglichkeiten des Dritten bei der Arbeitnehmerüberlassung und bei Arbeitnehmereinsätzen auf werkvertraglicher Grundlage unterschieden werden können[13].

---

[11] BAG (Fußn. 8); BAG AP Nr. 2 zu § 1 AÜG (m. Anm. *Weber*) = DB 1979, 851 = NJW 1979, 2636; BayObLG AP Nr. 3 zu § 1 AÜG; *Becker*, ZfA 1978, 131 (140); *Hempel*, Spannungsverhältnis, S. 177. Der Einsatz von Erfüllungsgehilfen im Rahmen eines Dienstvertrages ist möglich, weil § 613 S. 1 BGB nur im Zweifel die persönliche Dienstleistung des Dienstverpflichteten vorsieht, vgl. dazu *Becker*, ZfA 1978, 131 (144).

[12] Vgl. die Nachweise bei Fußn. 11; ferner *Frerichs/Möller/Ulber*, Leiharbeit, S. 100; *Göbel*, BlStSozArbR 1973, 324 (326 ff.); *Ulber*, AuR 1982, 54 (57).

In Betracht kommt zunächst eine Unterscheidung nach dem Gegenstand, auf den sich die jeweiligen Weisungsmöglichkeiten beziehen. Aufgrund des arbeitsrechtlichen Weisungsrechts ist der Arbeitgeber — beim Werkvertrag also allein der Werkunternehmer, bei der Arbeitnehmerüberlassung dagegen sowohl der Verleiher als auch der Entleiher — befugt, im Rahmen der gesetzlichen, kollektivrechtlichen und einzelvertraglichen Grenzen Art, Ort und Zeit der Arbeitsleistung und das Verhalten des Arbeitnehmers bei der Arbeit näher zu bestimmen. Im Unterschied zu diesem umfassenden arbeitsrechtlichen Direktionsrecht bezieht sich das auf dem Werkvertrag beruhende Anweisungsrecht des Werkbestellers nicht auf die einzelne Arbeitsverrichtung, sondern nur auf das Arbeitsergebnis; es handelt sich also um eine durch den jeweiligen Werkvertragsgegenstand beschränkte Anordnungsbefugnis[14]. Den §§ 631 ff. BGB ist zu entnehmen, daß der Werkunternehmer trotz dieses Anweisungsrechts des Bestellers nicht zum abhängigen Arbeitnehmer wird; daraus folgt, daß Anweisungen des Werkbestellers an das Personal des Werkunternehmers ebensowenig arbeitsrechtlicher Natur sind[15]. Die Anweisungsbefugnis des Werkbestellers und das Direktionsrecht des Arbeitgebers lassen sich daher grundsätzlich qualitativ gegeneinander abgrenzen, wenn auch zuzugeben ist, daß im Einzelfall die Zuordnung einer Weisung zu einem der beiden Bereiche problematisch sein kann[16].

Ein weiteres Unterscheidungskriterium, dem bisher im Schrifttum nicht genügend Beachtung geschenkt worden ist, besteht in der Pflicht zur Befolgung der Weisungen des Dritten[17]. Während für den Leiharbeitnehmer insoweit eine arbeitsrechtliche Befolgungspflicht gegenüber dem Entleiher besteht, ist dies im Verhältnis zwischen dem Erfüllungsgehilfen des Werkunternehmers und dem Werkbesteller nicht der Fall. Der Werkunternehmergehilfe hat nur gegenüber dem Werkunternehmer die Arbeitspflicht; nur diesem gegenüber ist er daher u. U. arbeitsrechtlich zur Ausführung der Anordnungen des Werkbestellers verpflichtet[18]. Befolgt der Arbeitnehmer die werkbezogenen Anweisun-

---

[13] Zu dieser Problematik vgl. *Becker/Wulfgramm*, AÜG, Art. 1 § 1 Rdnr. 39; *Becker*, ZfA 1978, 131 (141); *Hempel*, Spannungsverhältnis, S. 178 f.; *Molitor*, DB 1960, 28 (29).

[14] Zutr. BayObLG AP Nr. 3 zu § 1 AÜG; *Becker/Wulfgramm*, AÜG, Art. 1 § 1 Rdnr. 39; *Molitor*, DB 1960, 28 (29).

[15] Zutr. *Birk*, Die arbeitsrechtliche Leitungsmacht, S. 130; vgl. auch BAG EzAÜG Nr. 18.

[16] So zu Recht *Molitor*, DB 1960, 28 (29); zu weitgehend aber *Hempel*, Spannungsverhältnis, S. 178 f., der eine qualitative Unterscheidung der verschiedenen Weisungsmöglichkeiten überhaupt ablehnt.

[17] Vgl. dazu *Birk* (Fußn. 15), S. 130 f.; *Marschall*, Bekämpfung illegaler Beschäftigung, S. 27.

[18] Zutr. *Birk* (Fußn. 15), S. 131.

gen des Bestellers nicht, so bleibt diesem nur die Geltendmachung der Haftung des Werkunternehmers für dessen Erfüllungsgehilfen nach § 278 BGB[19].

II. Arbeitnehmerüberlassungs- und Dienstverschaffungsvertrag

Der Dienstverschaffungsvertrag ist ein schuldrechtlicher Vertrag eigener Art (§ 305 BGB), durch den sich jemand verpflichtet, einem anderen die Dienste eines Dritten zu verschaffen[20]. Vereinzelt wird im Schrifttum[21] versucht, Arbeitnehmerüberlassungs- und Dienstverschaffungsverträge inhaltlich gegeneinander abzugrenzen, und zwar in dem Sinne, daß bei der Leiharbeit anders als beim Dienstverschaffungsvertrag lediglich die Überlassung eines arbeitsbereiten Arbeitnehmers, nicht aber dessen Dienste geschuldet werden. Eine solche inhaltliche Differenzierung zwischen Dienstverschaffung und Überlassung eines arbeitsbereiten Arbeitnehmers erscheint jedoch nicht möglich[22]. Mit der h. M.[23] ist vielmehr davon auszugehen, daß die Arbeitnehmerüberlassung lediglich einen Spezialfall des Dienstverschaffungsvertrages darstellt, der sich dadurch auszeichnet, daß der Entleiher das arbeitsrechtliche Weisungsrecht gegenüber dem überlassenen Arbeitnehmer ausübt. Die Ausübung des arbeitsrechtlichen Direktionsrechts durch den Dritten dient auch hier wieder zur Abgrenzung des Arbeitnehmerüberlassungsvertrages von anderen, nicht dem AÜG unterliegenden Formen des Dienstverschaffungsvertrages, bei denen der Dienstverpflichtete im Drittbetrieb selbständig und unabhängig tätig wird[24].

In der Praxis werden Dienstverschaffungsverträge häufig nicht isoliert, sondern zusammen mit anderen Verträgen abgeschlossen. Als Beispiel sind hier vor allem Verträge über die Vermietung von Maschinen mit Bedienungs- oder Wartungspersonal zu nennen[25]. Soweit das Be-

---

[19] *Birk* (Fußn. 15), S. 130.

[20] *MünchKomm/Söllner*, BGB, § 611 Rdnr. 35; *Palandt/Putzo*, BGB, Einf. v. § 611 Anm. 2 c).

[21] So *Becker*, ZfA 1978, 131 (145); *Becker/Wulfgramm*, AÜG, Art. 1 § 12 Rdnr. 31; vgl. auch *Schaub*, Arbeitsrechts-Handbuch, § 36 VI 1.

[22] Zutr. *Franßen/Haesen*, AÜG, Art. 1 § 12 Rdnr. 11, die zu Recht darauf hinweisen, daß eine über die bloße Gestellung des Arbeitnehmers hinausgehende Garantie für die Arbeitsbereitschaft und Arbeitskraft des Arbeitnehmers beim Dienstverschaffungsvertrag nichts am Überlassungstatbestand ändert; ebenso *Sandmann/Marschall*, AÜG, Art. 1 § 1 Anm. 22.

[23] Vgl. *MünchKomm/Söllner*, BGB, § 611 Rdnr. 38; a. A. *Franßen/Haesen*, AÜG, Art. 1 § 12 Rdnrn. 9 f., die die Bezeichnung Dienstverschaffungsvertrag auf Überlassungen zu (unabhängigen) Dienstleistungen beschränken, so daß Arbeitnehmerüberlassungsverträge nicht erfaßt werden.

[24] Nur terminologisch abweichend *Franßen/Haesen*, AÜG, Art. 1 § 12 Rdnr. 10.

dienungs- und Wartungspersonal in den Arbeits- und Produktionsprozeß beim Dritten eingegliedert ist und somit dessen Weisungsrecht untersteht, ist damit nach den obigen Ausführungen an sich Arbeitnehmerüberlassung gegeben, auf die unter der Voraussetzung, daß gewerbsmäßiges Handeln vorliegt, das AÜG Anwendung finden müßte. Im Gesetzgebungsverfahren zum AÜG und im Schrifttum ist demgegenüber die Auffassung vertreten worden, daß Art. 1 § 1 Abs. 1 AÜG dann nicht eingreifen soll, wenn das Überlassen der Arbeitnehmer als Nebenleistung anzusehen sei, wie gerade auch im Falle der Vermietung von Maschinen mit Bedienungspersonal[26]. Dem Wortlaut des Art. 1 § 1 Abs. 1 AÜG ist eine solche Einschränkung des Anwendungsbereichs des AÜG allerdings nicht zu entnehmen, so daß allenfalls an eine teleologische Reduktion des Art. 1 § 1 Abs. 1 AÜG gedacht werden könnte. Für den mit dem AÜG verfolgten Schutzzweck zugunsten der Arbeitnehmer kommt es jedoch nicht darauf an, ob die Arbeitnehmerüberlassung alleiniger Vertragsgegenstand ist, ob eine Verknüpfung mit anderen Vertragsverhältnissen vorliegt und in welchem Verhältnis die verschiedenen Vertragsgegenstände zueinander stehen[27]. Selbst wenn man jedoch mit der Gegenansicht etwa bei der Vermietung wertvoller Maschinen verbunden mit der Stellung von Bedienungspersonal die Belange des Arbeitsmarkts und der Arbeitnehmer nicht in der Weise wie bei ausschließlicher Arbeitnehmerüberlassung tangiert sieht, bleibt das Problem der Rechtssicherheit, weil auch die Gegenansicht Art. 1 § 1 Abs. 1 AÜG dann anwenden will, wenn der überlassene Arbeitnehmer vom Verleiher lediglich mit Werkzeug oder Ausrüstung ausgestattet wird oder wenn das Überlassen des Arbeitnehmers ein wichtiges Vertragselement darstellt[28]. Mit dem Gebot der Rechtssicherheit ist es aber unvereinbar, die Anwendbarkeit des AÜG davon abhängen zu lassen, in welcher Relation die Arbeitnehmerüberlassung zu dem weiteren Vertragsgegenstand, etwa dem Verkauf oder der Vermietung einer Maschine steht. Auch bei gemischten Verträgen kann es daher für die Frage, ob eine der Teilleistungen unter Art. 1 § 1 Abs. 1 AÜG zu subsumierende, gewerbsmäßige Arbeitnehmerüberlassung zum Gegenstand

---

[25] Vgl. *Becker*, ZfA 1978, 131 (145); *Birk* (Fußn. 15), S. 132.

[26] Vgl. die Begründung des RegE eines Gesetzes zur Regelung der gewerbsmäßigen Arbeitnehmerüberlassung, BT-Drucks. VI/2303, S. 10; ferner *Becker/Wulfgramm*, AÜG, Einl. Rdnr. 26; *Sandmann/Marschall*, AÜG, Art. 1 § 1 Anm. 23; ebenso *Hempel*, Spannungsverhältnis, S. 172, der sich allerdings sodann für eine analoge Anwendung der Vorschriften des AÜG über die zwingende Ausgestaltung des Leiharbeits- und des Arbeitnehmerüberlassungsvertrages ausspricht; a. A. aber *Franßen/Haesen*, AÜG, Art. 1 § 1 Rdnrn. 68 f.

[27] Zutr. *Franßen/Haesen*, AÜG, Art. 1 § 1 Rdnr. 68.

[28] Vgl. *Hempel*, Spannungsverhältnis, S. 172; *Sandmann/Marschall*, AÜG, Art. 1 § 1 Anm. 23.

hat, nur darauf ankommen, ob das Bedienungs- oder Wartungspersonal der arbeitsrechtlichen Weisungsbefugnis des Dritten unterstellt ist.

III Zwischenergebnis

Der Tatbestand der Arbeitnehmerüberlassung läßt sich rechtlich mit Hilfe des Kriteriums der unmittelbaren arbeitsrechtlichen Weisungsgebundenheit des Leiharbeitnehmers gegenüber dem Entleiher durchaus von anderen Formen des Personaleinsatzes in Drittbetrieben unterscheiden. Das eigentliche Problem liegt darin, daß das Erscheinungsbild der verschiedenen Formen des drittbezogenen Personaleinsatzes sehr ähnlich ist und damit eine eindeutige rechtliche Zuordnung der jeweiligen faktischen Gegebenheiten zu einem der in Betracht kommenden Dreieckstatbestände erheblichen Schwierigkeiten begegnet.

B. Möglichkeiten zur Bekämpfung illegaler getarnter Arbeitnehmerüberlassung

I. Lösungsansätze im Schrifttum

Im Schrifttum[29] ist daher auf verschiedene Weise versucht worden, über das Abgrenzungskriterium der arbeitsrechtlichen Zuordnung des Arbeitnehmers hinaus weitere Gesichtspunkte zu ermitteln, anhand derer in der Praxis eine exakte Abgrenzung der Arbeitnehmerüberlassung gegenüber den anderen Formen des Personaleinsatzes in Drittbetrieben vorgenommen werden kann. Im Mittelpunkt dieser Bemühungen steht dabei das Verhältnis der Arbeitnehmerüberlassung zur besonders relevanten Umgehungsform des Arbeitnehmereinsatzes auf werkvertraglicher Grundlage. Anknüpfend an die speziellen Regelungen des Werkvertragsrechts in den §§ 631 ff. BGB werden dementsprechend als Umgehungskriterien vor allem die fehlende unternehmerische Eigenverantwortlichkeit und Dispositionsmöglichkeit des angeblichen Werkunternehmers gegenüber dem Dritten[30], das Fehlen eines qualitativ individualisierbaren und dem Unternehmer zurechenbaren Werksergebnisses[31], eine weitgehende Abbedingung des Unternehmer-

---

[29] Vgl. etwa *Becker/Wulfgramm*, AÜG, Art. 1 § 12 Rdnrn. 36 a ff.; *Becker*, ZfA 1978, 131 (146 ff.); *Debus*, Leiharbeit, S. 78 ff.; *Göbel*, BlStSozArbR 1973, 324 ff.; *Hempel*, Spannungsverhältnis, S. 173 ff.; ferner *Frerichs/Möller/Ulber*, Leiharbeit, S. 99 ff.

[30] Vgl. *Göbel*, BlStSozArbR 1973, 324 (327 f.).

[31] Vgl. *Frerichs/Möller/Ulber*, Leiharbeit, S. 102 f.; *Göbel*, BlStSozArbR 1973, 324 (328).

risikos, insbesondere der spezifischen Gewährleistungsrechte des Werkbestellers[32], und schließlich die Vergütungsmodalitäten, etwa die Vergütung nach Zeiteinheiten[33], genannt. Daneben sind im Schrifttum verschiedene Indizien herausgearbeitet worden, die für eine unmittelbare arbeitsrechtliche Weisungsgebundenheit des Arbeitnehmers gegenüber dem Dritten und damit für das Vorliegen von Arbeitnehmerüberlassung sprechen sollen[34]. Hier sind in erster Linie die Eingliederung der Arbeitnehmer in die Produktions- und Arbeitsabläufe des Drittbetriebes[35], das kooperative Zusammenwirken der angeblichen Werkunternehmergehilfen mit den Stammarbeitnehmern des Drittbetriebes[36], die Bestimmung der Arbeitszeit durch den Dritten[37] sowie die Unterwerfung der Arbeitnehmer unter die Betriebsordnung des Drittbetriebes[38] zu nennen; für eine persönliche Abhängigkeit des Arbeitnehmers von dem Dritten soll auch die Benutzung von hochwertigen Maschinen und Geräten des angeblichen Werkbestellers durch den Arbeitnehmer sprechen, und zwar wegen der häufig erforderlichen Bedienungsanweisungen und Aufsichtsmaßnahmen[39]. Schließlich wird auch das Fehlen von Aufsichts- und Führungspersonal des angeblichen Werkunternehmers im Drittbetrieb als Indiz für das Vorliegen verdeckter Arbeitnehmerüberlassung gewertet[40].

Ungeklärt ist bisher, inwieweit die verschiedenen Umgehungskriterien bereits de lege lata zur Annahme illegaler getarnter Arbeitnehmerüberlassung führen. Zum Teil wird daher eine gesetzliche Regelung dieser Problematik befürwortet[41]. Denkbar ist insoweit zunächst die Schaffung einer widerlegbaren Vermutung gewerbsmäßiger Arbeitnehmerüberlassung[42]. Diesen Weg ging auch der Referentenentwurf eines „Ersten Gesetzes zur Änderung des Gesetzes zur Regelung der gewerbsmäßigen Arbeitnehmerüberlassung" aus dem Jahre 1975, der folgende Vermutungstatbestände enthielt[43]:

---

[32] Vgl. *Becker/Wulfgramm*, AÜG, Art. 1 § 12 Rdnr. 36 c; *Frerichs/Möller/Ulber*, Leiharbeit, S. 105; *Göbel*, BlStSozArbR 1973, 324 (330); *Hempel*, Spannungsverhältnis, S. 176, 180.

[33] Vgl. *Becker/Wulfgramm*, AÜG, Art. 1 § 12 Rdnr. 36 c; *Frerichs/Möller/Ulber*, Leiharbeit, S. 104 f.; *Göbel*, BlStSozArbR 1973, 324 (330).

[34] *Becker/Wulfgramm*, AÜG, Art. 1 § 12 Rdnr. 36 c; *Hempel*, Spannungsverhältnis, S. 179 f.

[35] Vgl. *Becker/Wulfgramm*, AÜG, Art. 1 § 12 Rdnr. 36 c; *Göbel*, BlStSozArbR 1973, 324 (329).

[36] Vgl. *Hempel*, Spannungsverhältnis, S. 180.

[37] *Hempel*, Spannungsverhältnis, S. 179.

[38] *Hempel*, Spannungsverhältnis, S. 180.

[39] So *Hempel*, Spannungsverhältnis, S. 180.

[40] Vgl. *Frerichs/Möller/Ulber*, Leiharbeit, S. 106.

[41] Vgl. etwa *Becker/Wulfgramm*, AÜG, Einl. Rdnrn. 123, 136; *Becker*, BlStSozArbR 1980, 369 (372); *Hempel*, Spannungsverhältnis, S. 182.

[42] Vgl. *Halbach*, DB 1980, 2389 (2393); *Hempel*, Spannungsverhältnis, S. 182.

„Beschränkt sich die Tätigkeit eines Arbeitgebers im wesentlichen auf die Entsendung seiner Arbeitnehmer in andere Betriebe oder entsendet ein Arbeitgeber Arbeitnehmer in den Betrieb eines anderen Arbeitgebers und leisten die Arbeitnehmer

1. ihre Arbeit nach Weisungen des anderen Arbeitgebers oder
2. die gleiche Arbeit wie Arbeitnehmer des anderen Arbeitgebers oder
3. ihre Arbeit im wesentlichen mit Material und Werkzeug des anderen Arbeitgebers oder
4. ihre Arbeit, ohne daß der entsendende Arbeitgeber für das Ergebnis ihrer Arbeit haftet, oder
5. Arbeit, die gegenüber dem entsendenden Arbeitgeber auf der Grundlage von Zeiteinheiten vergütet wird,

so wird vermutet, daß gewerbsmäßige Arbeitnehmerüberlassung vorliegt."

Gegen die rechtstechnische Ausgestaltung eines gesetzlichen Umgehungstatbestandes in Form einer widerlegbaren Vermutung sind im Schrifttum erhebliche Bedenken erhoben worden, und zwar zum einen im Hinblick auf die Rechtssicherheit, zum anderen deshalb, weil das AÜG neben gewerberechtlichen, privat- und sozialversicherungsrechtlichen Normen auch Straf- und Ordnungswidrigkeitstatbestände enthält, die Erstreckung der Vermutung gewerbsmäßiger Arbeitnehmerüberlassung auf diese aber mit der mit Verfassungsrang ausgestatteten Unschuldsvermutung kollidieren würde[44]. Als Alternative wird daher entweder eine gesetzliche Festlegung von Umgehungskriterien, denen zweifelsfrei entnommen werden kann, wann eine Umgehung des AÜG vorliegt, oder die generelle Einbeziehung bestimmter Formen des Personaleinsatzes in Drittbetrieben in den Anwendungsbereich des AÜG befürwortet[45].

---

[43] Vgl. dazu *Becker*, BlStSozArbR 1976, 225 (228 ff.); *dens.*, ZRP 1976, 288 (289 ff.).

[44] So *Becker/Wulfgramm*, AÜG, Einl. Rdnr. 137; *Becker*, ZfA 1978, 131 (149); *ders.*, BlStSozArbR 1976, 225 (231); *ders.*, ZRP 1976, 288 (290 f.); zur gleichen verfassungsrechtlichen Problematik der Vermutung von Arbeitsvermittlung (Art. 1 § 1 Abs. 2 AÜG) vgl. *Engelbrecht*, Abgrenzung der Arbeitnehmerüberlassung, S. 112 ff.

[45] Vgl. *Becker*, ZfA 1978, 131 (149); *Becker/Wulfgramm*, AÜG, Einl. Rdnrn. 123, 136; ferner *Hempel*, Spannungsverhältnis, S. 179.

II. Stellungnahme

1. *Umgehungskriterien nach geltendem Recht*

Zunächst stellt sich die Frage, inwieweit die getarnte illegale Arbeitnehmerüberlassung bereits de lege lata anhand der im Schrifttum genannten Umgehungskriterien bekämpft werden kann. Einzelne dieser Kriterien lassen durchaus den Schluß zu, daß trotz anderer Bezeichnung durch die Parteien ein Arbeitnehmerüberlassungsverhältnis vorliegt, insbesondere dann, wenn verschiedene Indizien zusammentreffen. So wird man etwa regelmäßig von der Anwendbarkeit des AÜG ausgehen müssen, wenn der Dritte das Weisungsrecht tatsächlich ausübt, wenn die Arbeitnehmer in die Produktions- und Arbeitsabläufe des Drittbetriebs eingeordnet sind und der Betriebsordnung des Dritten unterliegen und wenn Aufsichtspersonal des entsendenden Arbeitgebers im Drittbetrieb fehlt[46]. Andererseits ist bei einigen der im Schrifttum entwickelten Umgehungskriterien zweifelhaft, ob sie wirklich das Vorliegen von Arbeitnehmerüberlassung indizieren. So spricht beispielsweise die Benutzung von hochwertigen Maschinen und Geräten des angeblichen Werkbestellers nicht ohne weiteres für tatsächlich gegebene gewerbsmäßige Arbeitnehmerüberlassung[47]. Zweifelhaft ist auch die Tauglichkeit einzelner Umgehungskriterien, die an die Merkmale des Werkvertrages anknüpfen. So mögen zwar das Fehlen eines qualitativ individualisierbaren und dem angeblichen Werkunternehmer zurechenbaren Werkes, das Fehlen unternehmerischer Eigenverantwortlichkeit und die Vergütungsart gegen das Vorliegen eines Werkvertrages sprechen[48]. Daraus läßt sich jedoch keineswegs immer positiv ableiten, daß gewerbsmäßige Arbeitnehmerüberlassung gegeben ist; in Betracht kommen vielmehr auch noch andere rechtliche Gestaltungen, die nicht dem AÜG unterliegen, wie etwa dienst- oder dienstverschaffungsvertragliche Beziehungen oder bei Weisungsabhängigkeit der Zwischenperson gegenüber dem Dritten die Konstellation eines mittelbaren Arbeitsverhältnisses. Es ist ja auch bezeichnend, daß die genannten Umgehungskriterien im Zusammenhang mit der Grenzziehung zwischen Dienst- und Werkvertrag entwickelt wurden[49]. In Zweifelsfällen läßt sich daher de lege lata nur schwer der Nachweis führen, daß ein etwa als Werkver-

---

[46] Vgl. *Becker/Wulfgramm*, AÜG, Art. 1 § 12 Rdnr. 36 c; *Frerichs/Möller/Ulber*, Leiharbeit, S. 106; *Göbel*, BlStSozArbR 1973, 324 (329); *Halbach*, DB 1980, 2389 (2392 f.); *Hempel*, Spannungsverhältnis, S. 179 f.

[47] Vgl. aber *Hempel*, Spannungsverhältnis, S. 180.

[48] Vgl. dazu *Becker/Wulfgramm*, AÜG, Art. 1 § 12 Rdnr. 36 b (m. w. N.); ferner *Frerichs/Möller/Ulber*, Leiharbeit, S. 106.

[49] Vgl. *MünchKomm/Soergel*, BGB, § 631 Rdnrn. 12 ff.; ferner *Göbel*, BlStSozArbR 1973, 324 (326).

trag bezeichnetes Vertragsverhältnis in Wirklichkeit Arbeitnehmerüberlassung zum Gegenstand hat.

2. *Lösungsansätze de lege ferenda*

a) Einbeziehung anderer Formen des drittbezogenen Personaleinsatzes in den Anwendungsbereich des AÜG

Im Schrifttum wird zunächst de lege ferenda die Einbeziehung bestimmter Werkvertragsgestaltungen in den Anwendungsbereich des AÜG unter Hinweis darauf befürwortet, daß etwa bei einem weitreichenden Anweisungsrecht des Bestellers der Werkunternehmergehilfe in eine ähnlich weitgehende persönliche Abhängigkeit von dem Dritten gerate wie der Leiharbeitnehmer[50]. Oben wurde jedoch bereits darauf hingewiesen, daß wegen der gegenständlichen Beschränkung der werkvertraglichen Anordnungsbefugnis und der fehlenden unmittelbaren Befolgungspflicht des Arbeitnehmers gegenüber dem Werkbesteller eine spezifisch arbeitsrechtliche Abhängigkeit des Werkunternehmergehilfen vom Besteller nicht gegeben ist, so daß die Interessenlage hier eine ganz andere als bei der Arbeitnehmerüberlassung ist[51]. Der Verleiher hat auch nicht die rechtliche Möglichkeit, sein wirtschaftliches Ziel, einem Dritten die Arbeitsleistung seines Arbeitnehmers zu verschaffen, wahlweise durch den Abschluß eines Arbeitnehmerüberlassungsvertrages oder durch einen Personaleinsatz auf werkvertraglicher Grundlage zu erreichen; die Formen des drittbezogenen Personaleinsatzes sind nicht substituierbar[52]. Die Frage einer Gesetzesumgehung im Sinne einer formalrechtlich möglichen, aber mißbräuchlichen Verwendung anderer rechtlicher Gestaltungsmöglichkeiten mit der Folge der Normzweckvereitelung, die in der Tat für eine normative Gleichbehandlung des Arbeitnehmerüberlassungsvertrages und z. B. bestimmter Werkvertragsgestaltungen sprechen könnte, stellt sich daher nicht[53]. Hier geht es lediglich um die Aufdeckung durch unzutreffende rechtliche Bezeichnungen getarnter Arbeitnehmerüberlassungsverhältnisse mit dem Ziel, die Anwendung des AÜG auf alle Fälle gewerbsmäßiger Arbeitnehmerüberlassung sicherzustellen.

Auch zur Verwirklichung dieser Zielsetzung wird aber vereinzelt die Einbeziehung von Werk- oder Dienstverträgen mit Personaleinsätzen in Drittbetrieben in den Anwendungsbereich des AÜG gefordert[54]. Es

---

[50] Vgl. *Hempel*, Spannungsverhältnis, S. 179.

[51] Vgl. oben § 11 A. I.

[52] a. A. *Hempel*, Spannungsverhältnis, S. 176.

[53] Zur Gesetzesumgehung in diesem Sinne vgl. *MünchKomm/Mayer-Maly*, BGB, § 134 Rdnrn. 11 ff.

[54] Vgl. *Becker/Wulfgramm*, AÜG, Einl. Rdnr. 123.

erscheint jedoch nicht sachgerecht, bestimmte Dreieckstatbestände, bei denen sich die spezifischen Probleme der Leiharbeit nicht stellen und auf die die Normzwecke des AÜG demnach gar nicht zutreffen, nur wegen der faktischen Einordnungs- und Abgrenzungsprobleme der arbeitnehmerüberlassungsrechtlichen Regelung zu unterwerfen. Die gesetzliche Einbeziehung anderer Formen des Arbeitseinsatzes in Drittbetrieben in den Anwendungsbereich des AÜG ist daher abzulehnen[55].

b) Widerlegbare gesetzliche Vermutung gewerbsmäßiger Arbeitnehmerüberlassung

Als Lösungsansatz, der einerseits die nicht sachgerechte generelle Gleichbehandlung bestimmter Formen des drittbezogenen Personaleinsatzes mit der Arbeitnehmerüberlassung vermeidet, andererseits aber die Anwendung des AÜG auf alle Fälle gewerbsmäßiger Arbeitnehmerüberlassung ermöglicht, bietet sich daher — wie auch im Verhältnis zwischen Arbeitnehmerüberlassung und Arbeitsvermittlung — das Rechtsinstitut der widerlegbaren Vermutung an. Durch eine widerlegbare gesetzliche Vermutung gewerbsmäßiger Arbeitnehmerüberlassung fände eine Beweislastumkehr zugunsten der Bundesanstalt für Arbeit statt, die den Nachweis von Gesetzesumgehungen erleichtern würde. Dabei stellt sich zunächst die Frage nach geeigneten Anknüpfungspunkten für eine solche Vermutung.

aa) Anknüpfungspunkte

Die im Referentenentwurf eines „Ersten Gesetzes zur Änderung des Gesetzes zur Regelung der gewerbsmäßigen Arbeitnehmerüberlassung" aus dem Jahre 1975 enthaltenen Anknüpfungspunkte für eine Vermutung gewerbsmäßiger Arbeitnehmerüberlassung sind im Schrifttum, zum Teil zu Recht, auf Kritik gestoßen[56]. Soweit der Entwurf vorsah, daß die Vermutung bereits dann eingreifen sollte, wenn sich die Tätigkeit eines Arbeitgebers im wesentlichen auf die Entsendung seiner Arbeitnehmer in andere Betriebe beschränkt, so ist einzuwenden, daß durch eine solche Regelung zahlreiche Handwerksbetriebe und Dienstleistungsunternehmen erfaßt würden, die unzweifelhaft keine Arbeitnehmerüberlassung betreiben; im übrigen bewirkt das Merkmal „im wesentlichen" eine erhebliche Rechtsunsicherheit[57].

---

[55] Wegen der Vielfalt der Formen des Personaleinsatzes in Drittbetrieben und der im einzelnen sehr unterschiedlichen Interessenkonstellation erscheint auch eine Normierung des Gesamtkomplexes nicht sinnvoll, vgl. *Hempel*, Spannungsverhältnis, S. 147; a. A. *Becker/Wulfgramm*, AÜG, Einl. Rdnr. 136; vgl. auch *Göbel*, BlStSozArbR 1973, 324 (325).

[56] Vgl. *Becker*, BlStSozArbR 1976, 225 (231); *dens.*, ZfA 1978, 131 (149 ff.); *Becker/Wulfgramm*, AÜG, Einl. Rdnr. 137; *Hempel*, Spannungsverhältnis, S. 182 f.

Gegen den zweiten im Referentenentwurf genannten Tatbestand, der ein Eingreifen der Vermutung vorsah, wenn die Arbeitnehmer ihre Arbeit nach Weisungen des anderen Arbeitgebers verrichten, ist im Schrifttum vorgebracht worden, daß dann eindeutig Arbeitnehmerüberlassung gegeben und damit kein Raum für eine widerlegbare Vermutung mehr sei[58]. Dabei wird aber übersehen, daß etwa auch bei Personaleinsätzen in Drittbetrieben auf werkvertraglicher Grundlage die Möglichkeit besteht, daß sich der Dritte Weisungsbefugnisse gegenüber den bei ihm eingesetzten Werkunternehmergehilfen anmaßt und diese entsprechend den Weisungen handeln. Die tatsächliche Ausübung des arbeitsrechtlichen Weisungsrechts und die tatsächliche Befolgung der Weisungen durch die entsandten Arbeitnehmer ist danach lediglich ein starkes, aber nicht zwingendes Indiz für die Einräumung einer entsprechenden arbeitsrechtlichen Leitungsmacht an den Dritten und damit für das Vorliegen von Arbeitnehmerüberlassung. Die Erteilung von auf die einzelne Arbeitsverrichtung bezogenen Weisungen durch den Dritten ist daher durchaus ein taugliches Anknüpfungskriterium für die Vermutung von Arbeitnehmerüberlassung. Das gleiche gilt aber auch für andere die arbeitsrechtliche Abhängigkeit indizierende Merkmale wie beispielsweise den Einsatz der Arbeitnehmer durch Aufsichtspersonal des Dritten, die Bestimmung der Dauer und Lage der Arbeitszeit sowie die Anordnung von Überstunden und Beurlaubungen durch den Dritten, ferner die Unterwerfung der Arbeitnehmer unter die Betriebsordnung des Drittbetriebes und die Überwachung der Arbeitnehmer durch den Dritten[59].

Auch der dritte im Referentenentwurf enthaltene Vermutungstatbestand, der darauf abstellt, daß die entsandten Arbeitnehmer die gleiche Arbeit verrichten wie die Stammarbeitnehmer des Drittbetriebes, ist durchaus sachgerecht, bedarf aber der Konkretisierung[60]: Fördert der Einsatz der Arbeitnehmer unmittelbar den Betriebszweck des Drittbetriebes, indem die entsandten Arbeitnehmer die gleiche Arbeit wie die Stammarbeitnehmer verrichten oder sonst ihre Arbeit in kooperativem Zusammenwirken mit den Stammarbeitnehmern erbringen, die ihrerseits dem Weisungsrecht des Dritten unterliegen, so ist die gerade für die Arbeitnehmerüberlassung typische Unterordnung der Arbeitnehmer unter den Betriebszweck des Drittbetriebes gegeben[61]. Eine Unter-

---

57 Zutr. *Becker/Wulfgramm*, AÜG, Einl. Rdnr. 137; *Hempel*, Spannungsverhältnis, S. 183.

58 So *Hempel*, Spannungsverhältnis, S. 183.

59 Zu diesen Kriterien vgl. insbes. *Becker/Wulfgramm*, AÜG, Art. 1 § 12 Rdnr. 36 c; *Frerichs/Möller/Ulber*, Leiharbeit, S. 106.

60 Zutr. *Becker/Wulfgramm*, AÜG, Einl. Rdnr. 137.

61 Vgl. *Becker*, ZfA 1978, 131 (149); *Hempel*, Spannungsverhältnis, S. 181 f.

scheidung der Arbeitsergebnisse der entsandten Arbeitnehmer und der Stammarbeitnehmer des Drittbetriebes ist hier nicht mehr möglich, so daß es nicht unbillig erscheint, dem entsendenden Arbeitgeber die Beweislast dafür aufzuerlegen, daß dennoch keine Arbeitnehmerüberlassung, sondern ein Arbeitnehmereinsatz etwa auf werkvertraglicher Basis vorgelegen hat.

Der weitere Vermutungstatbestand des Referentenentwurfs, daß die Arbeitnehmer ihre Arbeit im wesentlichen mit Material und Werkzeug des Dritten verrichten, kann dagegen wegen seiner inhaltlichen Unklarheit nicht überzeugen[62]. Sachgerecht ist es dagegen wiederum, die Vermutung der Arbeitnehmerüberlassung an den Umstand zu knüpfen, daß der entsendende Arbeitgeber nicht für das Ergebnis der Arbeit seiner Arbeitnehmer haftet[63]. Dies läßt sich damit rechtfertigen, daß der häufigste Fall des drittbezogenen Personaleinsatzes neben der Arbeitnehmerüberlassung der Abschluß eines Werkvertrages ist, verbunden mit einem Einsatz der Arbeitnehmer als Erfüllungsgehilfen, und daß beim Werkvertrag zumindest ein vollständiger Haftungsausschluß des Unternehmers unzulässig ist[64], während der Verleiher bei der Arbeitnehmerüberlassung gerade nicht für eine Schlechtleistung des Leiharbeitnehmers haftet.

Der schließlich im Referentenentwurf genannte Umstand, daß die im Drittbetrieb erbrachte Arbeit auf der Grundlage von Zeiteinheiten vergütet wird, sollte dagegen nicht als Anknüpfungspunkt für die Vermutung der Arbeitnehmerüberlassung verwendet werden. Abgesehen davon, daß dieses Merkmal ohne weiteres durch die Wahl einer anderen Vergütungsmodalität umgangen werden könnte, kommt eine Vergütung nach Stundenlöhnen, bei der also die Bemessungsgrundlage der Aufwand an Arbeitsentgelt ist, auch beim Werkvertrag in Betracht[65].

bb) Wirkungsbereich der Vermutung

Die Schaffung einer widerlegbaren gesetzlichen Vermutung gewerbsmäßiger Arbeitnehmerüberlassung ist jedoch insoweit problematisch, als das AÜG neben gewerberechtlichen, privat- und sozialversicherungsrechtlichen Vorschriften auch Straf- und Ordnungswidrigkeitstatbestände enthält. Würde die Vermutung der Arbeitnehmerüberlassung auch hier ihre Wirkung entfalten, so widerspräche dies dem rechts-

---

[62] Zutr. *Becker/Wulfgramm*, AÜG, Einl. Rdnr. 137; *Hempel*, Spannungsverhältnis, S. 183.

[63] Vgl. auch *Becker/Wulfgramm*, AÜG, Art. 1 § 12 Rdnr. 36 c; *Hempel*, Spannungsverhältnis, S. 180 f.

[64] Vgl. dazu BGHZ 48, 264; 54, 236.

[65] Zutr. *Becker*, ZfA 1978, 131 (150); vgl. auch *MünchKomm/Soergel*, BGB, § 631 Rdnr. 139.

staatlichen Erfordernis, daß dem Täter Tat und Schuld nachgewiesen werden müssen[66]. Der Geltungsbereich der Vermutungstatbestände müßte daher auf die gewerberechtlichen, schuld-, arbeits- und sozialversicherungsrechtlichen Regelungen der Arbeitnehmerüberlassung beschränkt werden, während im Straf- und Ordnungswidrigkeitsbereich dem Täter positiv nachgewiesen werden muß, daß er einen der Tatbestände des Art. 1 §§ 15 ff. AÜG erfüllt hat[67]. Eine solche beschränkte Geltung der Vermutung begegnet keinen Bedenken.

cc) Problem der Rechtssicherheit

Im Bereich des Arbeits- und Sozialrechts würde die Vermutung gewerbsmäßiger Arbeitnehmerüberlassung allerdings wegen ihrer Widerlegbarkeit zu einer gewissen Rechtsunsicherheit bei den betroffenen Arbeitnehmern führen. Solange unklar wäre, ob die Vermutung Bestand haben oder widerlegt werden wird, wäre insbesondere das Eingreifen der in Art. 1 § 10 Abs. 1 AÜG geregelten Fiktion eines Arbeitsverhältnisses zwischen dem Dritten und dem Arbeitnehmer ungewiß[68]. Hierbei ist aber zu berücksichtigen, daß in sachgerechter Weise nur durch eine widerlegbare Vermutung die Anwendung des AÜG, das ja gerade auch den Schutz des Leiharbeitnehmers bezweckt (vgl. Art. 1 § 10 Abs. 1 AÜG!), auf alle Fälle gewerbsmäßiger Arbeitnehmerüberlassung sichergestellt werden kann. Bei der nach der gegenwärtigen Rechtslage kaum zu bekämpfenden Umgehung des AÜG durch Tarnung der Arbeitnehmerüberlassung als werkvertraglicher Personaleinsatz im Drittbetrieb o. ä. ist der arbeits- und sozialversicherungsrechtliche Schutz der Arbeitnehmer erheblich geringer. Da andererseits die Schaffung einer unwiderlegbaren Vermutung eine sachwidrige Ausdehnung des Anwendungsbereichs des AÜG auf andere Vertragsgestaltungen als die Arbeitnehmerüberlassung bedeuten würde, muß die zwangsläufig mit einer widerlegbaren Vermutung verbundene Rechtsunsicherheit hingenommen werden. Eine solche Regelung stellt einen Kompromiß dar zwischen den divergenten Interessen der Arbeitgeber, der Arbeitnehmer und der Allgemeinheit bei drittbezogenen Personaleinsätzen.

---

[66] Vgl. dazu BVerfGE 9, 167 (170) = NJW 1959, 619. Speziell zur Vermutung der Arbeitnehmerüberlassung *Becker/Wulfgramm*, AÜG, Einl. Rdnr. 137.

[67] So zutr. *Becker/Wulfgramm*, AÜG, Einl. Rdnr. 137.

[68] Vgl. *Becker/Wulfgramm*, AÜG, Einl. Rdnr. 137.

§ 12 Erweiterung der behördlichen Überwachungs- und Kontrollkompetenzen

Wesentliche Bedeutung bei der Bekämpfung illegaler Arbeitnehmerüberlassung kommt selbstverständlich den staatlichen Überwachungs- und Kontrollmöglichkeiten zu. Der Gesetzgeber ging insoweit bei der Schaffung des AÜG davon aus, die Zielsetzungen des Gesetzes — Gewährleistung des Schutzes der Leiharbeitnehmer und der Funktionsfähigkeit des Arbeitsmarkts — durch eine ausschließliche Anknüpfung an die Person des Verleihers verwirklichen zu können. Dies beruht vor allem auf der Erwägung, daß die nach der Freigabe des Arbeitnehmerüberlassungsgewerbes durch das BVerfG aufgetretenen Mißstände auf die Unzuverlässigkeit zahlreicher Verleiher, die sich nicht an die einschlägigen arbeits- und sozialversicherungsrechtlichen, steuerrechtlichen, vermittlungsrechtlichen und ausländerrechtlichen Vorschriften hielten, zurückzuführen gewesen seien[69]. Aus diesem Grunde wurde für die gewerbsmäßige Arbeitnehmerüberlassung die Erlaubnispflicht eingeführt mit einer detaillierten Regelung der Erteilung, der Versagung, der Rücknahme und des Widerrufs der Erlaubnis (Art. 1 §§ 1 bis 5 AÜG); ergänzt wird die Erlaubnispflicht des Art. 1 § 1 Abs. 1 AÜG durch Art. 1 § 6 AÜG, der die Verhinderung unerlaubter Arbeitnehmerüberlassung nach den Vorschriften des Verwaltungsvollstreckungsgesetzes vorsieht[70]. Art. 1 § 7 AÜG unterstellt die Verleiher durch eine Reihe von Anzeige- und Auskunftspflichten einer fortlaufenden Kontrolle und Überwachung durch die Bundesanstalt für Arbeit[71]. Schließlich enthält Art. 1 § 8 AÜG zahlreiche Meldepflichten des Verleihers, um der Bundesanstalt für Arbeit auch im Bereich der gewerbsmäßigen Arbeitnehmerüberlassung eine Beobachtung des Arbeitsmarkts zu ermöglichen[72].

Bei der einseitigen Ausrichtung der Regelungen des Art. 1 §§ 1 bis 8 AÜG auf den Verleiher wurde jedoch übersehen, daß die Schutzzwecke des Gesetzes auch durch den Entleiher beeinträchtigt werden können[73]. Häufig besteht nämlich eine Interessenübereinstimmung zwischen Ver-

---

[69] Vgl. den Bericht des Abgeordneten *Jaschke* zu BT-Drucks. VI/3505, S. 1.

[70] Anwendbar ist das Verwaltungsvollstreckungsgesetz des Bundes, weil nach Art. 1 § 17 AÜG die Bundesanstalt für Arbeit mit der Durchführung des AÜG betraut ist, vgl. § 20 VwVG.

[71] Vgl. dazu im einzelnen *Becker/Wulfgramm*, AÜG, Art. 1 § 7 Rdnrn. 2 ff.

[72] Vgl. *Becker/Wulfgramm*, AÜG, Art. 1 § 8 Rdnr. 2.

[73] Im zivilrechtlichen Bereich hat dem der Gesetzgeber durch eine partielle Einbeziehung des Entleihers Rechnung getragen, die zudem im Wege der Rechtsfortbildung ergänzt werden kann. Eine Einbeziehung des Entleihers in die öffentlich-rechtlichen Kontroll- und Überwachungsregelungen im Wege der Rechtsfortbildung ist jedoch wegen des hier geltenden Vorbehalts des Gesetzes nicht möglich.

leiher und Entleiher dahingehend, Arbeitnehmerüberlassungsverhältnisse zu verschleiern[74]. Auch sonst besteht die Gefahr, daß Verleiher und Entleiher zum Nachteil der Leiharbeitnehmer zusammenwirken: Da beispielsweise die vom Entleiher zu entrichtende Vergütung regelmäßig neben dem Lohn, den der Verleiher an den Leiharbeitnehmer zu zahlen hat, auch sämtliche Lohnnebenkosten umfaßt[75], kann im Einzelfall durchaus ein Interesse des Entleihers bestehen, daß der Verleiher diese Kosten unter Verstoß gegen sozialversicherungsrechtliche und steuerrechtliche Vorschriften einspart. In diesem Zusammenhang ist ferner zu berücksichtigen, daß häufig der Entleiher im Verhältnis zum Verleiher wirtschaftlich stärker ist und somit seine Interessen gegenüber dem Verleiher durchsetzen kann[76]. Auch zur Gewährleistung der Durchsetzung der hier vorgeschlagenen Vermutungstatbestände gewerbsmäßiger Arbeitnehmerüberlassung würde eine ausschließliche Kontrolle und Überwachung der Verleiher nicht ausreichen, weil vielfach erst die Prüfung der Verhältnisse im Drittbetrieb die Beantwortung der Frage, ob die Vermutung der Arbeitnehmerüberlassung eingreift, zuließe[77]. Im Hinblick auf die oben vorgeschlagene Zweckbegrenzungsklausel für die gewerbsmäßige Arbeitnehmerüberlassung wären Überwachungsmaßnahmen der Bundesanstalt für Arbeit im Entleiherbetrieb erforderlich, um feststellen zu können, ob Leiharbeitnehmer nicht zu anderen als den zulässigen Einsatzzwecken an den Dritten überlassen worden sind[78]. Aus den genannten Gründen ist de lege ferenda bei Personaleinsätzen in Drittbetrieben die Einbeziehung des Dritten in das öffentlich-rechtliche Kontroll- und Überwachungssystem des AÜG zu befürworten[79]. Gesetzestechnisch empfiehlt sich eine Ergän-

[74] Vgl. *Frerichs/Möller/Ulber*, Leiharbeit, S. 96; vgl. auch *Becker*, ZRP 1976, 288 (290); *Göbel*, BlStSozArbR 1973, 309 (311).

[75] Vgl. *Becker/Wulfgramm*, AÜG, Art. 1 § 12 Rdnr. 24; *Friese*, BB 1981, 1582 (1584).

[76] Darauf weisen *Frerichs/Möller/Ulber*, Leiharbeit, S. 95 hin.

[77] Daher sah der Referentenentwurf eines „Ersten Gesetzes zur Änderung des Gesetzes zur Regelung der gewerbsmäßigen Arbeitnehmerüberlassung" durchaus zu Recht Kontroll- und Überwachungsmaßnahmen der Bundesanstalt für Arbeit auch bezüglich der Entleiherbetriebe vor, dazu *Becker*, ZRP 1976, 288 (290); *ders.*, BlStSozArbR 1976, 225 (229).

[78] Die Notwendigkeit einer Einbeziehung der Entleiher in die behördlichen Kontrollen zur Gewährleistung einer Zweckbegrenzungsklausel sieht auch *Hempel*, Spannungsverhältnis, S. 160, der dies allerdings als Argument gegen die Zweckbegrenzungsklausel wertet.

[79] So zutr. *Becker*, BlStSozArbR 1976, 225 (232); *Becker/Wulfgramm*, AÜG, Einl. Rdnr. 139; *Göbel*, BlStSozArbR 1973, 309 (311); vgl. auch *Hempel*, Spannungsverhältnis, S. 160. Zu beachten ist allerdings, daß bereits de lege lata bei bestehendem Verdacht einer Ordnungswidrigkeit nach Art. 1 § 16 Abs. 1 Nr. 1 a AÜG Durchsuchungen durch die Bundesanstalt für Arbeit beim Entleiher möglich sind, vgl. § 102 StPO, §§ 36 Abs. 1 Nr. 1, 46 Abs. 2 OWiG, Art. 1 §§ 16 Abs. 3, 17 AÜG.

zung des Art. 1 § 7 AÜG durch einen 6. Absatz, der Art. 1 § 7 Abs. 2 bis 5 AÜG für entsprechend anwendbar erklärt[80].

§ 13 Verschärfung der straf- und ordnungswidrigkeitsrechtlichen Sanktionen

Im Interesse einer wirksameren Bekämpfung von Verstößen gegen das AÜG sind die Straf- und Ordnungswidrigkeitsvorschriften des Art. 1 §§ 15 ff. AÜG seit Inkrafttreten des Gesetzes bereits mehrfach modifiziert worden[81]. Abgesehen von einer mehrmaligen Erhöhung der angedrohten Strafen und Geldbußen wurden auch neue Tatbestände normiert. Hervorzuheben ist in diesem Zusammenhang zunächst die straf- und ordnungswidrigkeitsrechtliche Einbeziehung des Entleihers durch Art. 1 §§ 15a, 16 Abs. 1 Nr. 1 a AÜG[82]. Insbesondere die durch die letztgenannte Vorschrift bewirkte generelle ordnungswidrigkeitsrechtliche Erfassung auch des Entleihers im Falle unerlaubter gewerbsmäßiger Arbeitnehmerüberlassung erscheint durchaus geeignet und erforderlich, die Entleiher zu veranlassen, nur mit legal Arbeitnehmerüberlassung betreibenden Unternehmen zusammenzuarbeiten. Zu begrüßen ist ferner die Regelung des Art. 1 § 16 Abs. 1 Nr. 9 AÜG, die die Vorschrift des Art. 1 § 3 Abs. 1 Nr. 6 AÜG ordnungswidrigkeitsrechtlich ergänzt, nach der derselbe Leiharbeitnehmer nicht länger als drei aufeinanderfolgende Monate einem Entleiher überlassen werden darf[83]. Zu Recht sind dagegen Pläne nicht verwirklicht worden, nach denen auch der Leiharbeitnehmer eine Ordnungswidrigkeit begehen sollte, wenn er bei einem Dritten tätig ist, ohne daß der Verleiher die erforderliche Erlaubnis besitzt[84]. Eine solche Regelung hätte nämlich in Fällen illegaler

[80] Vgl. etwa *Göbel*, BlStSozArbR 1973, 309 (311); vgl. auch *Becker*, ZRP 1981, 262 (264); *Becker/Wulfgramm*, AÜG, Einl. Rdnr. 139, die — abgesehen von einer Neufassung des Art. 1 § 7 AÜG — die Ausweitung des Art. 1 § 8 AÜG auf bestimmte Erscheinungsformen des drittbezogenen Personaleinsatzes befürworten.

[81] Vgl. zuletzt das Gesetz zur Bekämpfung der illegalen Beschäftigung vom 15. 12. 1981, BGBl. I S. 1390; vgl. im übrigen *Becker/Wulfgramm*, AÜG, Einl. Rdnrn. 127 ff.; *Sandmann/Marschall*, AÜG, Einl. Anm. 33 f.

[82] Art. 1 § 15 a AÜG wurde durch das Gesetz zur Änderung des Arbeitsförderungsgesetzes und des Arbeitnehmerüberlassungsgesetzes vom 25. 6. 1975 (BGBl. I S. 1542), Art. 1 § 16 Abs. 1 Nr. 1 a AÜG durch das Gesetz zur Bekämpfung der illegalen Beschäftigung vom 15. 12. 1981 (BGBl. I S. 1390) in das AÜG eingefügt.

[83] Art. 1 § 16 Abs. 1 Nr. 9 wurde ebenfalls durch das Gesetz zur Bekämpfung der illegalen Beschäftigung vom 15. 12. 1981 (BGBl. I S. 1390) in das AÜG eingefügt. Die Frist sollte aber auf sechs Monate verlängert werden, vgl. oben § 7 C I. 1. b) aa).

Arbeitnehmerüberlassung lediglich die eventuell vorhandene Bereitschaft der Leiharbeitnehmer, sich den Behörden anzuvertrauen, beseitigt. Positiv zu bewerten sind dagegen die im Interesse einer wirksameren Bekämpfung der verschiedenen Formen illegaler Beschäftigung nunmehr gesetzlich geregelten Pflichten der für die Verfolgung und Ahndung illegaler Beschäftigung zuständigen Behörden zur Zusammenarbeit und zum Informationsaustausch[85].

Trotz der verschiedenen Gesetzesänderungen im Bereich der Straf- und Ordnungswidrigkeitsvorschriften des AÜG erscheinen einige weitere Modifizierungen notwendig. Als Ergänzung zur oben vorgeschlagenen Erstreckung des Art. 1 § 7 Abs. 2 AÜG auf den Dritten bei Personaleinsätzen in Drittbetrieben sollte eine Regelung in Art. 1 § 16 Abs. 1 AÜG aufgenommen werden, nach der der Dritte ordnungswidrig handelt, wenn er die in Art. 1 § 7 Abs. 2 AÜG vorgesehenen Auskunfts- und Aufbewahrungspflichten nicht korrekt erfüllt[86]. Ferner sollte Art. 1 § 16 Abs. 1 Nr. 8 AÜG dahingehend geändert werden, daß auch die Verletzung der in Art. 1 § 11 Abs. 1 S. 5 AÜG normierten Pflicht des Verleihers, dem Leiharbeitnehmer die Urkunde mit dem wesentlichen Inhalt des Leiharbeitsverhältnisses auszuhändigen, eine Ordnungswidrigkeit darstellt. Nach der gegenwärtigen Fassung des Art. 1 § 16 Abs. 1 Nr. 8 AÜG begeht der Verleiher lediglich dann eine Ordnungswidrigkeit, wenn er entgegen Art. 1 § 11 Abs. 1 S. 1, 2 AÜG nicht den wesentlichen Inhalt des Arbeitsverhältnisses in eine von ihm zu unterzeichnende Urkunde aufnimmt[87]. Der durch diesen Ordnungswidrigkeitstatbestand bezweckte Schutz der Leiharbeitnehmer wird aber in gleicher Weise beeinträchtigt, wenn der Verleiher zwar die von Art. 1 § 11 Abs. 1 S. 1, 2 AÜG verlangte Urkunde anfertigt, sie aber dem Leiharbeitnehmer nicht aushändigt[88]. Schließlich sollte in den Katalog des Art. 1 § 16 Abs. 1 AÜG eine Regelung aufgenommen werden, nach der Verleiher und Entleiher ordnungswidrig handeln, wenn sie gegen die oben vor-

[84] Eine solche Regelung war im Entwurf eines Gesetzes zur Bekämpfung der illegalen Beschäftigung (BT-Drucks. 9/800) vorgesehen.

[85] Vgl. im einzelnen Art. 1 § 17 a AÜG, §§ 317 b, 1543 e RVO, § 233 b AFG, § 2 a des Gesetzes zur Bekämpfung der Schwarzarbeit, § 48 a Ausländergesetz, § 139 b Abs. 7, 8 GewO, alle eingefügt durch das Gesetz zur Bekämpfung der illegalen Beschäftigung vom 15. 12. 1981 (BGBl. I S. 1390).

[86] Vgl. die entsprechenden, den Verleiher betreffenden Ordnungswidrigkeitstatbestände in Art. 1 § 16 Abs. 1 Nrn. 5, 6 AÜG.

[87] Zutr. *Sandmann/Marschall*, AÜG, Art. 1 § 16 Anm. 35; a. A. *Franßen/Haesen*, AÜG, Art. 1 § 16 Rdnr. 12; *Becker/Wulfgramm*, AÜG, Art. 1 § 16 Rdnr. 15 a, die bereits de lege lata im Wege der Auslegung des Art. 1 § 16 Abs. 1 Nr. 8 AÜG auch die Unterlassung der Aushändigung der Urkunde an den Leiharbeitnehmer als Ordnungswidrigkeit bewerten; diese Auffassung ist jedoch angesichts des eindeutigen Wortlauts des Art. 1 § 16 Abs. 1 Nr. 8 AÜG nicht mit § 3 OWiG vereinbar.

[88] Durchaus zutr. *Becker/Wulfgramm*, AÜG, Art. 1 § 16 Rdnr. 15 a.

geschlagene Zweckbegrenzungsklausel[89] verstoßen, wenn sie also Leiharbeitnehmer zu anderen als den zulässigen Zwecken überlassen bzw. beschäftigen oder wenn sie einen Arbeitsplatz im Entleiherbetrieb ununterbrochen länger als sechs Monate mit Leiharbeitnehmern besetzen[90].

89 Vgl. oben § 7 C. II. 2.

90 Der Bußgeldrahmen sollte dem des Art. 1 § 16 Abs. 1 Nrn. 3, 9 AÜG entsprechen; vgl. insoweit auch Art. 1 § 16 Abs. 2 AÜG.

Ergebnisse

1. Ein generelles Verbot der gewerbsmäßigen Arbeitnehmerüberlassung ist verfassungswidrig. Zwar entfaltet die die Leiharbeit freigebende Entscheidung des Bundesverfassungsgerichts vom 4. 4. 1967 für den Gesetzgeber keine Bindungswirkung mehr, weil sich die tatsächlichen Voraussetzungen dieser Entscheidung inzwischen grundlegend gewandelt haben. Es sind jedoch bisher unterhalb der Verbotsschwelle weder de lege lata im Wege der Rechtsfortbildung noch de lege ferenda alle Möglichkeiten zur Beseitigung der von der gewerbsmäßigen Arbeitnehmerüberlassung ausgehenden Gefahren für den Arbeitsmarkt und den Schutz der Leiharbeitnehmer ausgeschöpft worden. Ein umfassendes Verbot der Leiharbeit ist also zumindest gegenwärtig nicht erforderlich und würde daher einen unverhältnismäßigen Eingriff in die Berufsfreiheit vor allem der Verleiher, aber auch der Leiharbeitnehmer und der Entleiher bedeuten.

2. Aus den gleichen Gründen ist derzeit auch das in § 12 a AFG für den Bereich der Bauwirtschaft normierte sektorale Verbot der gewerbsmäßigen Arbeitnehmerüberlassung verfassungswidrig.

3. Unterhalb der Verbotsschwelle hat der Gesetzgeber jedoch im Hinblick auf die Leiharbeit einen weiten Regelungsspielraum, der wegen der überragenden Bedeutung der zu schützenden Gemeinschaftsinteressen (Gewährleistung eines funktionsfähigen Arbeitsmarkts, insbesondere Schutz des staatlichen Arbeitsvermittlungsmonopols, Gewährleistung des Arbeitnehmerschutzes) nur durch die Zwecktauglichkeit und die Erforderlichkeit der jeweiligen Maßnahmen begrenzt ist. Eine zusätzliche Güter- und Interessenabwägung zwischen der Berufsfreiheit der Beteiligten einerseits und den genannten Gemeinschaftsinteressen andererseits (Verhältnismäßigkeit im engeren Sinne) entfällt daher.

4. Der Schutz des staatlichen Arbeitsvermittlungsmonopols (§§ 4, 13 Abs. 1 AFG) setzt die Klärung des Verhältnisses zwischen Arbeitsvermittlung und Arbeitnehmerüberlassung voraus. Das AÜG knüpft insoweit ausschließlich an die Rechtsbeziehungen zwischen den Beteiligten an: Im Hinblick auf § 13 Abs. 1 AFG, nach dem Arbeitsvermittlung eine auf die Begründung von Arbeitsverhältnissen

zwischen Arbeitsuchenden und Dritten gerichtete Tätigkeit ist, zwingt das AÜG zur Vermeidung von Arbeitsvermittlung den Verleiher zur Übernahme der vollen Arbeitgeberstellung, während es arbeitsrechtliche Beziehungen zwischen Entleiher und Leiharbeitnehmer nur punktuell anerkennt.

Zur tatbestandlichen Abgrenzung der Arbeitnehmerüberlassung von der Arbeitsvermittlung genügt jedoch, daß zwischen Verleiher und Leiharbeitnehmer ein vollständiges, von den Rechtsbeziehungen zwischen dem Dritten und dem Arbeitnehmer unabhängiges Arbeitsverhältnis besteht; der Leiharbeitnehmer ist dann bereits kein Arbeitsuchender im Sinne des § 13 Abs. 1 AFG mehr, so daß es auf den Umfang der arbeitsrechtlichen Beziehungen zwischen Entleiher und Leiharbeitnehmer nicht ankommt. Arbeitnehmerüberlassung und Arbeitsvermittlung verfolgen allerdings ähnliche wirtschaftliche Zielsetzungen: Beide bezwecken, wenn auch auf unterschiedliche Weise, die Versorgung von Dritten mit Arbeitskräften. Die somit von der Leiharbeit ausgehende Umgehungsgefahr für das staatliche Arbeitsvermittlungsmonopol besteht aber unabhängig von den Rechtsbeziehungen zwischen den Beteiligten; sie wird also auch durch eine besonders restriktive Ausgestaltung der Rechtsbeziehungen zwischen Entleiher und Leiharbeitnehmer nicht beseitigt.

Daraus folgt zunächst, daß vermittlungsrechtliche Gründe einer ausschließlich am arbeitsrechtlichen Schutzprinzip orientierten, der tatsächlichen Verteilung der Arbeitgeberfunktionen auf Verleiher und Entleiher Rechnung tragenden Gestaltung der Rechtsbeziehungen zwischen den Beteiligten, insbesondere zwischen Entleiher und Leiharbeitnehmer, nicht entgegenstehen. Daneben ist zu berücksichtigen, daß eine an die Rechtsbeziehungen anknüpfende tatbestandliche Abgrenzung der Arbeitnehmerüberlassung von der Arbeitsvermittlung wegen der Funktionsverwandtschaft beider Tatbestände den Schutz des staatlichen Arbeitsvermittlungsmonopols nicht gewährleisten kann. Zur Verwirklichung des Zwecks dieses Instituts, der Bundesanstalt für Arbeit einen Überblick über die Bewegungen auf dem Arbeitsmarkt und die Einleitung umfassender gezielter Maßnahmen zu ermöglichen, ist vielmehr die Sicherstellung des Ausnahmecharakters der gewerbsmäßigen Arbeitnehmerüberlassung als Tatbestand der Personalbeschaffung erforderlich. Dies kann durch eine in Art. 1 § 1 AÜG einzufügende Zweckbegrenzungsklausel erreicht werden, nach der Leiharbeitnehmer nur noch zur Beseitigung von Personalengpässen in Ausnahmesituationen, insbesondere bei Krankheit, Urlaub, Schwangerschaft oder Kündigung von Stammarbeitnehmern oder bei einem vorübergehend erhöhten Arbeitskräftebedarf des Entleihers, etwa bei vermehrten Auftragseingängen, eingesetzt werden dürfen. Zur Vermeidung einer langfristigen Besetzung von Dauerarbeitsplätzen im Entleiherbetrieb mit wechselnden Leiharbeitnehmern sollte die Zweckbegrenzungsklausel durch eine Regelung ergänzt werden, nach der kein Arbeitsplatz im Entleiherbetrieb ununterbrochen länger als sechs Monate mit Leiharbeitnehmern besetzt werden darf.

5. Die Zweckbegrenzungsklausel wäre mittelbar auch geeignet, die verschiedentlich beobachtete Abwerbung qualifizierter Stammarbeitnehmer der produzierenden Betriebe durch Verleiher und die Konzentrierung solcher Arbeitnehmer bei einzelnen Verleihunternehmen zu verhindern. Die Einschränkung zulässiger Einsatzzwecke für Leiharbeitnehmer hätte nämlich eine erhebliche Reduzierung der Überlassungsmöglichkeiten zur Folge. Die Verleiher wären somit gezwungen, den zeitlich begrenzten Arbeitseinsätzen entsprechend möglichst nur Personen mit temporärem Arbeitsinteresse zu mobilisieren.

6. Die Untersuchung der wesentlichen individual- und kollektivarbeitsrechtlichen sowie sozialversicherungsrechtlichen Fragestellungen bei der erlaubten gewerbsmäßigen Arbeitnehmerüberlassung hat ergeben, daß der Schutz der Leiharbeitnehmer bereits de lege lata gewährleistet ist. Der Gesetzgeber hat zwar mit der Zuweisung der Arbeitgeberstellung an den Verleiher und der nur partiellen arbeits- und sozialversicherungsrechtlichen Einbeziehung des Entleihers grundlegende Entscheidungen getroffen. Diese schließen die Annahme eines zweiten vollständigen Arbeitsverhältnisses zwischen Entleiher und Leiharbeitnehmer aus, lassen aber eine über die gesetzliche Regelung im AÜG hinausgehende arbeitsrechtliche Zuordnung des Leiharbeitnehmers zum Entleiher im Wege der Rechtsfortbildung zu, soweit dies wegen der Erbringung der Arbeitsleistung bei dem Dritten zur Verwirklichung des arbeitsrechtlichen Schutzprinzips erforderlich ist. So besteht zwischen Entleiher und Leiharbeitnehmer ein gesetzliches Schutzverhältnis, das beide zur gegenseitigen Wahrung des Integritätsinteresses verpflichtet. Im Wege der Rechtsanalogie zu Art. 1 § 11 Abs. 7, § 14 Abs. 2 S. 3 AÜG sind darüber hinaus weitere Nebenpflichten begründbar, die an die Erbringung der Arbeitsleistung im Entleiherbetrieb anknüpfen. Den Entleiher treffen daher beispielsweise die Beschäftigungspflicht und die Pflicht zur Abgabe von Leistungs- und Verhaltensbeurteilungen für das vom Verleiher zu erteilende qualifizierte Zeugnis. Im Bereich der Leistungsstörungen ist der Schutz des Leiharbeitnehmers vor allem durch die Anwendbarkeit der Grundsätze über die Haftungs-

modifizierung bei gefahrgeneigter Arbeit sowohl im Verhältnis zum Verleiher als auch im Verhältnis zum Entleiher gewährleistet. Betriebsverfassungsrechtlich ist der Leiharbeitnehmer zwar prinzipiell dem Verleiherbetrieb zugeordnet. Daneben sieht aber Art. 1 § 14 Abs. 2 bis 4 AÜG eine partielle betriebsverfassungs- und personalvertretungsrechtliche Einbeziehung des Leiharbeitnehmers in den Entleiherbetrieb bzw. in die entleihende Dienststelle vor, die über die gesetzliche Regelung hinaus im Wege der Rechtsfortbildung auf alle Regelungsbereiche zu erstrecken ist, die an die Erbringung der Arbeitsleistung beim Entleiher anknüpfen oder eine Begrenzung der Weisungsbefugnisse des Entleihers zum Gegenstand haben (vgl. etwa § 87 Abs. 1 Nrn. 1 bis 3, 6, 7, § 88 Nr. 1, § 91 BetrVG). Tarifrechtlich ist der Leiharbeitnehmer ebenfalls nicht nur dem Verleiher, sondern partiell auch dem Entleiher zuzuordnen. Demzufolge sind Arbeitskampfmaßnahmen ebenfalls nicht nur im Verhältnis zwischen Verleiher und Leiharbeitnehmer, sondern auch im Verhältnis zwischen Entleiher und Leiharbeitnehmer denkbar.

Der im Schrifttum erhobene Vorwurf, die Konzeption der Rechtsbeziehungen im AÜG widerspreche der arbeitsrechtlichen Realität, ist daher unzutreffend. Fraglich ist lediglich, ob angesichts der Lückenhaftigkeit der gesetzlichen Regelung der Leiharbeit und der grundsätzlichen Ausrichtung des Arbeits- und Sozialversicherungsrechts auf das dualistisch konzipierte Arbeitsverhältnis Rechtssicherheit und Rechtsklarheit eine umfassendere Normierung der Rechtsbeziehungen verlangen. Eine umfassende Regelung der arbeitnehmerüberlassungsrechtlichen Dreiecksbeziehung wäre jedoch äußerst kompliziert, so daß das angestrebte Ziel der Rechtsklarheit auf diese Weise kaum erreicht werden könnte. Im übrigen erscheint der Arbeitnehmerschutz durch die lückenhafte Regelung der Rechtsbeziehungen im AÜG mit der Möglichkeit der Rechtsfortbildung besser gewährleistet als durch eine umfassende starre Normierung der Arbeitnehmerüberlassung, die den Prozeß der Rechtsfortbildung behindern und möglicherweise zur Notwendigkeit von Gesetzesnovellierungen führen würde.

7. Bei unerlaubter gewerbsmäßiger Arbeitnehmerüberlassung ist der Arbeitnehmerschutz weitgehend durch Art. 1 § 10 Abs. 1, 2 AÜG sowie die ergänzende Anwendung der Grundsätze über faktische Arbeitsverhältnisse gewährleistet.

8. Zur Bekämpfung getarnter illegaler Arbeitnehmerüberlassung etwa in Form von Scheinwerkverträgen sollte eine widerlegbare gesetzliche Vermutung gewerbsmäßiger Arbeitnehmerüberlassung ein-

geführt werden. Als Anknüpfungspunkte hierfür kommen beispielsweise die Verrichtung der Arbeit durch den Arbeitnehmer nach Weisungen des Dritten oder sonstige eine arbeitsrechtliche Abhängigkeit des Arbeitnehmers von dem Dritten indizierende Merkmale, etwa die Überwachung des Arbeitnehmers durch den Dritten, in Betracht. Auch die Verrichtung der Arbeit durch den entsandten Arbeitnehmer in kooperativem Zusammenwirken mit den Stammarbeitnehmern des Dritten stellt ein sachgerechtes Kriterium für die Vermutung der Arbeitnehmerüberlassung dar.

9. Zur besseren Bekämpfung illegaler Arbeitnehmerüberlassung sollten ferner de lege ferenda die Kontrollmöglichkeiten nach Art. 1 § 7 Abs. 2 bis 5 AÜG bei Personaleinsätzen in Drittbetrieben auf den Dritten erstreckt werden.

10. Der Erfolg bei der Bekämpfung illegaler Arbeitnehmerüberlassung wird aber letztlich davon abhängen, daß alle, die mit der Leiharbeit zu tun haben, ihre Kontroll- und Überwachungsmöglichkeiten umfassend wahrnehmen und zusammenarbeiten. Dies gilt nicht nur für die mit der Arbeitnehmerüberlassung befaßten Behörden, sondern vor allem auch für die Betriebsräte der entleihenden Betriebe.

Literaturverzeichnis

Achterberg, Norbert: Der Rechtsgrund der Haftungsbeschränkung und der Ersatzansprüche des Arbeitnehmers bei schadengeneigter Arbeit, AcP 164 (1964), 14.

Adomeit, Klaus: Rechtsquellenfragen im Arbeitsrecht, München 1969.

Baumbach, Adolf/*Lauterbach*, Wolfgang/*Albers*, Jan/*Hartmann*, Peter: Zivilprozeßordnung, 41. Auflage, München 1983.

Becker, Claus: Zum fingierten Arbeitsvertrag nach § 10 Abs. 1 AÜG, BB 1978, 363.

Becker, Friedrich: Anm. zu BSG, Urteil v. 29. 7. 1970, in: AP Nr. 9 zu § 37 AVAVG.

— Die Rechtsbeziehungen bei der Zeitarbeit, NJW 1971, 691.

— Gesetzliche Regelung der gewerbsmäßigen Arbeitnehmerüberlassung (Zeitarbeit), DB 1971, 1354.

— Die gewerbsmäßige Arbeitnehmerüberlassung und das staatliche Arbeitsvermittlungsmonopol, DB 1972, 728.

— Kritische Bemerkungen zum „Entwurf eines Gesetzes zur Regelung der gewerblichen Arbeitnehmerüberlassung", ZRP 1972, 54.

— Die Rechtsentwicklung der Zeitarbeit in der Bundesrepublik Deutschland, BlStSozArbR 1972, 113.

— Das Arbeitnehmerüberlassungsgesetz (AÜG), BlStSozArbR 1972, 321.

— Anm. zu BAG, Urteil v. 1. 2. 1973, AP Nr. 29 zu § 615 BGB Betriebsrisiko, in: NJW 1973, 1629.

— Entwicklungstendenzen im Bereich der gewerbsmäßigen Arbeitnehmerüberlassung, BlStSozArbR 1974, 305.

— Anm. zu BAG, Beschluß v. 14. 5. 1974, AP Nr. 2 zu § 99 BetrVG 1972, in: NJW 1974, 1967.

— Zur gesetzlichen Entwicklung auf dem Gebiet der gewerbsmäßigen Arbeitnehmerüberlassung, BlStSozArbR 1976, 225.

— Erfahrungen mit der gewerbsmäßigen Arbeitnehmerüberlassung, ZRP 1976, 288.

— Haftungsfragen bei der gewerbsmäßigen Arbeitnehmerüberlassung, NJW 1976, 1827.

— Zur Abgrenzung zwischen der gewerbsmäßigen Arbeitnehmerüberlassung und unerlaubter privater Arbeitsvermittlung, SGb 1977, 435.

— Zur Abgrenzung des Arbeitnehmerüberlassungsvertrages gegenüber anderen Vertragstypen mit drittbezogenem Personaleinsatz, ZfA 1978, 131.

— Zur Frage einer gesetzlichen Neuregelung der gewerbsmäßigen Arbeitnehmerüberlassung, AuR 1980, 12.

— Aktuelle Fragen der gewerbsmäßigen Arbeitnehmerüberlassung, BlStSozArbR 1980, 369.

— Gewerbsmäßige Arbeitnehmerüberlassung, in: Handbuch zum Arbeitsrecht (HzA), hrsg. von Eugen Stahlhacke, Gruppe 16, Stand Mai 1981.

— Kritische Anmerkungen zur geplanten Neuregelung der gewerbsmäßigen Arbeitnehmerüberlassung, ZRP 1981, 262.

— Die Einordnung der gewerbsmäßigen Arbeitnehmerüberlassung in das deutsche Sozialrecht, BlStSozArbR 1981, 241.

— Betriebsverfassungsrechtliche Aspekte beim drittbezogenen Personaleinsatz, AuR 1982, 369.

— Gemeinschaftsrechtliche, sozialpolitische, arbeitsmarktpolitische und verfassungsrechtliche Aspekte des Verbots der Arbeitnehmerüberlassung im Baugewerbe, DB 1982, 2348.

Becker, Friedrich/*Bader*, Peter: Der Vorschlag der EG-Kommission für eine Richtlinie des Rates zur Regelung der Leiharbeitsverhältnisse und befristeter Arbeitsverträge — Darstellung und Kritik, RdA 1983, 1.

Becker, Friedrich/*Kreikebaum*, Hartmut: Zeitarbeit, 2. Auflage, Wiesbaden und Stuttgart 1982.

Becker, Friedrich/*Wulfgramm*, Jörg: Kommentar zum Arbeitnehmerüberlassungsgesetz, 2. Auflage, Neuwied und Darmstadt 1981.

— Neuregelung der gewerbsmäßigen Arbeitnehmerüberlassung, BlStSozArbR 1982, 81.

Bertelsmann, Klaus: Aussperrung, Berlin 1979.

Beuthien, Volker: Anm. zu BAG, Urteil v. 8. 3. 1972, in: AP Nr. 3 zu § 611 BGB Leiharbeitsverhältnis.

Bilsdorfer, Peter: Straffreiheit für illegale Arbeitnehmerverleiher?, BB 1982, 1866.

Birk, Rolf: Die arbeitsrechtliche Leitungsmacht, Köln etc. 1973.

— Die Rechtsprechung des Bundesarbeitsgerichts im Jahre 1973, ZfA 1974, 441.

Böttner, Walter: Das Direktionsrecht des Arbeitgebers, Marburg 1971.

Boewer, Dietrich: Die Auswirkungen des Arbeitnehmerüberlassungsverbots auf die Bauwirtschaft, DB 1982, 2033.

Bogs, Harald: Recht der gewerblichen Arbeitnehmerüberlassung in der Entwicklung, BB 1971, 277.

Bollinger, Ekkehard: Die Arbeitnehmerüberlassung, Bad Schwartau 1973.

Brox, Hans/*Rüthers*, Bernd: Arbeitskampfrecht, 2. Auflage, Stuttgart etc. 1982.

Buchner, Herbert: Anm. zu BAG, Urteil v. 1. 2. 1973, AP Nr. 29 zu § 615 BGB Betriebsrisiko, in: SAE 1975, 13.

Bückle, Bodo/*Handschuch*, Wolfgang/*Walzel*, Werner: Aktuelle Probleme der Arbeitnehmerüberlassung, GewArch 1982, 209, 249.

Bulla, Gustav Adolf/*Buchner*, Herbert: Mutterschutzgesetz, Kommentar, 5. Auflage, München 1981.

Bulla, Werner: Das Wahlrecht von Leiharbeitnehmern bei Betriebsratswahlen, DB 1975, 1795.

Bydlinski, Franz: Die Bedeutung des Rechtsscheins im Arbeitsverhältnisrecht, ZfA 1970, 249.

Canaris, Claus-Wilhelm: Die Feststellung von Lücken im Gesetz, Berlin 1964.

— Ansprüche wegen „positiver Vertragsverletzung" und „Schutzwirkung für Dritte" bei nichtigen Verträgen, JZ 1965, 475.

— Risikohaftung bei schadensgeneigter Tätigkeit in fremdem Interesse, RdA 1966, 41.

— Die Vertrauenshaftung im deutschen Privatrecht, München 1971.

Coester, Michael: Vertragsübernahme und Anfechtungsrecht, MDR 1974, 803.

Dauner, Barbara: Der Kondiktionsausschluß gemäß § 817 Satz 2 BGB, JZ 1980, 495.

Debus, Norbert: Leiharbeit — das Geschäft mit der Ware Arbeitskraft, Marburg 1982.

Denecke, Johannes/*Neumann*, Dirk: Arbeitszeitordnung, Kommentar, 9. Auflage, München 1976.

Dietz, Rolf/*Richardi*, Reinhard: Betriebsverfassungsgesetz, Kommentar, 6. Auflage, München 1981/82.

— Bundespersonalvertretungsgesetz, Kommentar, 2. Auflage, München 1978.

Duda, Edmund: Auswüchse der Leiharbeit mit dem AÜG gestoppt?, Soziale Sicherheit 1973, 69.

Dütz, Wilhelm: Die Grenzen von Aussperrung und arbeitskampfbedingter Entgeltverweigerung nach Risiko-Prinzipien und Kurzarbeitsregeln, DB-Beilage Nr. 14/79.

— Der Beschäftigungsanspruch in der Rechtsprechung des Bundesarbeitsgerichts, in: Festschrift zum 25jährigen Bestehen des Bundesarbeitsgerichts, S. 71, München 1979.

Ehmann, Horst: Die Rechtslage der Arbeitnehmer im Arbeitskampf — Arbeitnehmerrisiko und Sozialversicherung —, DB 1978, 2023.

— Die Rechtsprechung des Bundesarbeitsgerichts im Jahre 1979, ZfA 1980, 683.

Engelbrecht, Georg: Einzelprobleme bei der Anwendung des Arbeitnehmerüberlassungsgesetzes, BB 1973, 481.

— Die Abgrenzung der Arbeitnehmerüberlassung von der Arbeitsvermittlung, Diss. Hamburg 1979.

Entscheidungssammlung zum Arbeitnehmerüberlassungsgesetz — EzAÜG, hrsg. von Friedrich Becker/Jörg Wulfgramm, Neuwied und Darmstadt 1981.

Esser, Josef/*Schmidt*, Eike: Schuldrecht, Bd. 1, Allgemeiner Teil, Teilband 2, 5. Auflage, Karlsruhe 1975.

Fabricius, Fritz: Vertragsübernahme und Vertragsbeitritt, JZ 1967, 144.

— Kollision von Beschäftigungspflichten aus Doppelarbeitsverhältnissen, ZfA 1972, 35.

Fabricius, Fritz/*Kraft*, Alfons/*Thiele*, Wolfgang/*Wiese*, Günther: Betriebsverfassungsgesetz, Gemeinschaftskommentar, Stand 3. Bearb. Neuwied 1982 (Zitierweise: GK-BetrVG).

Fikentscher, Wolfgang: Schuldrecht, 6. Auflage, Berlin, New York 1976.

Fitting, Karl/*Auffarth,* Fritz/*Kaiser,* Heinrich: Betriebsverfassungsgesetz, Handkommentar, 13. Auflage, München 1981.

Franßen, Everhardt/*Haesen,* Wilfried: Arbeitnehmerüberlassungsgesetz (AÜG), Kommentar, Karlsruhe 1974.

Frerichs, Johann/*Möller,* Carola/*Ulber,* Jürgen: Leiharbeit und betriebliche Interessenvertretung, Köln 1981.

Friese, Gudrun: Personal-Leasing in Theorie und Praxis — Ein Vergleich, BB 1981, 1582.

Gagel, Alexander: Zeitarbeit, AuR 1983, 85.

Gagel, Alexander/*Jülicher,* Friedrich: Arbeitsförderungsgesetz, Kommentar, München 1979.

Gamillscheg, Franz/*Hanau,* Peter: Die Haftung des Arbeitnehmers, 2. Auflage, Karlsruhe 1974.

Gemeinschaftskommentar zum Kündigungsschutzgesetz und sonstigen kündigungsschutzrechtlichen Vorschriften von Friedrich Becker, Gerhard Etzel, Hans-Wolf Friedrich, Karl Gröninger, Wilfried Hillebrecht, Friedhelm Rost, Horst Weigand, Manfred Wolf; Neuwied und Darmstadt 1981 (Zitierweise KR-Bearbeiter).

Geppert, Walter: Fragen des „Leiharbeitsverhältnisses", DRdA 1978, 205.

Gerhardt, Walter: Der Befreiungsanspruch, Göttingen 1966.

— Der Haftungsmaßstab im gesetzlichen Schutzverhältnis (Positive Vertragsverletzung, culpa in contrahendo), JuS 1970, 597.

Gick, Dietmar: Verschuldensunabhängige Haftung des Arbeitgebers für Sachschäden des Arbeitnehmers — BAG, NJW 1979, 1423 und LAG Hamm, NJW 1979, 943, JuS 1979, 638.

— Die Grundsätze der Haftung bei gefahrgeneigter Arbeit, JuS 1980, 393.

Gitter, Wolfgang: Sozialrecht, München 1981.

Göbel, Jürgen: Arbeitnehmerüberlassung, Werkverträge und verschobene Arbeitgeberrisiken, BlStSozArbR 1973, 309, 324.

— Neue Arbeitsplätze für schwer vermittelbare Arbeitslose durch nichtgewerbsmäßige Arbeitnehmerüberlassung, RdA 1980, 204.

Grunsky, Wolfgang: Streik und Zurückbehaltungsrecht — BAGE 15, 174, JuS 1967, 60.

Händel, Konrad: Anm. zu BGH, Urteil v. 13. 5. 1975, AP Nr. 1 zu § 12 AÜG, in: NJW 1975, 1697.

Hagemeier, Christian: Ersatzansprüche gegen den Arbeitgeber wegen Schäden, die der Arbeitnehmer auf einer Dienstfahrt an seinem Pkw erleidet, DB 1977, 2047.

Halbach, Christel: Betriebsverfassungsrechtliche Aspekte des Einsatzes von Leiharbeitnehmern und Unternehmerarbeitern, DB 1980, 2389.

Hansen, Jürgen: Zeitarbeit, Teilverbot — ein trojanisches Pferd, Der Arbeitgeber 1981, 867.

Heinze, Meinhard: Anm. zu BGH, Urteil v. 10. 7. 1973, in: JR 1974, 105 (106).

— Rechtsprobleme des sog. echten Leiharbeitsverhältnisses, ZfA 1976, 183.

Hempel, Frank: Das Spannungsverhältnis zwischen dem sozialen Schutz der Arbeitnehmer und den wirtschaftlichen Interessen der Verleiher und der Entleiher bei der Arbeitnehmerüberlassung, Berlin 1975.

Herschel, Wilhelm: Zur Dogmatik des Arbeitsschutzrechts, RdA 1978, 69.

— Anm. zu BAG, Beschluß v. 6. 6. 1978, AP Nr. 6 zu § 99 BetrVG 1972, in: SAE 1979, 3.

Hessel, Philipp: Nochmals: Das Leiharbeitsverhältnis, BB 1970, 307.

— Das Arbeitszeugnis, AuR 1975, 49.

Heußner, Hermann: Sozialversicherungsrechtliche Aspekte der Arbeitnehmerüberlassung (sog. Leiharbeit), DB 1973, 1800.

Huber, Ulrich: Zur Haftung des Verkäufers wegen positiver Vertragsverletzung, AcP 177 (1977), 281.

Hueck, Alfred: Kündigungsschutzgesetz, Kommentar, fortgeführt von Götz Hueck unter Mitwirkung von Gerrick v. Hoyningen-Huene, 10. Auflage, München 1980.

Hueck, Alfred/*Nipperdey,* Hans Carl: Lehrbuch des Arbeitsrechts, Bd. I, 7. Auflage, Berlin, Frankfurt a. M. 1963.

Hueck, Götz: Anm. zu BAG, Urteil v. 18. 1. 1966, in: AP Nr. 37 zu § 611 BGB Haftung des Arbeitnehmers.

— Anm. zu BAG, Beschluß v. 14. 5. 1974, AP Nr. 2 zu § 99 BetrVG 1972, in: SAE 1975, 147.

Hunold, Wolf: Zum Umfang der Unterrichtungspflicht des Arbeitgebers gemäß § 99 Abs. 1 BetrVG bei Beschäftigung von Leiharbeitnehmern, BB 1976, 648.

Immenga, Ulrich: Rechtsfolgen unzulässiger Leiharbeitsverhältnisse, BB 1972, 805.

Isele, Hellmut Georg: Anm. zu BAG, Beschluß v. 10. 11. 1961, in: AP Nr. 2 zu § 611 BGB Gefährdungshaftung des Arbeitgebers.

Joost, Detlev: Zur Erlaubnispflicht und Strafbarkeit bei betriebsbedingten Arbeitnehmerüberlassungen, DB 1980, 161.

Käppler, Renate: Anm. zu BAG, Urteil v. 8. 5. 1980, in: EzA Nr. 14 zu § 670 BGB.

Kalb, Heinz-Jürgen: Rechtsgrundlage und Reichweite der Betriebsrisikolehre, Berlin 1977.

Kindereit, Lothar: Probleme der Leiharbeitsverhältnisse, AuR 1971, 327.

— Probleme des Leiharbeitsverhältnisses, RdA 1971, 207.

Klamert, Gerhart: Leiharbeit-Verbot wäre ein Holzweg, Der Arbeitgeber 1981, 931.

Klein, Rüdiger: Der arbeitsbedingte Sachschaden des Arbeitnehmers, BB 1963, 1488.

Knitter, Udo: Arbeitnehmerüberlassung — Beschäftigungsverbot für Leiharbeiter?, Der Arbeitgeber 1980, 1079.

Knopp, Anton: Probleme des Arbeitsmarktes und die gesetzliche Neuregelung, DB 1982, 111.

Koller, Ingo: Die Risikozurechnung bei Vertragsstörungen in Austauschverträgen, München 1979.

Konzen, Horst: Die Rechtsprechung des Bundesarbeitsgerichts im Jahre 1977, ZfA 1978, 451.

— Arbeitsrechtliche Drittbeziehungen — Gedanken über Grundlagen und Wirkungen der „gespaltenen Arbeitgeberstellung" —, ZfA 1982, 259.

Kraft, Alfons: Anm. zu BAG, Beschluß v. 14. 5. 1974, in: AP Nr. 2 zu § 99 BetrVG 1972.

Krüger, Herbert: Allgemeine Staatslehre, 2. Auflage, Stuttgart etc. 1966.

Kümmeth, Klaus-Wilhelm: Die dogmatische Begründung des Rechtsinstituts des Vertrages mit Schutzwirkung zugunsten Dritter, Diss. Würzburg 1977.

Lange, Klaus: Rechtskraft, Bindungswirkung und Gesetzeskraft der Entscheidungen des Bundesverfassungsgerichts, JuS 1978, 1.

Larenz, Karl: Zur Schutzwirkung eines Schuldvertrages gegenüber dritten Personen, NJW 1960, 77 (78).

— Methodenlehre der Rechtswissenschaft, 4. Auflage, Berlin etc. 1979.

— Lehrbuch des Schuldrechts, Bd. 1, Allgemeiner Teil, 13. Auflage, München 1982.

Lechner, Hans: Bundesverfassungsgerichtsgesetz, Kommentar, 3. Auflage, München 1973.

Leibholz, Gerhard/*Rinck,* Hans Justus: Grundgesetz für die Bundesrepublik Deutschland, Kommentar an Hand der Rechtsprechung des Bundesverfassungsgerichts, 6. Auflage, Köln 1979 ff.

Leve, Manfred: Das Vermieten von Menschen, Soziale Arbeit 1972, 383.

Lieb, Manfred: Fernwirkungen von Arbeitskämpfen, in: Festschrift zum 25jährigen Bestehen des Bundesarbeitsgerichts, S. 327, München 1979.

Löwisch, Manfred: Anm. zu BAG, Urteil v. 1. 2. 1973, AP Nr. 29 zu § 615 BGB Betriebsrisiko, in: AR-Blattei, D, Arbeitskampf I, Entscheidung 6.

Löwisch, Manfred/*Mikosch,* Ernst: Anm. zu BAG, Beschluß v. 6. 6. 1978, in: AP Nr. 6 zu § 99 BetrVG 1972.

Marschall, Dieter: Neuregelung der Leiharbeit notwendig?, DB 1975, 303.

— Das Gesetz zur Bekämpfung der illegalen Beschäftigung, NJW 1982, 1363.

— Bekämpfung illegaler Beschäftigung, München 1983.

— Gelöste und ungelöste Fragen der Arbeitnehmerüberlassung, RdA 1983, 18.

Martens, Hans H.: Keine Lohnsteuerhaftung des Entleihers bei unerlaubter Arbeitnehmerüberlassung?, BB 1983, 1408.

Martens, Klaus-Peter: Das Arbeitsverhältnis im Konzern, in: Festschrift zum 25jährigen Bestehen des Bundesarbeitsgerichts, S. 367, München 1979.

Maunz, Theodor/*Dürig,* Günter/*Herzog,* Roman/*Scholz,* Rupert: Grundgesetz, Kommentar, München, Stand September 1981.

Maunz, Theodor/*Schmidt-Bleibtreu,* Bruno/*Klein,* Franz/*Ulsamer,* Gerhard: Bundesverfassungsgerichtsgesetz, Kommentar, München, Stand September 1979.

Mayer, Udo: Der Schutz von Leiharbeitnehmern und das AÜG, AuR 1974, 353.

— Gewerbsmäßige Arbeitnehmerüberlassung — Eine Zwischenbilanz angesichts des 4. Erfahrungsberichts der Bundesregierung, BB 1981, 1839.

Mayer-Maly, Theo: Das Leiharbeitsverhältnis, ZfA 1972, 1.

— Anm. zu BAG, Urteil v. 1. 2. 1973, in: AP Nr. 29 zu § 615 BGB Betriebsrisiko.

— Arbeitnehmerüberlassungsgesetz, AuR 1973, 376.

— Treue- und Fürsorgepflicht in rechtstheoretischer und rechtsdogmatischer Sicht, in: Treue- und Fürsorgepflicht im Arbeitsrecht, hrsg. von Theodor Tomandl, S. 71, Wien — Stuttgart 1975.

— Lohnzahlungspflicht und Kurzarbeit in mittelbar kampfbetroffenen Betrieben, BB 1979, 1305.

Mittmann, Gerd: Rechtliche Probleme der Leiharbeit, Diss. Kiel 1972.

Möller-Lücking, Norbert: Gewerbsmäßige Arbeitnehmerüberlassung — Neuordnung oder Verbot?, in: Das Arbeitsrecht der Gegenwart, Bd. 11 (1974), S. 55.

— Leiharbeit contra Recht auf Arbeit — Die negativen Erfahrungen erfordern Konsequenzen!, Soziale Sicherheit 1980, 202.

— Dem Verleih-Unwesen den Kampf ansagen, Die Quelle 1980, 351.

Molitor, Erich: Geteiltes Weisungsrecht, DB 1960, 28.

Moritz, Hans-Werner: Inkrafttreten des Arbeitnehmerüberlassungsgesetzes, BB 1972, 1569.

Moritz, Klaus: Anm. zu BAG, Beschluß v. 10. 2. 1977, in: AP Nr. 9 zu § 103 BetrVG 1972.

Müller, Ulrich: Die Haftung des Stellvertreters bei culpa in contrahendo und positiver Forderungsverletzung, NJW 1969, 2169.

Müller-Graff, Peter-Christian: Die Geschäftsverbindung als Schutzpflichtverhältnis, JZ 1976, 153.

Müllner, Wolfgang: Aufgespaltene Arbeitgeberstellung und Betriebsverfassungsrecht, Berlin 1978.

Münchener Kommentar zum Bürgerlichen Gesetzbuch, hrsg. von *Rebmann*, Kurt/*Säcker*, Franz-Jürgen, Bd. 1 (1978), Bd. 2 (1979), Bd. 3 1. Halbband (1980), alle München.

Muhr, Gerd: Sozialpolitik in der Regierungserklärung, Soziale Sicherheit 1981, 1.

Mumot, F. Ulrich: Die betriebsverfassungsrechtlichen Beteiligungsrechte bei der Beschäftigung von Leiharbeitnehmern, Diss. Bonn 1975.

Nikisch, Arthur: Arbeitsrecht, Bd. 1, 3. Auflage, Tübingen 1961.

Noack, Klaus: Das AÜG und seine Auswirkungen auf die gesetzliche Unfallversicherung, Die Sozialversicherung 1973, 41.

Oltmanns, Christoph: Personalleasing, Wiesbaden 1979.

Palandt: Bürgerliches Gesetzbuch, 42. Auflage, München 1983.

Pieper, Helmut: Vertragsübernahme und Vertragsbeitritt, Köln und Berlin 1963.

Pieroth, Bodo: Arbeitnehmerüberlassung unter dem Grundgesetz, Berlin 1982.

Ramm, Thilo: Die Aufspaltung der Arbeitgeberfunktionen (Leiharbeitsverhältnis, mittelbares Arbeitsverhältnis, Arbeitnehmerüberlassung und Gesamthafenarbeitsverhältnis), ZfA 1973, 263.

— Eine Kritik des Arbeitnehmerüberlassungsgesetzes, DB 1973, 1170.

Reuter, Dieter: Anm. zu BAG, Urteil v. 1. 2. 1973, AP Nr. 29 zu § 615 BGB Betriebsrisiko, in: JuS 1973, 452.

Rieger, Hans-Jürgen: Anm. zu BAG, Urteil v. 3. 11. 1970, in: AP Nr. 61 zu § 611 BGB Haftung des Arbeitnehmers.

Rüssmann, Helmut: Die Einziehungsermächtigung im bürgerlichen Recht — ein Institut richterlicher Rechtsschöpfung, JuS 1972, 169.

Rüthers, Bernd: Rechtsprobleme des betriebsbezogenen wilden Streiks, JZ 1970 625.

Sachs, Michael: Die Bindung des Bundesverfassungsgerichts an seine Entscheidungen, München 1977.

Säcker, Franz-Jürgen/*Joost*, Detlev: Betriebszugehörigkeit als Rechtsproblem im Betriebsverfassungs- und Mitbestimmungsrecht, Königstein/Ts. 1980.

Sandmann, Georg/*Marschall*, Dieter: Arbeitnehmerüberlassungsgesetz, Kommentar, Stand August 1982, Frankfurt a. M.

Schaub, Günter: Arbeitsrechts-Handbuch, 5. Auflage, München 1983.

Schmid, Hans Dieter: Das Lohnrisiko bei Streik im Drittbetrieb — BAG, NJW 1976, 990 und NJW 1973, 1295, JuS 1977, 92.

Schnapp, Friedrich E.: Arbeitnehmerüberlassungsgesetz, BlStSozArbR 1973, 247.

Schneider, Heinz: Das Gesetz zur Regelung der gewerbsmäßigen Arbeitnehmerüberlassung, Die Sozialversicherung 1972, 309.

Schnorr, Gerhard: Die gewerbsmäßige Arbeitnehmerüberlassung, RdA 1972, 193.

— Aspekte des internationalen Privatrechts der gewerbsmäßigen Arbeitnehmerüberlassung, ZfA 1975, 143.

Schnorr von Carolsfeld, Ludwig: Anm. zu BAG, Beschluß v. 10. 2. 1977, AP Nr. 9 zu § 103 BetrVG 1972, in: SAE 1978, 174.

Scholz, Rupert/*Konzen*, Horst: Die Aussperrung im System von Arbeitsverfassung und kollektivem Arbeitsrecht, Berlin 1980.

Schubel, Hans-Dietrich: Arbeitnehmerüberlassung — Eine Erwiderung auf die Anti-Attacke, Der Arbeitgeber 1979, 1278.

Schubel, Hans-Dietrich/*Engelbrecht*, Georg: Kommentar zum Gesetz über die gewerbsmäßige Arbeitnehmerüberlassung, Heidelberg 1973.

Schumacher, Heinz: Die vom Verschulden unabhängige Haftung des Arbeitgebers für arbeitsbedingte Sachschäden des Arbeitnehmers, Frankfurt a. M., Bern 1975.

Schwerdtner, Peter: Fürsorgetheorie und Entgelttheorie im Recht der Arbeitsbedingungen, Heidelberg 1970.

— Gemeinschaft, Treue, Fürsorge — oder: die Himmelfahrt des Wortes, ZRP 1970, 62.

— Fürsorge- und Treuepflichten im Gefüge des Arbeitsverhältnisses oder: Vom Sinn und Unsinn einer Kodifikation des Allgemeinen Arbeitsvertragsrechts, ZfA 1979, 1.

Seiter, Hugo: Staatliches Arbeitsvermittlungsmonopol und private Arbeitnehmer-Überlassung, JurA 1971, 204.

— Anm. zu BAG, Beschluß v. 10. 2. 1977, AP Nr. 9 zu § 103 BetrVG 1972, in: AR-Blattei, D, Leiharbeitsverhältnis, Entscheidung 11.

— Die neue Betriebsrisiko- und Arbeitskampfrisikolehre, DB 1981, 578.

Söllner, Alfred: Anm. zu BAG, Urteil v. 8. 7. 1971, in: AP Nr. 2 zu § 611 BGB Leiharbeitsverhältnis.

— Das Zurückbehaltungsrecht des Arbeitnehmers, ZfA 1973, 1.

— Buchbesprechung: Treue- und Fürsorgepflicht im Arbeitsrecht, hrsg. von Theodor Tomandl, Wien — Stuttgart 1975, in: ZfA 1976, 363.

— Arbeitsrecht, 7. Auflage, Stuttgart etc. 1980.

Stathopoulos, Michael P.: Die Einziehungsermächtigung, Karlsruhe 1968.

Steinbach, Michael: Gefährdungen der Arbeitnehmer durch Leiharbeit, WSI-Mitteilungen 1980, 263.

Stoll, Hans: Haftungsverlagerung durch beweisrechtliche Mittel, AcP 176 (1976), 145.

Stoll, Heinrich: Die Lehre von den Leistungsstörungen, Tübingen 1936.

Sturn, Helmuth: Kritische Fragen zum Leiharbeitsverhältnis, BB 1969, 1436.

Stypmann, Rolf: Keine Bestrafung des unerlaubt handelnden Verleihers wegen Hinterziehung von Arbeitnehmer-Beitragsteilen?, NJW 1983, 95.

Thiele, Wolfgang: Leistungsstörung und Schutzpflichtverletzung, JZ 1967, 649.

Trieschmann, Günther: Das Leiharbeiterverhältnis, DB-Beilage Nr. 16/56.

Ulber, Jürgen: Rechtliche Grenzen des Einsatzes von betriebsfremden Arbeitnehmern und Mitbestimmungsrechte des Betriebsrats, AuR 1982, 54.

Vielhaber, Thomas: Leiharbeit auf klarer Rechtsgrundlage, Arbeit und Sozialpolitik 1970, 275.

— Mehr Schutz für Leiharbeitnehmer, Arbeit und Sozialpolitik 1971, 139.

Weber, Hansjörg: Anm. zu BAG, Urteil v. 8. 11. 1978, in: AP Nr. 2 zu § 1 AÜG.

— Die Nebenpflichten des Arbeitgebers, RdA 1980, 289.

Wiedemann, Herbert/*Stumpf*, Hermann: Tarifvertragsgesetz, 5. Auflage, München 1977.

Windbichler, Christine: Mitbestimmung des Betriebsrats bei der Beschäftigung von Leiharbeitnehmern, DB 1975, 739.

Zöllner, Wolfgang: Die vorvertragliche und die nachwirkende Treue- und Fürsorgepflicht im Arbeitsverhältnis, in: Treue- und Fürsorgepflicht im Arbeitsrecht, hrsg. von Theodor Tomandl, S. 91, Wien — Stuttgart 1975.

— Arbeitsrecht, 2. Auflage, München 1979.

FSC
www.fsc.org
MIX
Papier | Fördert gute Waldnutzung
FSC® C083411

Kolibri 360 GmbH
Ferdinand-Jühlke-Straße 7
99095 Erfurt, Deutschland
produktsicherheit@kolibri360.de

Druck:
CPI Druckdienstleistungen GmbH
im Auftrag der
Kolibri 360 GmbH
Ferdinand-Jühlke-Str. 7
99095 Erfurt